上海市人文社科基地华东政法大学外国法与比较法研究院建设项目
国家重点学科华东政法大学法律史学科建设项目

比较法文丛

主编/何勤华

11

罪刑法定原则在近代中国

孟 红 著

法律出版社

孟　红

1965年2月生，江苏徐州人。南京大学法学学士（1987年6月），华东政法学院（现华东政法大学）刑法学硕士（1990年6月），华东政法大学法学博士（2007年12月）。现为东南大学法学院教授、硕士生导师。先后发表学术论文30余篇，主持或参与省部级以上研究课题5项，参编著作和教材多部。

总　序

自1978年改革开放以来，我国在外国法或西方法的研究方面取得了重大成就。这方面的系列丛书可谓琳琅满目，其中，影响较大的有：商务印书馆的“汉译世界学术名著丛书”（法学部分，1981年）及“法学译丛”（2004年）、中国大百科全书出版社的“外国法律文库”（1991年）、中国政法大学出版社的“当代法学名著译丛”（1990年）及“美国法律文库”（2001年）、北京大学出版社的“比较法学丛书”（1998年）、中国法制出版社的“西方法哲学文库”（2001年）、清华大学出版社的“比较法学丛书”（2001年）、上海人民出版社的“世界法学名著译丛”（2001年）、北京大学出版社的“外国法与比较法文库”（2008年），等等。

然而，在上述众多的系列丛书中，真正冠以“比较法”字样的丛书还不是很多。的确，在20世纪80年代到90年代期间，我国也先后出版了诸如：茨威格特和克茨的《比较法总论》（贵州人民出版社1992年版）、勒内·达维德的《当代主要法律体系》（上海译文出版社1984年版）、梅利曼的《大陆法系》（知识出版社1984年版）、大木雅夫的《比较法》（法律出版社1999年版）等比较法方面的经典。但是，出版这些著作大多都是当时一种零星的、偶尔的出版行为，并非系统策划的比较法系列丛书。

众所周知，21世纪的中国已步入法治建设的攻坚阶段。今后，对于外国法的吸收、借鉴和移植将是我国一项大量的、经常性的任务。要顺利完成这一任务，离不开发达的比较法研究。而当下我国比较法著作缺乏出版途径的现状已严重制约了比较法研究的繁荣和发展。因此，加强比较法方面的研究和出版，成为我国学界和出版界一项刻不容缓的工作。

鉴于此，法律出版社高瞻远瞩，勇挑重担，与华东政法大学共同策划、出版一套《比较法文丛》，以期为我国比较法的研究和出版开辟一个新的途径。本文丛以扶植中青年学者，尤其是法学博士、博士后，为这些法学新秀提供一个出版的平台为目的。为此，特选择一批国内最新且富有特色的比较法著作进行出版，同时，也可容纳部分纯粹的外国法方面的译著、专著。

本文丛的主要原则和特色是：在百花齐放、百家争鸣的前提下，坚持质量第一，宁缺毋滥，不定期出版的原则。具体将体现为以下三点特色：第一，本文丛的著作，应属国内学术界没有涉及的课题，具有填补法学研究空白的特色；第二，本文丛的著作，应是国内学术界都很感兴趣，但还没有系统研究或未及时挖掘的课题；第三，本文丛的著作，应具有比较高的文献史料价值，能为学术界进一步研究提供基础性的资料。我相信，《比较法文丛》的出版，一定会为我国比较法研究的进步与发展作出新的贡献。

本文丛的出版，得到了法律出版社沈小英分社长的全力支持和帮助，也得到了华东政法大学外国法与比较法研究院的建设经费资助。在此，特表示诚挚的谢意。

何勤华

于华政人可居

2010年9月19日

目 录

导　言

自刑事古典学派提出罪刑法定主义,并率先为法国1810年刑法典采纳确定为刑法的基本原则起,"罪刑法定"由于其蕴涵的人权保障精神,成为刑事法治的标志。西方发达国家或以法国刑法典为蓝本,在各自近代刑法中规定罪刑法定原则,或承袭源于1215年英国大宪章体现保障自由、限制权力的"正当的法律程序",按照遵循先例原则恪守着自己的"罪刑法定"。在立法中是否规定并贯彻罪刑法定原则,成为衡量一国刑法先进与否的基本标准。

建立在近代西方商品经济、市民社会、自由平等思想和契约观念基础之上的罪刑法定原则在西方确定具有历史的必然性,罪刑法定原则保障公民权利、限制国家刑罚权的价值取向符合现代社会民主与法治的发展趋势,使其历经100余年的风雨沧桑,始终没有动摇其基本原则地位,并通过主动吸收与被动接受为世界各国所采纳,成为世界公认的根本性原则。

对中国而言,罪刑法定原则是个舶来品,近代中国各区域根本没有其产生的各种基础,在这样的情况下,它为什么,又是如何在中国登陆、发芽并成长起来的?这一"空中楼阁",在中国引入后会有怎样的命运?是否起到作为刑法基本原则应有的保障人权、限制刑罚权滥用的作用?中国自清末以不同途径引入罪刑法定原则,在主体刑法中经历了帝国、民国与人民共和国三种不同的国家形态,从世纪初确认、发展,世纪中的消逝,到世纪末的回归,为什么不同的国家制度奉行同样的法律原则?在这个演变中我们又进行了怎样徒劳的对抗?

近代以前的中国,有着发达而完备的刑法。起于先秦的中国古代刑法,至唐代在形式和内容上趋于完备,而后伴随着封建制度沿用至19世纪中叶,一直处于相对稳定状态。因距离的遥远,交通不发达,信息交流不畅,西方17世纪开始的资产阶级革命,十八九世纪的法律思想和法律变革未能传播到中国。如果没有西方社会的强力冲击,中国刑法会按照自己的轨道缓慢发展。孕育在自己的经济、社会、思想和观念条件基础上,完成近代转型。

1840年鸦片战争打破了中国古代传统刑法的稳定状态,改变了中国刑法的发展轨迹。我国香港、澳门和台湾地区直接面对殖民扩张被殖民者占领被动进行刑法变革,受不同宗主国法律广泛的、持续性的影响,这些地区近代刑法具有较强的殖民性,分别接受并适用英国、葡萄牙和日本刑法。作为殖民统治的副产品,这些地区刑法先于中国封建政权控制下的主体刑法,抛弃了古代刑法中野蛮、落后的因素,开启了近代化进程,并以不同的方式接受了罪刑法定原则。在中国政权控制下的广大地区,中国源远流长的传统法律受到了近代西方文明前所未有的冲击,"治外法权"之痛使有志之士意识到单纯依靠技术进步难以救国,还必须有国家组织的改造、社会制度的变革。在外来压力和内在动力双重力量作用下,中国大陆进入激烈的法律变革期,刑法的变革首当其冲。从清末刑法改制引入罪刑法定原则到民国时期罪刑法定原则在刑法中的确立,当时中国官方主体刑法始终肯定并基本贯彻了罪刑法定原则,刑法近代化取得一定的突破和发展,并为刑法的进一步发展奠定了基础。由中国共产党领导的革命政权也在其控制地区废除了封建刑法,在官方主体刑法之外建立了自己独立的法律制度,对罪刑法定精神有一定的贯彻,但由于复杂的战争环境、立法经验的欠缺和政权性质差异,在其刑法中没有明确规定罪刑法定原则。

作为西方社会产品的罪刑法定原则引入中国后,首先面对的是来自中国传统文化的反对,《大清新刑律》不得不以同一罪行区分身份尊卑处不同刑罚和对封建皇权给予特殊保护的规定,向传统妥协,使罪刑法定原则没有得到彻底贯彻;民国时期以传统文化否定罪刑法定原则失去市场,但却出现以"革命"名义修正法律原则精神的现象。国民党以社会、民族利益取代公民权利,规定在相当长的训政时期内由国民党代表公民行使权力,而这个权力不必经过合法程序授予,一切权力集中于国民党。这种修正直接影响了政治性刑事立法,如《戡乱时期危害国家紧急治罪条例》等,或在实践中公然违法行动侵犯公民权利。罪刑法定原则的适用受到限制。新中国成立后,曾以"革命"的名义对罪刑法定原则进行否定,罪刑法定原则被视为资产阶级观念受到抛弃。难以数计的冤假错案表明这种改变付出的巨大代价。直到1997年刑法再次确定罪刑法定的基本原则地位并给予相应保障后,中国主体刑法才在世界现代法律制度中真正占有一席之地。

应该承认,有关近代中国刑法的研究成果颇丰,主要有杨鸿烈的《中国法律发达史》(上海书店1990年版)、谢振民编著的《中华民国立法史》(中国政法大学出版社2000年版)、周密的《中国刑法史》(群众出版社1989年版)、李光灿、宁汉林主编《中国刑法通史》(第8分册)(辽宁大学出版社1987年版)、朱勇主编《中国法制通史》(第9卷)(法律出版社1998年版)、张希坡主编《中国法制通史》(第10卷)(法律出版社1999年版)、张希坡、韩延龙主编的《中国革命法制史》(上)(中国社会科学出版社1987年版)、徐岱著《中国刑法近代化论纲》(人民法院出版社2003年版)、田宏杰著《中国刑法现代化研究》(中国方正出版社2000年版)、李贵连著《近代中国法制与法学》(北京大学出版社2002年版)、任喜荣著《伦理刑法及其终结》(吉林人民出版社2005年版)、何勤华与李秀清合著《外国法与中国法》(中国政法大学出版社2003年版),等等;相关论文也很多。学者们对中国近代刑法的制定背景、过程、内容和意义等均有详细论述,虽表述重点不同,方式有别,但对相关内容争议不大。

同样,有关罪刑法定原则的研究成果也非常丰富,在刑法学专题性的研究著作中,罪刑法定原则是必述内容。出版的专著有刘雪梅著《罪刑法定论》(中国方正出版社2005年版)、李洁著《论罪刑法定的实现》(清华大学出版社2006年版),笔者从中国知网上查到的自2000年以来有关罪刑法定原则的硕士、博士论文有11篇,从期刊网上搜索到自1997年新刑法公布以来有关罪刑法定原则的论文达1600余篇。

但是,专门就罪刑法定原则引入中国,在中国刑法中的表现与适用的研究成果并不多,徐岱的《中国刑法近代化论纲》将其作为一章、何勤华与李秀清合著的《外国法与中国法》将其作为一个重要问题加以阐述,少数论文如徐岱的"罪刑法定与中国古代刑法"(载《法制与社会发展》2000年第1期)、彭凤莲的"罪刑法定:立法还是司法——探析20世纪罪刑法定原则在中国的历程"[载《山东科技大学学报》(社会科学版)1999年第3期]、李艳华"罪刑法定在20世纪中国的历史命运"(载《江汉论坛》2002年第8期)、郑逸哲"罪刑法定主义七十年"[载林山田等著:《刑法七十年之回顾与展望纪念论文》(一),台湾元照出版有限公司2001年版]、音正权《罪刑法定主义及其在近代中国的演进》(载韩延龙主编:《法律史论集》第3卷,法律出版社2001年版)、陈新宇"我国刑法史上的比附援引与罪刑法定之争"[载陈兴良主编:《刑事法评论》(第17卷),中国政法大学出版社2005年版]涉及这一问题。彭凤莲的《中国罪刑法定原则的百年变迁研究》是目前唯一一部研究罪刑法定原则在中国演进的著作。

所以,在以往的研究成果中,罪刑法定原则在近代中国刑法的体现和演变还是一个较为薄弱的领域,更无人就近代刑法发展的不同区域进行同步比较考察。由于罪刑法定原则在近现代刑法中的纲领性地位,对其是否规定、如何规定,直接反映当时立法指导思想。中央政权控制外的其他区域刑法虽然适用范围有限,影响力也相对较小,但却是中国刑法发展历史中不可忽视的组成部分。正是在此基础上,才形成了今天中国刑法体系格局。不仅如此,在中国传统文化的土壤中移植西方先进法律原则,会导致激烈的冲突,如何解决这种冲突,对当今中国刑事法制建设也有益处。

鉴于此,本书选择"罪刑法定原则在近代中国"为题,将考察的重点放在法律文本的规定以及关联性和历史延续性上,采文献分析方式,以罪刑法定原则在近代中国刑法中的体现为线索,对中国近代各区域刑法变革作全方位平面式勾勒,客观展现这一历史时期刑法变革的原貌,试图揭示近代刑法变革过程、特点、意义和经验教训,以期对我国当代刑法发展和完善有所借鉴。

本书除导言外,共分为五个部分:

第一章对罪刑法定原则的基础问题作了初步考察。首先,从罪刑法定产生的思想基础、经济基础、社会基础和观念基础几个方面,阐述了罪刑法定原则产生的基础,说明罪刑法定作为刑法基本原则的出现是历史发展到一定阶段的产物,也为下文讨论罪刑法定原则在我国的引入和发展打下基础。其次,本章论述了与罪刑法定原则相关的几个问题:法律形式、法之溯及力、类推制度、法之明确性、法之适当性,认为罪刑法定原则的实质在于保障人权、限制国家刑罚权,所以,法律形式与罪刑法定原则并无当然联系,但重法不溯及既往、禁止有罪类推、刑法必须明确和适当则是罪刑法定原则的应有之义,应当坚持。最后,本章从大陆法系、英美法系、社会主义法系和国际公约四个线索,大致梳理了罪刑法定原则发展的脉络,说明在不同法律文化背景下,罪刑法定原则发展的特点。并说明不管有怎样的区别,作为法治精神的体现,罪刑法定原则至今仍具有旺盛的生命力。

第二章主要通过对《大清新刑律》内容的分析,阐述清末改制引入罪刑法定原则,使中国主体刑法由古代进入近代这一事实。清末改制前,中国并非没有刑法,相反,中国有沿袭两千多年且不断完善的刑法——《大清律例》。但当时刑法所欠缺的是先进的刑法理念。所以,西方近代刑法理念,尤其是罪刑法定思想的引入,成为清末刑法改制的关键。沈家本主持制定的《大清新刑律》,仿效西方近代刑法及其刑法思想,在体例上,突破了沿袭千年"诸法合体"的封建法体系,作为我国历史上第一部独立的刑法典,开创了独立制定部门法之先例;在内容上,近代西方刑法三大基本原则——罪刑法定、罪刑相适应和刑罚人道贯穿于其中,并采用西方国家刑事立法技术来组织之。罪刑法定原则总体而言在《大清新刑律》中得到体现,但受清政府立法利益的影响,这种规定更主要地表现在形式上,罪刑法定原则之内在精神无法得到彻底贯彻。

第三章对民国时期罪刑法定原则在中国主体刑法的发展作了系统梳理。1912~1949年的民国时期,是中国近代刑法的形成期,也是由传统向现代转型的重要时期。从南京临时政府、北洋政府到南京政府,官方承认并普遍适用的刑法是《中华民国暂行新刑律》、1928年和1935年颁行的《中华民国刑法》,以及各时期颁布补充刑法典适用的单行刑法。无论南京临时政府颁布的含有刑事处罚内容的法令,施行到1928年的《中华民国暂行新刑律》,还是1928年和1935年的两部刑法典,罪刑法定原则在立法上始终得到确认。但是,袁世凯为复辟帝制之需而颁布的《暂行新刑律补充条例》和大量单行刑法,其内容反映了专制、人治和封建纲常礼教等思想,显示出立法上的复古与倒退。南京政府为确立国民党一党政治和地主买办阶级专政的"法统",制定颁布许多政治性特别刑法,都表现出对罪刑法定原则的背离,使罪刑法定原则的积极作用大打折扣。

第四章对罪刑法定原则在中国近代区域性刑法中的发展情况作了简单阐述。政权控制下的刑法虽然是中国近代刑法的主体部分,但是,中国近代政治上的多元格局,也使刑法制度表现出多元色彩,或是殖民地区随宗主国法律演进,或是在政权对抗中建立独立的全新的刑法制度。前者如我国香港、澳门和台湾地区,其近代刑法的启动都源于殖民统治,受不同宗主国法律的影响,分别接受并主要适用英国、葡萄牙和日本近代刑法。作为殖民统治的副产品,这些地区刑法先于中国政权控制下的主体刑法,以不同的方式接受罪刑法定原则。后者表现为中国共产党创建的革命政权制定的刑法规范和刑事政策,构成的革命根据地刑法。根据地刑法受苏联前期刑法的影响,强调法律的革命性,是为维护工农利益而制定,其中不乏保障工农权利、罪刑相应、刑罚人道等体现先进刑法思想的内容。但是,由于复杂的战争环境、立法经验的欠缺和政权性质差异,在其刑法中没有明确规定罪刑法定原则。刑法是维护统治的工具,立法者更注重的是其维护社会秩序功能。这种对刑法的认识和立法经验对新中国刑法建设产生了深远的影响。

第五章罪刑法定原则在现代中国各法域的实现,阐述了中国近代刑法对现代刑法的影响,是对近代刑法的延伸性讨论。中国各法域刑法近代化的起点不一,形式各异,进程快慢有别,但都对现代刑法格局产生重大影响。澳门、香港地区延续了近代刑法,加入了更多的本土因素;1945年台湾地区光复后适用当时的民国刑法,1949年国民党政府溃败退守台湾后,民国刑法在台湾地区继续发展;曾偏于一隅的革命根据地刑法则因取得政权,于1949年后在中国大陆得以延续。其中,我国澳门、香港地区刑法和台湾地区"刑法"的发展比较平稳,除了因时代的发展,对刑法相应内容有所增减外,近代以来确立的罪刑法定原则一直在立法上得以确认。新中国刑法发展因政治因素的作用而跌宕起伏,直到1997年才在刑法中确立罪刑法定基本原则地位。但是无论刑法发展道路有怎样的不同,各法域都是在20世纪后期,基本具备罪刑法定原则生存所需要的经济、社会、思想和观念基础后,罪刑法定原则终于成为中国刑法共同的规则并得到较为彻底贯彻,它不再仅仅是个标志,而是真正成为指导刑事立法、司法活动的基本准则;它不再仅仅是文本的原则,也成为基本的刑法观念。

本书的最后一部分是对中国近代以来刑法发展若干问题的思考。首先,对中国近现代刑法发展基本轨迹作了梳理,认为从清末、民国到现代我国台湾地区;从革命根据地、新中国到现代中国大陆;从英属殖民地到现代中国香港地区;从葡萄牙殖民统治化的区域到现代中国澳门地区,共四大支系,各支系刑法发展特征不同,但又具有共性特点。其次,对中国刑法现代化模式进行了简要分析,认为中国刑法近代转型只有在中央政权控制下才具有典型外发型模式特征;主权失控地区,刑法变革无须经济基础、社会基础、观念基础、制度基础等任何条件的具备,其发展是纳入宗主国法律发展进程的,但又具有一定外发型模式的特点,可称为殖民地式外发型模式;中央政权失控地区刑法变革中政治因素起了主导作用,有一定外发型模式的特点,可称为政权失控式外发型模式。因此,中国近代刑法转型时期都基本表现了外发型模式特征,但各具特色。再次,笔者认为,中国传统刑法和西方刑法对中国近现代刑法无疑都有影响,但传统刑法的影响并非均为消极,西方刑法的影响并非均为积极,应全面客观地分析两者对中国刑法发展的实际作用。最后,笔者反思了中国刑法现代化历程,认为刑法现代化不仅是规范确立问题,而且是价值确认和观念认同问题,受社会整体现代化程度和中国传统刑法文化的制约;刑法现代化与社会结构形式关系密切;法律移植的重心在殖民者的强制或立法者的选择;政权更迭与法律继承之间不是矛盾对立关系,在政权性质相同,或法律适应新政权需要时,法律就表现出较强的继承性;而当政权性质相去甚远,或法律难以适应新政权需要时,就无所谓法律的继承。

总之,罪刑法定原则,作为刑事法治的核心内容,是得到世界普遍认同的先进法律思想的体现。不管愿不愿意,只要开启近代化进程,纳入世界法律体系,就必须承认它,任何对它的否定或内在精神性的改变都注定要失败。对罪刑法定原则在立法上的确定,即罪刑法定的立法化,标志着一个国家对刑事法治的认同,它虽然并不全然代表刑事法治的实现,但却是刑事法治实现的前提。

此外,笔者赞成朱苏力教授的观点,即"每个词语都有特定的语境"。[①] 为使本书含义清晰,特对涉及的几个关键词语作一说明:

其一,罪刑法定。什么是罪刑法定?费尔巴哈"法无明文规定不为罪,法无明文规定不处罚(nullnm crimen sime lege,nulla poena sine lege)"之精练表述,被作为法谚传诵至今。根据这样的表述,从字面上作说文解字式的理解,罪刑法定的基本含义就是指犯罪和刑罚应当由刑法加以明文规定,未经法律规定为犯罪的行为不是犯罪,不能用未经法律规定的刑罚方法予以处罚。它强调司法上要完全根据刑法的规定处理案件,司法不能超越立法,换言之,是以立法权限制司法权,以防止司法擅断。

① 苏力著:《波斯纳及其他》,法律出版社2004年版,第79页。

对司法权的限制,始终是刑事古典学派考虑的一个基本问题,其目的就在于保障公民个人自由不受司法侵犯。罪刑法定,就成为防止司法权侵犯个人自由的一种制度设计。通过罪刑法定化,为公民提供了行为规则,使公民对自己行为的法律后果有了可预见性。人们通过罪刑法定的方式获得人身与财产的安全,固守着作为社会一分子所应当享有的自由的疆域,而不受任何非法的侵入。① 这正是罪刑法定产生之初的意义所在。但,这是否是罪刑法定的全部意义?

考察罪刑法定产生的历史背景和发展演变过程可知,罪刑法定作为刑事法治的核心,绝不仅仅强调司法对法律的遵守,还强调制定刑法时对法治精神的贯彻,罪刑法定的首要使命是对立法权的限制,即将个人自由作为刑事立法的基本价值目标,体现的是刑法的人权保障功能。在罪刑法定的构造中,刑事立法者绝不是一个任意恣行的人,将某一行为规定为犯罪并加以刑罚后果,从立法上加以限制,是对个人自由的一种限制,但限制个人自由本身不是立法目的,目的恰恰在于使个人更充分和最大限度地享有自由。由此,刑事立法权本身受到立法目的的限制。一国刑法是否承认罪刑法定,不仅要看刑法有无相关条文规定,更要看是否将个人自由作为刑事立法的基本价值标准。正因为如此,才有了所谓形式的罪刑法定与实质的罪刑法定之分。

本书论及的罪刑法定,既包括形式意义,也包括实质意义上的罪刑法定,着重考察罪刑法定的立法实现问题,即立法中的罪刑法定原则,由于资料和篇幅所限,不考察罪刑法定的司法实现问题。

其二,近代中国刑法。中国是泱泱大国,历史悠久,地域广阔。刑法有多种含义,广义的刑法包括所有以犯罪和刑罚为内容的成文规范和不成文的习惯,就成文规范来说,包括刑法典、单行刑法和附属刑法。狭义的刑法则专指成文规范中的刑法典。从历史学的角度,近代在欧洲通常指资本主义时代,大致经历了从1640年英国资产阶级革命到1917年俄国十月社会主义革命近300年的时间。在这段时间里,西方社会通过资本的原始积累和扩张,完成了从自由资本主义时期到帝国主义形成时期的过渡。在中国是指1840年鸦片战争到1919年五四运动。在法律史上,常从19世纪末20世纪初清末法律改制开始,将近代延续到1949年。

本书论及的近代中国刑法,以中国各区域刑法近代发展为依据,时间起止点是从1840年到1949年,不包括丰富发达的中国古代刑法;为了说明近代刑法对现代刑法的影响,在第五章作了适度扩展,但本书的主体仍是1949年前;从地域上限制,主要指在中国大陆普遍适用的刑法,和特殊地区适用的对今天中国刑法体系格局有重大影响的区域性刑法,即革命根据地刑法以及属于中国领域的台湾、香港和澳门地

① 陈兴良著:《本体刑法学》,商务印书馆2001年版,第88页。

区刑法,不包括特殊时期只适用于个别地方但对后世无影响的特别刑法,如抗日战争时期适用于日本占领区的伪政府刑法,或只适用于特定人群的属人性特别刑法,如少数民族地区只对本民族适用的刑法。因为民族自治地区自治刑法、日本占领区伪政府刑法适用的地域、时间、对象及影响的有限性,本书不予以讨论;从形式上限制,是指以成文规范形式表现出来的刑法,包括刑法典、单行刑法,不包括不成文的习惯。成文规范中的附属刑法由于数量太多,收集研究资料上有一定困难,本书也没有涉及。

其三,为什么选择法律文本。中国以一个世纪的时间完成了西方三个世纪才完成的社会进步,一切都显得急切和浮躁。更需注意的是,古老中国近代航程的开启是在殖民者武力的威胁下展开的,中国近代化进程的被动开启,使得这一进程所需要的经济背景、社会背景、文化环境等都没有真正准备好,自然经济的普遍存在,传统思想的根深蒂固,使得刑法近代化在中国经历了特殊的发展历程。在近代中国刑法变革中,法律文本建设成为刑法近代化的主旋律。一是出于功利之心,毕竟,文本建设更容易显示改制的成果;二是出于无奈,当时的中国经济落后,民众蒙昧,国情复杂。虽除殖民控制地区外,中国没有被完全殖民化,在形式上仍然保持政治主权的相对完整,没有哪种外国势力可以左右中国法律改革与否,以及改革的进程。① 但是,收回治外法权,保证政权命运的压力,使中国没有时间完成经济的积累、思想的开化、观念的转变,只能以西方法律为蓝本,迅速构建自己的法律文本,而将法律的贯彻落实、根植于社会、成长于民心留待日后完成。当然,法律文本也从一定程度上反映了文本起草者和制定者的态度、制定的历史背景等各种情况。法律文本是从法律史的角度研究刑法立法史的主要依据。

笔者认为,对罪刑法定原则的贯彻来说,只有立法实现是远远不够的,还必须考察和研究司法适用问题,在某种意义上司法适用更能反映当时罪刑法定原则适用的真实情况。这将是笔者今后研究的主要问题。

---

① 蒋立山:“中国法律演进的历史时空环境”,载《法制与社会发展》2003 年第 4 期。

第一章 罪刑法定原则的一般考察

一、罪刑法定原则产生和存在的基础

(一)罪刑法定原则的思想基础

关于罪刑法定的思想基础,应首先从罪刑法定原则产生的历史渊源去探询。日本学者经过研究,一般根据德国学者修特兰达1911年发表的"罪刑法定主义原则的历史展开"一文,认为是1215年英国的大宪章,①其第39条规定:"凡是自由民,除经贵族依法判决或遵照国内法律之规定外,不得加以扣留、监禁、没收财产、剥夺其法律保护权,或者加以放逐、伤害、搜索或逮捕。"②这一规定是为了限制国王的权力,保护贵族、市民的既得利益而迫使英王签署的,它使英国自由民的人权在法律形式上得到了保护,其中蕴涵人权保障思想。大宪章的历史重要性,在于它在法制史上掀开了新的一页,以大宪章为标志,根据宪法确立了法的支配这一事实。由于大宪章在后世一直被确认,作为英国宪法的不变内容,在历史发展的意义上,大宪章成为近代英国刑事人权思想的历史渊源。由于罪刑法定在本质上在刑事人权思想的范围内,所以,大宪章的确可以说是罪刑法定历史的、思想

---

① 如日本学者龙川幸辰、木村龟二、大谷实、大野义真等均主张该观点,大野义真在其著作《罪刑法定主义》(世界思想社1982年版)有论述,而自1919年龙川幸辰发表"罪刑法定主义的历史考察"一文以来,以大宪章为罪刑法定历史渊源的见解已成为日本的通说。我国学者甘雨沛先生在《外国刑法学》(北京大学出版社1985年版)和《比较刑法学大全》(北京大学出版社1997年版)中对日本学者研究成果有较完整的介绍。此外,马克昌先生在《比较刑法原理》(武汉大学出版社2002年版)、张明楷教授在《外国刑法纲要》(清华大学出版社1999年版)中也有相关介绍。

② 高铭暄、马克昌主编:《刑法学》,北京大学出版社、高等教育出版社2000年版,第26页。

的渊源。[①]

虽然英国大宪章中蕴涵人权保障思想,成为罪刑法定的历史渊源,但是,罪刑法定原则作为近代社会的产物,是随着民主、人权观念的兴起而确立的原则,毕竟不是直接对大宪章的继承,而是资产阶级启蒙思想家反对封建专制刑法的产物。刑法学界一般认为近代罪刑法定产生的思想基础包括:启蒙的自由主义思想、三权分立思想以及心理强制说。

1. 启蒙的自由主义思想

启蒙思想家们对自由主义多有论述,核心是自然法思想,即由近代资产阶级启蒙思想家在继承古希腊以来自然法思想基础上发展起来的古典自然法思想,其代表人物主要有霍布斯、格劳秀斯、洛克等。他们认为国家是人民在自然法的基础上自愿建立的,因此,国家的主权掌握在全体人民手中。主权者通过发布命令实施对国家的管理,这种命令就是法律。人民为了更好地实现权利,保障生活幸福而订立契约,将一部分权利交出成立了国家。国家拥有对违反者处罚的刑罚权,但国家立法权和刑罚权的目的,只能是增进个人幸福。对违反者只能按规定处以刑罚,而绝不能用来损害个人的权利,否则就违反了人民缔结契约、建立国家的宗旨。为了防止国家动用刑罚权惩罚犯罪恢复被犯罪破坏的社会秩序时,对公民个人权利进行侵犯,就必须将委让给国家的刑罚权限于必要的最低限度内,故国家应预先明示义务内容及违反义务的后果。所有这些,都需要法律事先明确规定犯罪与刑罚。[②] 可见,启蒙的自由主义思想以保障人的权利为内容,而人权保障被认为是罪刑法定的核心思想。所以,启蒙的自由主义思想为罪刑法定提供了思想基础。

2. 三权分立思想

孟德斯鸠是三权分立思想的奠基人,作为洛克自由主义思想的赞同者,他认为政治自由是民主宪政的直接目的。他在《论法的精神》中细致地阐述了三权分立的观点:"如果立法权和行政权集中在同一个人或同一执政机关之手,自由便不复存在;因为人们将害怕同一个国王或议会将制定暴虐的法律,并以暴虐的方式执行这些法律。如果司法权与立法权合二为一,公民的生命与自由将被置于专断的控制之下,因为法官就是立法者,如司法权与行政权合二为一,法官将对公民施以暴力和压迫。如同一个人,或同一个机构(无论是贵族或人民的机构)行使这三种权力,即立法权、执行公共决议和审理个人间案件的权力,则一切都完了。"[③]因此,要实现政治法律上的自由,必须实行三权分立,建立民主政体。对于立法机关来讲,必须制定明

---

① 马克昌著:《比较刑法原理:外国刑法学总论》,武汉大学出版社2002年版,第57页。

② [英]洛克著:《政府论》(下篇),叶启芳、瞿菊农译,商务印书馆1981年版,第7~13页。

③ [法]孟德斯鸠著:《论法的精神》(上册),张雁深译,商务印书馆1982年版,第155页。

确而具体的法律规定犯罪与刑罚；司法机关必须受立法机关制定的法律约束，只能适用法律，不能随意解释法律，严格禁止法官行使自由裁量权，以此来反对司法专断，保障个人权利。正是孟德斯鸠的三权分立理论为罪刑法定奠定了政治思想基础。

3. 心理强制说

费尔巴哈是心理强制说的有力倡导者，他基于对人性的理解，从一般预防的角度阐述了罪刑法定的必要性，认为任何一个有理性的人都有趋利避害的本能，人之所以犯罪，是因为由犯罪所获得之利带来的快乐。如果事先明文规定犯罪的法律后果，告诉人们犯罪后会受到刑罚处罚，人们就要比较实施犯罪所带来的快乐与实施犯罪后受到刑罚处罚之痛苦的大小，从而为了免受处罚而不实施犯罪。也即法律应当事先规定刑罚并通过执行刑罚对犯罪人以及一般公民产生一种威吓的心理机制，从而达到预防犯罪的效果。

上述思想作为罪刑法定产生的基础，为刑事古典学派所接受，罪刑法定也为刑事古典学派所坚持。但随着自由资本主义向垄断资本主义的发展，日益增多的累犯、再犯问题使刑事古典学派的观点受到冲击，应运而生的刑事实证学派对难以证明的自然法和假定的人的自由意志表示怀疑。三权分立虽然意在防止司法擅断，但实际运行中该学说并未成为多数国家的实践，司法机关的解释功能并未被禁止。早期思想基础已不足以说明罪刑法定原则的合理性。是放弃罪刑法定原则还是为它寻找新的理论支撑？历史选择了后者。民主主义和人权尊重主义成为罪刑法定原则的现代思想基础。①

民主主义原本是启蒙思想家的思想，强调主权在民。但单纯地建立名义上的人民主权国家，并不是民主。民主的基本意义涵括两个方面：一是多数人的决议规则。它强调国民自己统治自己，统治的方式是通过多数裁量的议事规则经过充分的讨论作出决定，包括立法；二是以多重的集团来保障民主制度的性质。它强调国民应有选择统治集团的自由。在刑事立法上，由于犯罪和刑罚涉及人的最基本最重要的利益，民主主义要求必须由民选的国民代表组成的立法机关在尊重民意的基础上制定法律来规定，刑法是为了国民利益不受侵害而不是为了限制国民利益的实现而规定的。② 只有在民主主义思想指导下制定的刑法规范，才可能以人权保障为核心，才能防止国家权力恣意行使。

---

① 民主主义与人权尊重主义之观点为日本学者大塚仁、大谷实等主张。参见[日]大塚仁著：《刑法概说》，冯军译，中国公安大学出版社2003年版，第62页；[日]大谷实著：《刑法讲义总论》，成文堂1994年版，第62页。转引自马克昌著：《比较刑法原理》，武汉大学出版社2002年版，第65页。

② 李洁著：《论罪刑法定的实现》，清华大学出版社2006年版，第37～40页。

人权尊重主义强调对人权的尊重。关于人权,学者们论述很多。姚建宗教授提出人权的独特性在于:其一,人权的权利主体和义务主体是绝对分离的,人权的权利主体是现实的个体的人,义务主体是公共权力的拥有者——国家;其二,人权的内容主要体现为平等独立的人格尊严和人的价值,是绝对的,神圣不可侵犯;其三,国家承担人权义务,不能以任何理由豁免自己的义务,不能侵犯人权,必须以积极的行动充分尊重、保障和促进人权,并排除对人权妨碍和侵害的各种社会因素。[①] 就刑法而言,国家规定刑法是履行人权保障义务。为了保障人权,不致妨碍国民的自由行动,又不致使国民产生不安全感,就要对国家刑罚权加以限制;同时,为了使国民实现能够预测自己行动的性质,什么行为是犯罪,对犯罪给予什么处罚,必须在事前明确规定。禁止以事后法律处罚行为人。[②]

具体而言,罪刑法定原则是以对国家的刑罚权给予最大限度地制约为根本目标的。这种控制包含两个方面的内容:

其一,罪刑法定原则对于刑事立法权的控制。按照李斯特的观点,犯罪之所以违法,实质上是侵害了法益,形式上是违反了规范。小野清一郎也认为违法性的实质是"违反国家法秩序的精神、目的,对这种精神、目的的具体的规范性要求的违反。"[③]可见,立法的一个重要任务就是确定什么应当是刑法所保护的法益。如果刑法所保护的法益的范围过大、过宽,无疑就会对公民的法自由造成威胁,同时,法益应重在保护个人权益方面,防止司法权的滥用,特别是防止司法权过分介入个人权益的领域。所以,从这个意义上讲,虽然大陆法系罪刑法定原则发挥作用的主要途径是通过立法权来限制司法权,但立法权的行使内容仍然有一个最低的界限,立法者不应以法益受侵害为限来确定犯罪的范围,否则会从根本上导致刑事立法的无限扩张。在刑事立法缺乏节制的环境下,罪刑法定主义就会丧失生长的土壤。显然,罪刑法定的产生与发展是伴随着整个刑事立法,乃至刑事司法日益人性化的要求的,所以,当刑法苛酷时,刑事司法就必然植入了野蛮的基因。

其二,罪刑法定原则对司法权的控制。首先,罪刑法定原则要求法官在界定一个人的行为是否构成犯罪时,要以法律的事前规定为判断根据,严格排除溯及既往的做法。其次,法官在解释法律时,要回归立法者本意,回归有利于被告的宗旨,禁止利用类推将法律没有明确规定的不利后果强加于被告。最后,在刑罚的适用上要严格禁止绝对不定期刑的采用。可见,罪刑法定原则涵盖了"公正、谦抑和人道"这三个刑法的基本价值,为整个现代刑法学的发展提供了一个高度概括和稳定的权利

① 姚建宗著:《法治的生态环境》,山东人民出版社 2003 年版,第 274 页。

② 赵秉志主编:《刑法基础理论探索》,法律出版社 2003 年版,第 372 页。

③ 张明楷著:《外国刑法纲要》,清华大学出版社 1999 年版,第 135 页。

制约理念,使刑事立法与司法得以日益满足人性化的回应。

(二)罪刑法定原则的经济基础

罪刑法定的产生需要什么样的经济基础?我们可以从罪刑法定原则产生时的经济背景来分析。

十一二世纪,中世纪西欧城市兴起,手工业、航海业和商业发展,意大利的威尼斯、热那亚、佛罗伦萨,法国的巴黎、马塞,德国的科伦,英国的伦敦等地相继出现资本主义萌芽。欧洲兴起的城市与封建城堡不同,它是商人、手工业者的聚居地,不仅是商品交换的中心,也是货物生产中心。同时,城市的居民还通过金钱赎买等方式,获得城市自治,城市居民则拥有个人自由。他们通过商业活动形成的惯例,规范商品交易活动,通过市民大会选举城市议会,由城市议会审定反映市民意志的法律、选举行政长官来规范和管理各种城市行政事务,通过任命或推荐的法官负责司法审判。这样,享有自由的市民阶级在城市出现并发展壮大,成为一支独立的政治力量,与封建势力相抗衡。15 世纪末 16 世纪初的地理大发现,使西欧占领殖民地的同时,获得大量资源和贸易机会,促使经济迅速发展,迎来了自由竞争的市场经济时代。自由竞争,需要经济活动的当事人在资本投放、转移和商品买卖中能够基于利益的考虑,自主地表达、实施自己的意志,每个主体都必须有人身自由、资格平等。这样,在不断发展的市场经济中,随着主体意识的增强,个人意识也逐渐觉醒,权利意识日渐浓厚。不仅如此,商品生产需要大量自由的劳动者,他们必须拥有人身自由和行为自由,不再束缚于土地,不依附于他人,可以自由支配自身。

市场经济与法治具有一种天然的亲缘力,根据德国学者哈耶克的分析,市场是个分散的系统,其中每个个人都是根据他所拥有的信息来进行活动的,任何人都不可能全面掌握资源的有效分配赖以实现的所有信息。① 在这种情况下,为了实现交易活动,就必须要求一种建立在平等基础之上维系自由交易的行为规则,这种行为规则的最高表现形式就是法律。正是在这个意义上才成立市场经济是法治经济的命题。在市场经济条件下,个人的自由与个人之间的平等都是作为市场主体所必备的要素,这些自由与平等权利需要由法律加以确认和保护。同样,个人的自由和权利也不允许政治国家任意侵犯,这同样需要法律对国家权力范围作出界定。对犯罪与刑罚而言,一方面,国民通过立法机关对严重侵犯公民权利,破坏社会秩序的行为在刑法上规定为犯罪并设立相应的法律后果;另一方面,要求国家只能在刑法规定的范围内行使权力,国家不能超越法律的界限适用刑罚,这正是罪刑法定的核心内容。所以,市场经济是罪刑法定的经济基础。

---

① 陈兴良:“从政治刑法到市民刑法”,载陈兴良主编:《刑事法评论》(第 1 卷),中国政法大学出版社 1997 年版,第 45 页。

(三)罪刑法定原则的社会基础

法律是社会的产物,它是社会制度之一,反映某一历史时期、某一社会的社会结构,罪刑法定作为刑法的基本原则,也有其产生的社会条件和存续的社会根据。

罪刑法定的核心是人权保障,它强调对国家刑罚权的限制。国家刑罚权作为国家权力的当然内容,包括制刑权、求刑权、量刑权和行刑权。虽然根据权力分立、相互制衡理论,将四项权力交由不同的主体行使,可以在一定程度上控制国家权力,但从整体上说,这仍是一种自我控制。真正对国家权力的有效控制,还需来自外部的力量。有学者研究最有效的外部控制力量就是独立于国家的市民社会。①

国家与社会的矛盾是一个世界历史现象,国家是社会发展到一定阶段上的产物。恩格斯认为,"国家是表示:这个社会陷入了不可解决的自我矛盾,分裂为不可调和的对立面而又无力摆脱这些对立面,而为了使这些对立面,这些经济利益互相冲突的阶级,不致在无谓的斗争中把自己和社会消灭,就需要一种表面上驾驭社会之上的力量,这种力量应当缓和冲突,把冲突保持在'秩序'的范围以内;这种从社会中产生但又自居于社会之上并且日益同社会脱离的力量,就是国家"。②

市民社会是国家控制之外的社会和经济安排、规则、制度。在此意义上,市民社会与政治国家相对立。③ 有学者认为,根据马克思主义的观点,自从私人利益与阶级利益产生后,社会就分裂为市民社会和政治国家两个领域。但是,这种逻辑上的分离并不代表现实中始终也是分离的。在前资本主义社会,政治国家和市民社会在现实中是重合的。表现为一元的社会结构:国家从市民社会中夺走全部权利,整个社会高度政治化,政治权力的影响无所不及,一切私人活动与事务都打上鲜明的政治烙印,市民社会淹没于政治国家中。④ 在这种政治结构中,刑法特别发达,渗透社会生活的各个角落;刑法以保护国家利益为己任,以国民为对象,严格限制国民的行为;刑法注重社会保护功能,不惜使用严刑峻法对付一切危害国家统治的行为。刑法存在的合理性在于维护统治秩序的有效性。

市民社会与政治国家在现实中的分离是在资本主义时代完成的。欧洲十一二

---

① 如邓正来:"市民社会与国家——学理上的分野与两种架构",载《中国社会科学季刊》(香港),1993年第2卷;徐国栋:"市民社会与市民法——民法的调整对象研究",载《法学研究》1994年第4期;杜万华:"二元社会结构体系及其法理学思考",载《现代法学》1996年第1期;公丕祥:"市民社会与政治国家:社会主体权利的理论逻辑",载公丕祥主编:《法制现代化研究》(第1卷),南京师范大学出版社1995年版;俞可平:"马克思的市民社会理论及其历史地位",载《中国社会科学》1993年第4期,等等。

② 《马克思恩格斯全集》(第21卷),第194页。

③ 陈兴良:"从政治刑法到市民刑法——二元社会建构中的刑法修改",载陈兴良主编:《刑事法评论》(第1卷),中国政法大学出版社1997年版,第7页。

④ 陈兴良:"从政治刑法到市民刑法——二元社会建构中的刑法修改",载陈兴良主编:《刑事法评论》(第1卷),中国政法大学出版社1997年版,第20~21页。

世纪逐渐兴起的新兴城市培育了最初的市民阶级和自由、平等的市民意识，成为资产阶级革命的主力。资本主义的市场经济要求从事经济活动的人是自由平等的主体，反对国家对私人领域的干预。在市民社会与政治国家分离的二元社会结构中，人具有双重属性：他既是国家中的公民，过着政治生活，他的自由受国家法律的限制；又是经济组织中的个人（市民），过着物质生活，其自由是国家法律所不可剥夺的。所以，在二元社会中，市民社会成为政治国家的牵制力量，政治国家和市民社会界限分明，国家权力介入的领域受到严格限制，统治权力受到抑制，自由平等观念得到加强。

在这种社会结构下，刑法作为公法，只能调整国家与个人的公共关系领域；刑法兼顾人权保障功能和社会保护功能；刑法存在的合理性在于合乎国民利益性；刑法以国家为对象，严格限制国家刑罚权行使范围，刑法犹如国家与公民之间签订的契约：国家不得在法律之外对公民进行处罚，公民不实施违法行为。这样，罪刑法定成为二元社会结构下刑法的应有之义。

（四）罪刑法定原则的观念基础

刑法作为公法，以政治国家的存在为基础，也以维护政治国家的存在为己任。刑法作为规定犯罪与刑罚的法律，首先具有工具性，可以满足统治者惩罚犯罪，维护统治秩序和自己利益的需要。自从人类进入阶级社会，有了表现统治意志的法律规范以后，刑法始终是法律规范中不可或缺的组成部分，甚至是法律的主要部分。但是，这不是近现代刑法存在的唯一根据，也不是主要根据。一个国家对付犯罪这种极端行为，并不是必须有刑法的存在的，没有刑法，并不妨碍国家对犯罪的有效镇压和打击。① 而且，没有了刑法的约束，这种打击会更加及时、灵活、有效和随心所欲。刑法作为一种行为规则，除了具有工具性价值外，还有自身的目的性，即刑法的存在、运行具有相对的独立性。那么，人类为什么需要刑法？刑法存在的自身目的性何在？近代欧洲启蒙思想家给了明确的回答：刑法是保障人权的大宪章。刑法存在的意义在于遏制国家刑罚权，目的在于保障包括犯罪人在内的公民的权利，这是近现代刑法的精神所在。

首先，由刑法自身的目的性所决定，刑法的存在与适用必须是为了保障公民的权利，否则，国家刑罚权的发动就失去了正当性。每个人都有追求自由幸福的权利，但是，自由又必须受到限制，否则，任何人都可能成为他人滥用自由的潜在受害者。自由必须以不妨害他人应有的利益为界限。法律就成为约束人们自由的界标。人们以法的形式赋予国家刑罚权，制定禁止性规范和命令性规范，设立自由的界限。

其次，从刑法存在的必要性来说，因为有犯罪这种极端侵害权益行为的存在，所

① 李海东著：《刑法原理入门》，法律出版社 1998 年版，第 4 页。

以需要最严厉的惩罚方法,这种方法非刑罚莫属。由于刑罚是以限制甚至剥夺人的权利为内容的,刑罚被称为“必要的恶”,它犹如一把“双刃剑”,用之不当则国家和个人两受其害。而刑罚有国家强制力支撑,如何防止国家在动用刑罚,为公民个人自由提供保障的同时,不至于异化为对自由的粗暴干涉和破坏呢?“为了不使刑罚成为某人或某些人对其他公民施加的暴行,从本质上来说,刑罚应该是公开的、及时的、必需的,在既定的条件下尽量轻微的、同犯罪相对称的并由法律规定的。”①所以,“刑事法律作为公法的一个分支,相当于政府与公民之间的一种‘契约’,用于表明什么是应当作为犯罪受到处罚和通过怎样的程序加以处罚”。② 刑法作为公民与国家之间达成的契约,其主要内容,就是对国家刑罚权的限制。国家只能为了保障公民利益最大实现的需要动用刑罚;对犯罪和刑罚应有明确的规定,且该规定以能够遏制和足以遏制为限;司法者只能对符合法定犯罪构成要件的违法的、有责的危害行为进行法律评价,并据以定罪量刑;对法无明文规定的行为,即使认为具有严重的社会危害性,也不能基于法律以外的规定予以定罪量刑;对于已经确认有罪的人,也只能依据刑法的规定处以刑罚,不得超越刑法规定用刑。国家以法条的形式向公民承诺刑罚权的发动仅限于保障公民权益,只在法律规定的范围;公民以法条规定为依据规约自己的行为,“违约”则要承担法条载明的刑事责任,同时对于国家“违约”擅动刑罚权给自己造成的损害,也有权根据“约定”向国家提出赔偿。

所以,从形式来看,刑法是国家与公民之间用以表明什么行为是国家禁止的犯罪行为,应当受到什么刑罚处罚的“契约”。国家通过这一契约向公民庄严承诺:除非你的行为触犯了刑法的规定,符合犯罪构成要素,否则,不会受到刑罚处罚;即使构成犯罪,也只受到刑法规定的刑罚的处罚。这正是罪刑法定原则的应有之义。所以,契约观念是罪刑法定原则存在的观念基础之一。从实质而言,契约不能任意订立,否则,不公平、不合理的契约就成为国家侵害公民权利的合法依据。刑法的制定与实施,必须以人权保障为优先,这是罪刑法定原则生存的观念基础之二。

如此说来,契约观念和人权保障优先观念是罪刑法定原则的观念基础。

二、罪刑法定原则的规范要求

(一)法律形式与罪刑法定原则

罪刑法定之“法”,是否必须为成文法?罪刑法定原则的经典表述是“法无明文规定不为罪,法无明文规定不处罚”,该表述与费尔巴哈“无法律则无刑罚,无犯罪则

① [意]贝卡利亚著:《论犯罪与刑罚》,黄风译,中国大百科全书出版社 1993 年版,第 109 页。

② [斯洛文尼亚]仆恩天·儒潘基奇:“关于比较法的若干法哲学问题”,载《比较法研究》1995 年第 5 期。

无刑罚，无法律规定的刑罚则无犯罪”、“没有法律，就不存在市民的刑罚。现在的法律不适用时，刑罚也不适用”①的表述一样，是从大陆法系国家刑法的特点提出的罪刑法定原则应具有的品格，在大陆法系国家学者看来，罪刑法定之“法”必须是成文法。对此，贝卡利亚也予以肯定，他认为：“当一部法典业已厘定，就应逐字遵守，法官唯一的使命就是判定公民的行为是否符合成文法律。”②但是，费尔巴哈和贝卡利亚都没有谈及英美法系国家刑法中该原则的体现。如前所述，罪刑法定是起源于英国的大宪章，英美法系国家也确立了罪刑法定原则的基础地位，仅仅由于法律发展道路不同，形成了判例法传统，而不能在刑法成文化上表现出来。我们不能简单地从大陆法系刑法学者的论述断定，罪刑法定之“法”，必须为成文法；也不能以法律形式是否成文，逆推判断是否承认罪刑法定原则。英美法系国家肯定罪刑法定原则和其判例法的法律形式并存，至少说明判例法与罪刑法定原则并不排斥。实际上，只要符合罪刑法定的实质精神——人权保障，其法律形式不限于成文法。它可以是指成文实体法，即以成文之法律规定犯罪与刑罚，也可以是指法定之程序，即犯罪与刑罚通过法定程序确定之，在这种情况下适用之实体法不一定是成文法。③

但是，可以肯定，在罪刑法定所要求之明确性上，成文法比判例法更具优势。20世纪以来英美法系国家改变曾经对制定法的排斥态度，开始注重成文法的建设，在法律效力上英国和美国都规定制定法高于判例法，英国还于 1972 年取消了法官创制新罪名的权力，④美国联邦犯罪也都是制定法规定的犯罪。这些都是基于判例法在法律明确性上的缺陷而作的改变。

当然，判例法比之成文法更具适用的灵活性，使注重法的安全价值和可预见性的大陆法系国家，对成文法绝对崇拜、完全排斥判例法和习惯法的早期态度也发生改变。从 19 世纪 80 年代起，注释法学派就开始对制定法中心主义进行批判，认为考虑法的稳定性和对社会发展的适应性，制定法的缺陷应当通过解释加以弥补，而在解释时，为保证法律适用的统一，又应当遵守判例。⑤ 当今大陆法系国家虽然在法律形式上仍主张成文法是刑法的渊源，但同时在司法适用中，允许以习惯对相关条文作出解释，并且，最高法院的判例一般也被遵守，但不能作为判决理由直接引用。也即习惯法和判例在成文法解释上发挥着作用。

---

① 马克昌著：《比较刑法原理：外国刑法学总论》，武汉大学出版社 2002 年版，第 57 页。

② [意]贝卡利亚著：《论犯罪与刑罚》，黄风译，中国法制出版社 2002 年版，第 15 页。

③ 刘雪梅著：《罪刑法定论》，中国方正出版社 2005 年版，第 3 页。

④ 1972 年英国枢密院在“克鲁勒股份有限公司诉检察长”案中一致否定了法官有创制新罪名和扩大现罪名的权力。

⑤ 赵秉志主编：《刑法基础理论探索》，法律出版社 2003 年版，第 452 页。

（二）刑法之溯及力与罪刑法定原则

刑法作为行为规范，对何时实施之行为发生法律效力？

刑法只适用于施行以后的行为，而不能溯及适用于其施行前的行为，此为不溯及既往原则。罪刑法定的原本意义就在于通过明文规定并公布之刑法昭示哪些行为是法律禁止的，使人们能够根据刑法的规定确定自己应为之行为和不为之行为，从而决定行为的取舍。事实上，人们也只有根据已经施行的法律来规范自己的行为，预测自己行为的后果，刑罚也只能对刑法施行后的行为适用，这是人权保障的必然要求。所以，不溯及既往原则与罪刑法定原则具有内在精神的一致性，使不溯及既往成为罪刑法定原则的当然内容，对此，大陆法系国家和英美法系国家均予以肯定。

从历史发展的角度，不溯及既往原则伴随着罪刑法定原则的发展，也有一个从绝对到相对的过程，即从采从旧原则绝对禁止事后法，到采从旧兼从轻原则，有条件地适用事后法。大陆法系国家刑法中只要规定了罪刑法定原则的，在时间效力上一般都要求，对行为作为犯罪加以处罚，必须以行为时已经生效的法律为依据，把从旧原则作为解决刑法溯及力的原则，即不允许根据行为后施行的法律对行为进行处罚。这是人权保障的必然要求。这一内容在今天也有所改变。因为，一方面，承认刑法无溯及力的理由是考虑有溯及力对法的安全价值和个人自由的破坏；另一方面，如果新法颁布后，认为原来是犯罪的行为已经失去惩罚的必要，或不需要重罚，从而规定不是犯罪或为轻罪，再以旧法对行为进行处罚，就会使人们对国家法律产生疑惑。所以，现在世界大多数国家在溯及力上，都采取从旧兼从轻原则，即禁止重法溯及既往。这一规定并不违背罪刑法定原则的实质——人权保障。

当今世界也有国家在溯及力上采从新兼从轻原则，即原则上对未经审判之行为适用审判时的新法，但行为时的旧法不认为是犯罪或处刑较轻的，适用行为时的旧法。从实质看，从新兼从轻原则与从旧兼从轻原则一样，是从有利于被告人的角度出发的，无论原则上适用旧法还是适用新法，对被告人适用的法律效果是一样的，不会因法律的变化加重处罚。从这一点来看，两原则都与罪刑法定原则的实质相符合。但是，从两者形式上看，从旧兼从轻原则更能体现罪刑法定原则。因为“从旧”所确立的观念是行为人的行为适用行为时的法律，不以事后法衡量；而“从新”反映的观念是以事后法对先前行为进行评价。

（三）类推与罪刑法定原则

类推，是指对法律没有明文规定的行为，如果认为其具有严重的危害性，可以比照刑法最相类似的条文定罪量刑。类推制度在刑法史上延续了两千多年，设立该制度的目的是想用刑罚制裁所有的统治者认为有危害的行为，其出发点是注重刑法的工具性价值，只注重刑法的社会保护功能，这也是刑法万能思想的体现。

综观类推制度存在的情况，在近代以前作为罪刑擅断的主要制度，适用广泛。在中国就曾以上下比罪、决事比、比附援引等方式长期存在。但近代以后，类推制度不再作为常态存在，只在少数国家的短暂时间适用过，如纳粹统治时期的德国、建国初期的社会主义国家。

类推与罪刑法定原则是相互排斥的。类推制度设立的出发点是惩罚所有犯罪行为，包括法律没有明文规定但实际有危害的行为，使刑法的内容超出了国民预测的可能，也为罪刑擅断打开方便之门。而罪刑法定的出现就是要否定罪刑擅断，强调追究刑事责任应以法律明文规定为限，严格控制国家刑罚权，强调国家行为的可预测性。罪刑法定作为刑法的基本原则所起的作用是限制性的，凡是法律没有明文规定为犯罪的行为，就不能定罪处罚。它禁止以类推作为新创制或扩张可罚行为范围或加重其处罚的方法。何种行为应当属于犯罪行为的决定权，应当保留在立法者手中。所以，类推与罪刑法定原则之间是相互排斥关系。但是，有利于被告的类推解释不在被禁止之列。

（四）罪刑明确性与罪刑法定原则

罪刑明确性要求罪之构成和刑之内容要明确，不能含糊其辞，似是而非，使公民能够了解刑法规范，防止法律的任意性。从明确性要求防止罪刑的任意适用来看，它与罪刑法定原则的精神实质不谋而合。

罪之构成确定：罪刑法定之“明文规定”，实际上主要指明确的犯罪构成，或犯罪成立的条件。大陆法系国家近现代刑法在犯罪构成上采取总则和分则分别加以规定，禁止性规范和授权性规范共同判断是否犯罪的模式。英美法系国家则通过犯罪成立的条件与合法辩护的理由来确定。

刑之内容确定：犯罪的法律后果要明确，在刑法中明确规定处罚的种类和执行的内容及方式、刑罚适用的具体条件、刑罚适用的法律后果、具体犯罪的法定刑等。基于刑罚个别化之要求，刑之确定并不排斥刑度规定，即允许适当的相对确定的法定刑。

与自由裁量之关系：罪刑法定要求立法时不能运用不确定的法律概念技术，授权司法者自由裁量加以类型化而弹性适用。但明确性要求并不排斥刑法上动态的犯罪构成。[①] 也不排斥司法者对刑法的解释，但是，要求司法者在解释法律时，必须遵守罪刑法定原则，在立法文字可能有的范围内，正确、适当与合理地作出解释，不能根据现实需要不受限制地任意解释。

---

① 如刑法关于抢劫罪和妨害公务罪的手段行为“暴力”的规定，虽未明确何为“暴力”，但词语本身的含义以及法定刑规定使它的内容是确定的。又如空白罪状，虽然在刑法中没有明确犯罪构成的内容，但是这欠缺的内容由刑法以外的其他法律、法规、规章、命令等规范规定，罪之构成仍具有确定性。

罪刑明确性在控制权力上意义重大。基于罪刑法定原则的要求,立法者必须对国家刑罚权的范围加以确定,立法者还必须以正当的法律程序保证刑罚权的发动符合法定程序,以此控制国家权力对个人权利的侵害。

(五)罪刑设置合理性与罪刑法定原则

刑法以禁止性或命令性规定限制了公民的自由权利,违反刑法规定会受到国家公权力对生命、自由、财产等权利的强制剥夺或限制,因此,刑法规定实际是对基本权利的严重侵害,所以,应严格遵守法律保留原则,不能以行政命令等来规定犯罪构成及其法律后果。

罪刑法定在立法控制上要求立法者不能任意制定犯罪与刑罚,刑法对认定犯罪的范围必须合理,即处罚范围的合理性。它要求立法者只能将值得用刑罚处罚的行为规定为犯罪,而不能处罚不当罚之行为。有学者研究,当罚之行为应符合以下条件:(1)在大部分人看来这种行为具有严重的社会危害性,为人们所不能容忍,主张以刑法对该行为进行规制;(2)适用刑罚对这种行为进行处理符合刑罚的目的——预防犯罪,具有预防、抑制该行为的效果;(3)适用其他制裁方式不足以抑制这种行为,没有其他方法可替代;(4)适用刑罚处理该行为不会使社会所希望的、对社会有利的行为受到抑制;(5)可以给该行为进行客观认定,公平处理。对犯罪所规定的刑事责任必须合理,即处罚程度的合理性。能用较轻刑罚遏制的,绝不用较重的刑罚,所设置的刑罚方法和刑罚幅度必须考虑行为本身的危害性和行为人人身危险性的大小等因素。刑罚的性质决定刑法只能是国家控制犯罪迫不得已的手段,只能在其他法律不能充分保护某种合法权益的情况下动用,而不是广泛、普遍适用的手段。刑法规范的合理性是法治国刑法的当然要求。罪刑法定在立法控制上还要求立法者确定"正当的法律程序"适用刑法,保障公民在面对国家公权力限制其权利时,有权利救济渠道,拒绝欠缺正当性的国家公权力的干涉。

三、罪刑法定原则的演进

罪刑法定的制度性表现与演进因法系发展特点不同而有所不同:

(一)大陆法系国家罪刑法定的演进

刑罚,作为社会控制的工具之一,其传统的目的在于威吓和惩罚犯罪,近代以前的各国刑法在此思想指导下,无不表现出严刑峻罚的特点;而刑法万能观点,又为罪刑设置的广泛性和罪刑擅断提供基础。罪刑法定思想正是对罪刑擅断的直接反击。它与罪刑相适应、刑罚人道、适用刑法人人平等等原则一起,指导近代以后的刑法通过周密的制度设计,成为公民自由和权利的有力保障。

由于欧洲自由主义和立宪运动的发展,"法律所未禁止者,人人享有绝对的自由"成为社会契约中的神圣内容。刑法作为禁止性规范,涉及人民自由权利的限制,不能任意适用。十七八世纪资产阶级启蒙思想家,基于对人的尊重和个人自由的追求,对严酷的封建刑法进行猛烈抨击,提出个人权利保护应成为政府、社会等所有社会控制机构进行其控制行为的基本要求,刑法的人权保障功能得以被认识和重视,从而引出了罪刑法定主义。有学者提出:罪刑法定原则主要是在自然法思想引导下,由孟德斯鸠三权分立理论的支撑、贝卡利亚在理论上的系统阐述,以及费尔巴哈在制度上的周密设计而诞生,并逐步成熟的。[①] 笔者同意这种观点,并认为其概括了罪刑法定从思想到理论的发展过程。

在古典自然法思想和孟德斯鸠三权分立理论基础上,刑事古典学派的代表意大利刑法学家贝卡利亚率先在《论犯罪与刑罚》中从以下几方面对罪刑法定作了完整的阐述,并使其具有了较为成熟的理论形态:第一,只有法律才能为犯罪规定刑罚;第二,需要有独立的司法官员来判定犯罪事实、适用刑罚;第三,严酷的刑罚违背了公正和社会契约的本质,因而不应当出现在立法中;第四,刑事法官没有解释刑事法律的权力;第五,法律条文应当明确和公开,法律用语应当通俗易懂;第六,凡是法律规定的犯罪的刑罚,对任何犯罪人都必须平等的适用,刑罚不能因身份不同而异。但是,贝卡利亚主张绝对的罪刑法定,由于观念的差异,他曾被意大利法官指为强盗、杀人犯的庇护人。[②] 其主张在当时并未得到立法和司法界的认可。

19 世纪刑事古典学派的代表费尔巴哈对罪刑法定理论的发展作出了巨大贡献。他以心理强制说为罪刑法定的合理性提供支持;以实体法上的犯罪构成要件理论,为罪刑法定提供了法理上的支持;从法律的价值层面上对罪刑法定做了深入阐述,认为罪刑法定是通过对司法权的限制来达到对公民自由和安全予以保障的价值目标的。罪刑法定是国家对公民的一种承诺,即国家只在法律规定的范围内认定和处罚犯罪,从而划清了国家刑罚权与公民自由之间的界限;费尔巴哈还在其 1801 年出版的《刑法教科书》中对罪刑法定原则作了经典性表述:"无法律则无刑罚,无犯罪则无刑罚,无法律规定的刑罚则无犯罪。"刑事古典学派学者在此基础上对罪刑法定进行全面而系统的阐述,使罪刑法定思想体系化而成为学说。

罪刑法定从学说到法律基本原则的转变,是法国 1789 年《人权宣言》完成的。其第 8 条规定:"法律只应当制定严格的、明显的、必需的刑罚,而且除非根据在违法行为之前规定、公布并且合法地适用的法律,任何人都不受处罚。"此后,法国历次颁布的宪法都在序言中对这一原则给予肯定。所以,在法国罪刑法定原则不仅具有一

---

① 何勤华:"关于西方刑法史研究的几个问题",载《河北法学》2006 年第 10 期。

② Cesare Beccaria, *On Crimes and Punishments*, The Bobb-Merrill Co. 1963. 转引自郑逸哲:"罪刑法定主义七十年",载林山田等著:《刑法七十年之回顾与展望纪念论文》(一),台湾元照出版有限公司 2001 年版,第 84 页。

般的法律规范价值,而且具有宪法价值。

这一规定精神被法国1791年刑法典所采用。1791年刑法典虽然没有专条规定罪刑法定原则,但其立法者严格遵循了《人权宣言》的精神,准确参照了贝卡利亚的学说,在西方刑事立法史上首次确立了总则、分则相结合的法典形式,将刑法的一般规定和解释性规定同具体犯罪构成要件有机地结合起来,对大量刑法的专门用语、术语和基本概念进行了明确界定,以保证法典适用的统一性,防止法官随意解释刑法;法典从限制法官自由裁量权的角度,设置了绝对确定的法定刑;法典对犯罪总量进行压缩,确定刑法只规定确实必须禁止之行为为犯罪并加以处罚;法典还贯彻了人道主义思想,严格限制死刑适用范围,确立了以自由刑为中心的刑罚体系。①

而首次在刑法典中明确规定罪刑法定原则的,是1810年《法国刑法典》,其第4条规定:"不论违警罪、轻罪或重罪,均不得以实施犯罪前未规定之刑罚处罚之。"②它使罪刑法定原则从宪法的宣示性规定转变为刑法中的实体性规定。刑法典还规定了不溯及既往原则和严格解释原则,禁止适用事后法,禁止法官对意义明确、符合逻辑和具有现实性的条文进行类推性解释,法官只能对文义不明、逻辑不清或缺乏现实性之条文,作合理解释。法典还根据实际情况,确定了相对确定的法定刑。虽然1810年《法国刑法典》自颁布后至1994年新刑法生效前进行了多次修改,大部分内容已面目全非,但罪刑法定始终作为刑法的基本原则得到贯彻。1810年《法国刑法典》由于思想先进、法律术语准确、概念简明、体系严谨,成为大陆法系国家仿效的蓝本,也对法属殖民地国家产生巨大影响。各国均在刑法开端即规定罪刑法定原则,如1871年的《德国刑法典》第2条、1889年的《意大利刑法典》第1条、1882年施行的《日本刑法》第1条,等等。罪刑法定成为大陆法系各国普遍承认的刑法原则。

20世纪三四十年代法西斯政权统治期间,德意日等国集权化,一度背离了罪刑法定原则。在德国,1933年发布的《国社党刑法》从保护国民全体和国家的基本观点出发,认为罪刑法定原则因保护个人可能侵害国民全体,可能使公共危害者潜伏法网,因而主张如果一种行为在法律上没有规定为犯罪,但是法律为了保护国民全体和国家利益,可以在法律内选择一种刑罚加以惩罚,从而否定了1871年刑法典确定的罪刑法定原则。③ 以此为指导于1935年修订的刑法废除了1871年刑法典第2条关于罪刑法定原则的内容,改为:"任何人,如其行为依法律应受处罚者,或依刑事法律的基本原则和人民的健全正义感应受处罚者,应判处刑罚。如其行为无特定的刑事法律可以直接适用者,应依基本原则最适合该行为的法律处罚之。"实际上规定

① 何勤华、夏菲主编:《西方刑法史》,北京大学出版社2006年版,第240~242页。
② 高铭暄、马克昌主编:《刑法学》,北京大学出版社、高等教育出版社2000年版,第27页。
③ 刘雪梅著:《罪刑法定论》,中国方正出版社2005年版,第13页。

了有罪类推制度。1933年施行的《丹麦刑法典》、1954年通过的《格陵兰刑法典》都规定了有罪类推制度。

第二次世界大战后，随着法西斯政权的彻底覆灭，民主政治得到恢复和发展。饱受践踏的人们更加认识到民主和人权的重要性，认识到以保障人权为核心的罪刑法定原则，在防止国家刑罚权滥用上的重要作用。许多国家在战后修订的宪法或刑法中，都对罪刑法定原则加以明确规定。1949年的《德意志联邦共和国基本法》明文规定了罪刑法定原则，1953年8月25日的《联邦德国刑法修正案》再次确定了罪刑法定原则，1947年的《日本国宪法》做了大幅度修改，制定了保障人权的刑法，等等。罪刑法定仍是大陆法系国家通行的刑法原则。

罪刑法定原则从产生发展到今天，世界政治、经济、文化等都发生了巨大的变化，不能不对产生于自由资本主义时期，以启蒙的自由主义思想、限制国家权力的三权分立和心理强制说为思想基础的罪刑法定原则产生影响。

19世纪末20世纪初，资本主义由自由竞争发展到垄断阶段，单纯依靠市场这只“看不见的手”，已经难以有效保证经济的健康发展，加之应付战争和战后重建的需要，国家干预主义应运而生，个人权利本位观念让位于社会本位。同时，由于犯罪率的大幅度上升，国家迫切需要控制犯罪的有力措施。所以，在刑法领域，以防卫社会为核心的刑事实证学派的出现，对刑事古典学派的主张产生巨大冲击，罪刑法定原则面临挑战。但是，所谓社会本位的法制，不过是当代西方法律学者针对片面强调个人自由权利及执行自由放任主义政策所导致的社会弊端，提倡社会的权利思想或者社会本位的立法思想，亦仅对权利本位稍作调整而已，绝非义务本位之复活。所谓社会本位立法思想及立法实践，乃在纠正和防止片面强调个人权利之弊，其基本出发点仍未脱离个人及权利观念。① 可以说，权利观念、人权保障观念在西方也仍然是不可动摇的。相应地，刑法的人权保障观念仍具有主导地位，罪刑法定原则仍是其刑法的基本的不可动摇的原则。因此，各国立法者在此问题上采取了慎重的态度，并未为了防卫社会的需要，抛弃束缚手脚的罪刑法定原则。而是兼顾自由和安全价值，在坚持罪刑法定原则的基础上，对其内容作了适当变通。也即罪刑法定原则由绝对走向相对。这一发展主要表现在：

第一，从排斥习惯法到允许习惯法为刑法的间接渊源。排斥习惯法是罪刑法定原则对刑法形式的要求，对行为定罪及予以刑罚处罚，只能以由立法机关通过文字制定的正式法律为准，不能由行政命令或司法命令临时决定，也不能根据习惯法来确定。但是，成文法的局限性，使人们常常难以从简洁的文字，理解深奥的法律内涵，也难以适应不断变化的社会现实。所以，立法者允许在确实必要时，以习惯法对

---

① 梁慧星：“原始回归，真的可能吗？”，载《比较法研究》1995年第3期。

个案行为的违法性、刑事责任等加以说明。

第二,从禁止不定刑和不定期刑到禁止绝对不定期刑。罪刑法定原则包括罪的法定和刑的法定,它要求在刑法上明文规定对犯罪应判处的刑种和刑度。但绝对确定的法定刑,无法适应情况各异的案件,所以,立法者允许采用相对不确定的法定刑,在规定某罪的刑罚时,规定一个具有最高刑和最低刑的量刑幅度,给法官具体案件的自由裁量权。而绝对不定期刑是指立法上只规定了科处自由刑而没有规定自由刑的期限,司法上只科处自由刑而不宣告自由刑的期限。由于对犯罪的法律后果实际上并没有确定,所以,这种立法和司法对罪刑法定原则的违反是不言而喻的。

第三,从禁止类推到禁止有罪类推。所谓类推,是指对法律没有明文规定为罪的行为,援引刑法其他最相类似的条文进行解释并定罪量刑。显然,类推与罪刑法定原则是相违背的。但是,在刑法的适用中,人们认为如果类推解释是有利于被告的,则该解释与罪刑法定原则蕴涵的人权保障思想并不矛盾。所以,禁止类推适用就发展为现在的禁止有罪类推。

第四,从禁止刑法溯及既往到禁止重法溯及既往。罪刑法定原则要求,对行为作为犯罪加以处罚,必须以行为时已经生效的法律为依据,把从旧原则作为解决刑法溯及力的原则,即不允许根据行为后施行的法律对行为进行处罚。这是人权保障的必然要求。这一内容在今天也有所改变。因为一方面承认刑法无溯及力的理由是考虑有溯及力对法的安全价值和个人自由的破坏;另一方面如果新法颁布后,认为原来是犯罪的行为已经失去惩罚的必要,或不需要重罚,从而规定不是犯罪或为轻罪,再以旧法对行为进行处罚,就会使人们对国家法律产生疑惑。所以,现在世界大多数国家在溯及力上,都采取从旧兼从轻原则,即禁止重法溯及既往。这一规定并不违背罪刑法定原则的实质——人权保障。

有的观点认为现代罪刑法定原则的内容还应该加上明确性原则和实体的适当原则。①

明确性原则要求刑法的规定必须明确,使国民能够根据刑法规定了解违法行为的内容,准确地确定罪与非罪的界限,以保证规范没有明文规定为犯罪的行为不会成为规范适用的对象,从而使国民预测自己行为的法律后果,并限制法官适用刑法的恣意性。实际上,罪刑法定思想的倡导者都曾对法律用语的明确性作过阐述。孟德斯鸠提出:"法律的用语,对每一个人要能够唤起同样的观念。"②但刑事古典学派总结罪刑法定原则所包括的内容时,对明确性并未予以特别重视。在美国,1910年以来才出现认为不明确的刑罚法规违反正当程序条款的判例;在日本,20世纪60年

① 张明楷著:《刑法学》(上),法律出版社1997年版,第42页。

② [法]孟德斯鸠著:《论法的精神》(上册),张雁深译,商务印书馆1982年版,第297页。

代以来一些学者提出了刑罚法规必须明确,不明确的刑罚法规违反宪法,认为无效的观点;德国学者威尔哲尔等也认为作为罪刑法定主义的要求,要揭示法的效果的明确性。①

实体的适当原则要求刑法的内容必须适当,必须符合人权保障的精神,所规定的犯罪必须是确实需要用刑罚处罚的行为,所规定的刑罚应当是人道的、与犯罪相均衡的,否则,"恶法非法",人民有权改变现行法律规定。实体的适当原则,实际上是罪刑法定原则对立法要求,包括罪、刑规定的适当,罪刑均衡。

此外,20 世纪的大陆法系国家,罪刑法定的嬗变轨迹表现出从形式到实质的鲜明特征,基本以 1945 年为时间界限,1945 年以前是形式的罪刑法定;1945 年以后是实质的罪刑法定。

1. 形式的罪刑法定

20 世纪初,大陆法系国家仍然延续了 19 世纪确定的罪刑法定,但此时的"法定",已经去除原本产生时涵盖的自然法,而专指国家制定法。这是刑事实证学派取代刑事古典学派占据学说主导地位的结果。刑事实证学派将制定法作为法学的研究对象,严格区分法律与道德。德国的概念法学和意大利的法律技术学派都把法律视为一种社会控制技术。刑事实证学派虽然未否定罪刑法定,但几乎颠覆了刑事古典学派所主张的罪刑法定。② 形式的罪刑法定单纯强调对制定法的遵守,"恶法亦法",罪刑法定失去了保障人权的核心内容,在法西斯国家成为镇压人民的工具。"集权的国家不承认这个原则,根本原因就是它们不保护与公共或集体利益相冲突的个人自由,而是要求个人服从集体的需要。"③

2. 实质的罪刑法定

第二次世界大战后,随着法西斯政权的彻底覆灭,民主政治得到恢复和发展。饱受践踏的人们更加认识到民主和人权的重要性,认识到以保障人权为核心的罪刑法定原则,在防止国家刑罚权滥用上的重要作用。许多国家在战后修订的宪法或刑法中,都对罪刑法定原则加以明确规定。罪刑法定恢复了保障人权的本来面目。

总体来说,罪刑法定在大陆法系有一个从观念、学说到规范的过程,并且在学说和规范表现上有从绝对到相对的发展,但在这个过程中,罪刑法定产生时的观念基础始终发生作用,并未因发展而有所改变。

作为法治思想的体现,罪刑法定原则意味着市民社会确立了法律的统治。在刑

---

① 马克昌著:《比较刑法原理:外国刑法学总论》,武汉大学出版社 2002 年版,第 73 ~ 74 页。

② 胡桥:"20 世纪西方刑事法律的基本价值取向",载于何勤华主编:《20 世纪外国刑事法律的理论与实践》,法律出版社 2006 年版,第 10 页。

③ [意]杜里奥·帕多瓦尼著:《意大利刑法学原理》,陈忠林译评,中国人民公安大学出版社 2004 年版,第 13 页。

事审判中,罪刑法定原则特别具有保障个人权利和自由的作用。由于符合现代社会民主与法治的发展趋势,因此,尽管经历了几百年的风风雨雨,这一原则已被人类普遍公认,成为刑法的铁则。

(二)英美法系国家的罪刑法定原则

英美法系国家刑法的基本原则与大陆法系国家刑法的基本原则在形成方式与表现形式上有所不同。许多国家没有独立的刑法典,除制定法外,判例法也是刑法的主要渊源。但是,由于罪刑法定是近、现代刑事法的基础理念,无论何种制度设计,只要承认了民主、人权的要求,无论以什么方式表达,都不影响罪刑法定原则的存在。自1215年英国《大宪章》确立了人权保障、权力限制的思想后,罪刑法定思想在英国、美国一直延续,存在于宪法性规定中、程序性条款中、对具体犯罪的规定中、学者与司法者的意识中。正如英国宪法学家戴雪在《英宪精义》中所指出:"英国人受法律治理,而且也只受法律治理;我们当中,一个人可能因破坏法律而受到惩罚,但是他不会因为其他任何情况而受到惩罚。"①美国学者霍尔也认为:"虽然美国大部分州与英国一样,成文法的分量经常增加,然仍有普通法存在,这一限度内与大陆法系特有意义之罪刑法定原则固不相同,但是美国判例法限制法官的行为较之于大陆法系国家罪刑法定原则限制法官的行为并无逊色。"②概括地说,英美所确定的法治原则的核心是保障个人权利,限制政府权力。在刑法中具体表现为以下原则:法不溯及既往原则、最大限度的确定性原则以及严格解释原则。③

当然,由于法律传统所致,英美法系国家关于罪刑法定原则的立法与实现方式与大陆法系国家有所不同。英美法系国家刑法渊源有制定法和判例法,在制定法上一般也没有明确规定罪刑法定原则的条文,而只是在宪法中规定公民非经法律规定的程序不受处罚和制定法中规定禁止追溯既往等体现罪刑法定原则;在判例法上则以"先例原则"和"遵循先例原则"保证自身内部生长出一套完整的法律技术,保证法律的稳定性和灵活性相统一,在罪刑法定的明确性和安全价值要求之外,保证法律与社会生活一致。即它们是在"适当的法定程序"形式下表现对罪刑法定的确认的,并主要依赖于诉讼保障和宪法原则实现罪刑法定。

首先,从制定法看,尽管英国法以其普通法闻名于世,但在其法律发展史上一直没有放弃制定法。不仅英国大宪章的内容,在英国1628年的《权利请愿书》和1689

---

① [英]戴雪著:《英宪精义》,雷宾南译,中国法制出版社2001年版,第362页。

② 胡云腾:"废除类推及刑法科学化",载《法学研究》1995年第3期。

③ Andrew Ashworth, *Principles of Criminal Law*, 4th ed. Oxfod University Press, 2003, p. 70 .

年的《权利法案》等一系列宪法性文件中反复被确认，[①]而且，1833 年英国成立了制定法委员会，其宗旨就在于将所有关于犯罪的法规编入一个制定法汇编，而将有关犯罪的普通法编入另一单列的制定法规。同时，该委员会还对法律进行审议，确定在何种范围内能够将有关犯罪和刑罚的制定法与普通法结合成一个刑法整体。在其以及以后其他专门机构编定的在刑事制定法上，有关罪刑法定原则所要求的罪刑之确定性、不溯及既往等内容亦有所体现。[②]

在美国，罪刑法定思想被北美费城殖民地总会的 1774 年宣言和 1776 年《弗吉尼亚权利法案》主动接受，其中，《弗吉尼亚权利法案》第 8 条明确规定："…… 除了国家法律或同等的公民的裁判外，任何人的自由不应受到剥夺。"这一规定被誉为美国法律中最初的罪刑法定原则的宣言，为许多州所效仿，并为联邦宪法所确认。《美国联邦宪法》第 1 条第 9 款第 3 项和第 10 款第 1 项规定："不得通过追溯既往之法律。"1791 年美国宪法第 5 条修正案规定："对任何人，不依正当的法律程序不得剥夺其生命、自由和财产。"1868 年美国宪法第 14 条修正案又进一步伸展规定为："无论何州，不经正当法律程序不得剥夺任何公民的生命、自由或财产。"从而在实体和程序法律上确定了以"遵循先例"、"适当的法律程序"形式表现的罪刑法定原则，[③]并保证罪刑法定的实现。如宪法禁止联邦国会和各州议会通过"剥夺公权法案"，即禁止立法机关制定不经司法程序而直接处以刑罚的法令；禁止"一事再审"，即已经审判的同一罪行不得再次审判；禁止强迫自证其罪，即不得强迫被告人证明自己犯罪；禁止残酷的和非常的刑罚。美国宪法还通过对司法解释的限制，保证罪刑法定原则的贯彻。所以，美国对罪刑法定原则的确认是多层次、多形式的，不仅在实体法上确立了罪刑法定原则，还在程序法上确立了该原则；不仅在刑事法中确立，还在宪法中直接确立。值得注意的是，美国比英国更注重制定法。美国独立战争的领袖们深受孟德斯鸠权力制衡学说的影响，不仅建立了权力分立、相互制衡的政权制度，而且倡导以制定法对普通法上的罪名予以确认，而新的罪刑则以制定法来规定。至今，美国 50 个州和联邦均有各自的刑法典，且超过 2/3 是以《模范刑法典》[④]为蓝本制定的，有完整、细致的总则，对法无溯及力、犯罪或违警罪必须由制定法规定等予

---

① 如《权利请愿书》规定："苟非经其贵族之合法判决或依据英国之法律，不得逮捕拘禁英国之任何自由人民或剥夺其所有之土地或取消其所享之自由权利或若干自由惯例或使不受法律之保护或予流放或加以任何方式之损害……"《权利法案》规定："凡未经国会同意而以皇权停止法律或施行权力均为僭越行使权力。"

② 从谢望原主持翻译的《英国刑事制定法精要》所收录的英国 1351 ~ 1997 年的刑事制定法相关内容可得出该结论。详见谢望原译：《英国刑事制定法精要》，中国人民公安大学出版社 2003 年版。

③ 赵秉志主编：《刑法基础理论探索》，法律出版社 2003 年版，第 363 ~ 364 页。

④ 《模范刑法典》的全名是《刑法与矫正法典》（*Penal and Correctional Code*）。

以明确。

20世纪初起两大法系出现相互渗透彼此融合的发展趋势，英美法系国家刑法成文化比重加大，更注重罪刑法定原则在规范上的表现。当然，英美法系国家的刑事制定法与大陆法系有所区别，它没有统一的刑法典（印度、新加坡等少数国家除外），而是以单行刑法和附属刑法方式对某些具体犯罪和刑罚加以规定，具有单行性、附属性；它并不严格区分实体与程序，在一部刑事制定法中，常常既有犯罪与刑罚的内容，又有诉讼程序的规定，具有实体与程序混合性；它虽然与普通法相区别，但又具有与普通法的关联性。制定法中的许多规定，需要依靠普通法的定义和原则来认定。离开了普通法制定法有时难以正确适用。① 同时，又具有效力的最高性，当普通法与制定法发生矛盾时，优先适用制定法，制定法还可以修改或者废除普通法上的犯罪与刑罚。不仅如此，国际法也是英美法系刑法的重要渊源，凡是作为国际法主体签署并生效的包含有犯罪与刑罚内容的国际法，大都有基于人权保护而规定的诸如法不溯及既往等罪刑法定原则的内容。

其次，从判例法看，先例原则和遵循先例原则的目的是使罪与刑确定化、法定化，以保障公民（尤其是被告人）权利，限制国家刑罚权，而这与罪刑法定的内在要求和价值精神不谋而合。在普通法中，“先例”原来的案件中作为法律渊源的先前的司法判决，②其中包含了法官们对某项法律原则的创立、阐述及其运用，它能够在后来的法官在类似案件的判决过程中，给予有益的指导，先例中确立的罪名和刑罚是法官判决时必须考虑的，绝不允许法官规避先例的存在。可见，先例的主要功能之一在于通过法律原则的设定将罪和刑法定化、确定化。“遵循先例原则”是指法官应当以先例作为判决的依据，按照司法审级的划分，下级法院要受上级法院先例的拘束，上级法院要受本院以前判例的拘束。先例原则和遵循先例原则共同构成判例法的基础，二者之间存在一些微妙的差异：用判例来确定什么是先例，先例的效力以及如何运用到具体案件中，这是先例原则制度的内容，它在一定程度上提供了处理案件的原则，如同依照制定法的法律规则一样。它从法律认识论上演绎出判例之间的内在联系，表明法律的存在方式；而遵循先例原则重在将关于犯罪和刑罚的一般思维模式具体化为一种司法准则。这样，遵循先例原则就成为促进秩序的恰当工具并保证罪刑法定的精神内涵在实践中得以贯彻。③

由于英美法系国家司法运行中可以推翻先例创制新的判例，与罪刑法定所主张

① Neil C. Chamelin and Kenneth R. Evans: *Criminal Law for Police Officers*, Prentics-Hall Inc. 1991, p. 6.

② 《牛津法律大辞典》，光明日报出版社 1988 年版，第 708 页。

③ 宗建文：“论英美法系中的罪刑法定原则”，载《现代法学》1996 年第 1 期。

的“禁止事后法”相矛盾。但事实上，在遵循先例原则中，只有为了正义的目的才能推翻先例。如同大陆法系国家为了正义的目的以新法取代旧法一样，英美法系国家认为，一旦过去的价值判断不再与现在的价值判断相一致，在遵守先例和服从正义间维持一种有益的平衡的任务，应当由法官来完成。为了正义推翻先例规则与先例划分规则和法律推理规则一起，[①]在“遵循先例原则”的运用过程中制约着英美法系的法官，使他们不能以简单的理由就排斥先例的约束，这充分体现了罪刑法定的安全、秩序、普遍、稳定的价值。同时，又给予法官适当的自由选择权，不必盲目地亦步亦趋地完全依照先例来处理案件，从而保证法律稳定性和灵活性的统一，实现罪刑法定公平、正义和自由的价值目标。

在英美法系国家适用法律的过程就是解释法律的过程，其原因正如美国大法官卡多佐所说：“普通法不是既存的普通有效真理的演绎，而是现实的具体经验的归纳。……法官面临双重问题：首先必须坚持遵循前例原则，用以前的判例；然后必须决定这个原则的变动与发展的方向和途径。”[②]由于司法解释在英美法系国家有重要的地位和作用，为防止法官滥施解释权，便在宪法中作了限制。此外，英美法系国家还在判例法中确立罪刑法定的相关内容。例如，美国联邦最高法院在1798年卡尔德诉布尔一案中，对追溯既往之“事后法”定义为：第一，任何对该法通过以前所实施的无罪行为，作为犯罪加以处罚的法律；第二，任何对该法通过以前所实施的犯罪行为，作为加重犯罪予以处罚的法律；第三，任何改变刑罚，并允许对该法通过以前的犯罪，按较中刑罚处罚的法律；第四，任何为了证实罪犯而改变法定的证据规则，允许采纳比犯罪时法律所要求的不同的或较少的证据。[③]

英美法系的罪刑法定模式，是在其独特的法律文化传统中孕育、形成和发展的。在这个过程中，经验主义法哲学观念、法律渐变论、归纳推理的思维模式以及法官的能动作用等起了举足轻重的作用。[④]

相对于大陆法系国家而言，英美法系国家罪刑法定原则的发展较为平稳。虽然主要国家也经历了从自由资本主义向垄断资本主义的过渡，也有强化国家干预的倾向，也发生社会本位取代个人本位的重心变化，但以“正当的法律程序”和“遵循先

---

① 遵循先例原则在运行中，三个紧密相连的规则对实现其价值目标起到巨大作用，即为了正义推翻先例规则、先例划分规则和法律推理规则。先例划分规则是指法官在审理案件时要对以往判例加以性质上的区分，并不是遵循所有先前判决，而只应遵循对其有约束力的先例。法律推理规则有两层含义：一是指法官必须识别出可资援用的判例；二是指法官对先例判决的意见加以区分，只有判决理由所确定的法律规则才是要遵循的关键。

② 储槐植著：《美国刑法》（第2版），北京大学出版社1996年版，第30页。

③ 宗建文：“论英美法系中的罪刑法定原则”，载《现代法学》1996年第1期。

④ 同上。

例”表现出来的,以及制定法中确立的罪刑法定原则没有受到太大影响,也没有如大陆法系一样有绝对到相对的变化。

(三)社会主义法系罪刑法定原则的命运①

社会主义法系的建立始于“十月革命”胜利。作为社会主义法系发源地的苏俄,基于维护革命政权的需要,以及对犯罪的实质定义和承认社会危害性是犯罪的决定性特征的认识,最初对源于资本主义国家的罪刑法定采取排斥态度,其突出的表现就是对类推制度的肯定。但是,在苏维埃刑事法律发展的最初年代,并未编纂法典,苏维埃刑法的主要渊源是全俄苏维埃代表大会、全俄中央执行委员会、人民委员会、革命军事委员会、全俄肃反委员会的法令,人民委员会的命令和地方苏维埃的法令。确认行为之为犯罪与应受惩罚,由法院根据苏维埃各政权机关的法令、最高审判机关的通令、训令,根据审判人员自己革命的法权意识来决定,无须类推。② 就笔者所查到的苏联刑事立法文件看,该时期颁发的含有刑事规范的规定,还没有定罪量刑的明确内容,往往表述为对应制裁的行为不确定的制裁。司法人民委员会在1918年6月16日发布的《关于废除从前颁行的关于革命法庭的一切通令》第2条就规定:“革命法庭在选择同反革命行为、怠工行为作斗争的刑罚方法时,除了法律对于某种刑罚方法已经规定字样的以外,不受任何限制。”③

1919年12月12日苏俄司法人民委员会通过了《苏俄刑法指导原则》,这是第一部系统的刑法规范,由序言和8章内容组成。它第一次在序言中阐述了苏维埃刑法的阶级特征:是镇压犯罪分子的专政工具,以此保护从资本主义向共产主义过渡时期的符合劳动群众利益的社会关系;该指导规定了犯罪概念:犯罪是危害某种社会关系制度的作为或不作为。但没有涉及类推问题。类推最早在1922年《苏俄刑法典》中加以规定,其第10条:“个别种类的犯罪行为,如果是本刑法典没有明文规定的,它的刑罚或者社会保卫方法,可以比照在犯罪的重要性和犯罪的种类上同刑法典最相类似的条文,并遵照本刑法典总则的规定来决定。”全俄中央执行委员会《关于施行苏俄刑法典的决议》规定,“刑法典对于在它施行前未依照审判程序进行审理的一切犯罪行为,一律适用”,其在溯及力上采从新原则。其后,1924年《苏联及各

---

① 将苏联及其他社会主义国家法律一起编为一类,称为“社会主义法系”。有学者认为这种划分值得商榷。大陆法系、英美法系的划分是以其法律形式、风格、程序、组织等外表特征为依据的,但“社会主义法系”则是依据法的原理、价值、正义观、基本的制度选择上的差异进行界定。由于划分的标准不同,“社会主义法系”概念似无法与大陆法系、英美法系并列。但笔者在此主要阐述的是罪刑法定原则发展在不同法系的命运,关于法系划分标准的不同意见对本书的阐述没有影响。

② 苏联司法部全苏法学研究所集体著:《苏维埃刑法总则》(上),中央人民政府法制委员会编译室、中国人民大学刑法教研室编译,法律出版社1955年版,第160页。

③ 张寿民著:《俄罗斯刑法发达史》,法律出版社2000年版,第121页。

加盟共和国刑事立法基本原则》第3条:“某种危害社会的行为,如果是没有经刑事立法直接加以规定的,它的责任的根据和范围,以及对它所适用的社会保卫方法,应当由法院比照刑法典中所规定的同这种犯罪最相类似的犯罪轻重、犯罪种类的条款来决定。”1926年《苏俄刑法典》第16条规定,“某种危害社会的行为,如果是本法典没有直接规定的,它的刑事责任的根据和范围,可以比照本法典所规定的同这种犯罪最相类似的犯罪种类的条款来决定”,都规定了与罪刑法定原则相排斥的有罪类推制度。[①] 除苏俄外,乌克兰、格鲁吉亚、阿塞拜疆、乌兹别克、白俄罗斯、阿尔明尼亚、土尔克明和塔什克等苏维埃加盟共和国也编制了自己的刑法典,由于所有加盟共和国刑法典都建立在共同的原则上,可以认为,在对类推和溯及力上,他们态度一致。其他社会主义国家初期的法律有的仿效1926年《苏俄刑法典》,在本国刑法中规定了有罪类推制度,如1942年《蒙古人民共和国刑法典》、1950年《朝鲜民主主义人民共和国刑法》、1952年《阿尔巴尼亚人民共和国刑法典》,以及我国根据地时期1934年颁布的《中华苏维埃共和国惩治反革命条例》、新中国1950年的《惩治反革命条例》、历次刑法草案及1979年刑法典等。

当然,苏联学者和立法者也认识到类推具有破坏社会主义法制原则的危险性,所以,对类推制度采取了极为慎重的态度。苏维埃司法机关的领导人在阐述设置类推制度的必要性时解释说:第一部苏维埃刑法奠中包含类推的规范,是由于不可能在法典中把可能出现的各种形式的犯罪活动都包括进去。人民委员会和全俄中央执行委员会主席团不可能那么及时地对生活中发生的所有现象作出反应,而且总是会有所疏漏。为了使危害现象得以消除,必须使法院有权干预,而不要等待规范的正式颁布。我国曾有过这样的情况:在没有刑事法律时,法院是完全遵循社会主义的法律意识来处理问题,而我们现在要依法行事。[②] 1922年6月8日司法人民委员会第48号通告明确指出:“按照一般规定,法院只能对刑法典有明确规定的行为适用刑罚和其他社会保卫方法。只有在某些特殊场合,即当受审人的行为在刑法典中虽未明确规定,但法院从工农政权建立起来的新法律秩序的观点看,这一行为有明显危害性时,才可以例外……”可见,类推制度的立法初衷是为了在法律无法规定所有危害社会行为的情况下,可以及时处理危害行为,规范法院的审判行为而设置的,是特定历史时期基于政治需要列入刑法的,即使在那个年代,也是作为一般规定的例外情况。关于类推适用的条件还是比较严格的,仍以1926年《苏俄刑法典》的规定为例。根据该法规定,类推只在下列条件下才能适用:(1)按照类推适用刑事法律

---

① 前述有关苏联或苏俄刑法条文规定,均引自A.盖尔青仲、H.高里雅柯夫编定:《苏联和苏俄刑事立法史料汇编》(1917—1952),郑华、王增润、赵涵兴译,法律出版社1956年版。

② 《苏联刑法科学史》,曹子丹、张广贤、马改秀、王扬译,法律出版社1984年版,第30~31页。

的行为,是刑法任何一项条文都未加明文规定的;(2)是实际上真正危害社会的行为;(3)犯罪的性质应当最相类似,应当是同一罪过形态。类推的实际适用也很少,主要为苏联最高法院所用。① 此外根据1946苏联最高法院全体会的决定,依犯罪主体适用类推是不许可的。②

这一排斥罪刑法定原则的情形到20世纪30年代开始发生改变。1936年苏联宪法颁布后,依据宪法起草苏联刑法典时,在苏联引发了是否应保留类推制度的争论。许多刑法学家认为在剥削阶级被消灭后,在苏维埃刑事立法中保存类推制度的条件已经消失。类推并不是苏维埃刑法特有的制度,早期采用它时就将其作为一种暂时的现象。类推制度与苏联宪法和法律的稳定性是不相容的。司法实践也证明,根据类推适用法律,往往造成审判中对社会主义法制的破坏。1938年全苏法学研究所召开的第一次科学大会上,讨论到制定新的刑法典时,提出了从立法中取消类推问题。在该研究所起草的苏联刑法典草案中,在规定犯罪概念的第9条,明确了只有刑法典规定的危害社会的作为或不作为才是犯罪。③ 1950年《苏联刑法典总则》(草案)第3条明确规定:无论何人对于未经苏联法律规定刑事责任的作为或不作为,不得受到处罚。④ 与之相对应,对刑法溯及力的态度也发生改变。在1956年2月中华人民共和国最高人民检察院办公厅翻印的《学习苏维埃刑法总则笔录》(初稿)中,对苏维埃刑事法律的溯及力作了以下阐述:"苏维埃刑事(法)在下列情形下有溯及力:(一)新法律完全免除了其颁布前的犯罪的刑事责任时,则该项新法律有溯及力;(二)新法律减轻了对以前犯罪的刑罚时,也有溯及力;(三)如果新刑事法律规定过去法律不认为犯罪的行为为犯罪,或者加重了对以前犯罪的刑罚时,则只有当该项法律明文规定溯及力时才有溯及力。"

1958年《苏联和各加盟共和国刑事立法纲要》率先取消了类推制度,其第3条规定:"只有犯罪人,即故意或过失地实施刑法所规定的危害社会行为的人,才应担负刑事责任,并受刑罚。适用刑罚必须根据法院的判决。"其第7条关于犯罪的定义再次肯定了"只有刑事法律规定的危害社会的作为或不作为"才是犯罪,其第6条刑事法律在时间上的效力规定:"某一行为是否构成犯罪和是否应受刑罚,根据实施行为时的法律予以确定。规定免除行为所应受的刑罚或减轻刑罚的法律,有溯及既往

① [苏]贝斯特洛娃著:《苏维埃刑法总论》(讲义),中国人民大学刑法教研室译,中国人民大学出版,华东政法学院教务处1954年2月翻印,第87~88页。

② 苏联司法部全苏法学研究所集体著:《苏维埃刑法总则》(上),中央人民政府法制委员会编译室、中国人民大学刑法教研室编译,法律出版社1955年版,第164页。

③ 《苏联刑法科学史》,曹子丹、张广贤、马改秀、王扬译,法律出版社1984年版,第34页。

④ 何勤华、李秀清著:《外国法与中国法——20世纪中国移植外国法反思》,中国政法大学出版社2003年版,第442页。

的效力，也就是可以适用于此项法律颁布前所实施的行为。规定行为的应受刑罚和加重刑罚的法律，没有溯及既往的效力。”①即在溯及力上采取从旧兼从轻原则，类推条款杳无踪影。1960 年《苏俄刑法典》在刑事责任的根据、犯罪概念以及刑法的溯及力上，均规定了上述内容，取消了类推。②

在此之前，保加利亚、罗马尼亚已于 1956 年废止了类推。原规定类推制度的社会主义国家也纷纷废除了类推制度，如 1961 年《蒙古人民共和国刑法典》废除了类推制度，确立了罪刑法定原则。1974 年《南斯拉夫社会主义联邦共和国宪法》第 181 条规定：“凡法律和依法制定的条例事先没有规定为应受惩罚的行为以及未规定刑罚的行为，任何人不得因此受惩罚。只有法律才能规定刑事犯罪和刑事制裁。”与之相应，1977 年《南斯拉夫刑法典》第 3 条规定：“任何人不得因实施了法律尚未明确规定为犯罪并要处以刑罚的行为而受刑罚或刑事制裁。”1968 年制定的《德意志民主共和国刑法》明确规定了罪刑法定原则和法律面前人人平等原则，并贯彻于刑法典中。不仅在总则规定禁止类推，溯及力上采从旧兼从轻原则，定罪量刑不因民族、种族、宗教、信仰、世界观以及所属阶级、阶层而不同，而且在分则中严格规定了各罪的构成和相对确定的法定刑。③

20 世纪 80 年代后期社会主义阵营发生的巨变，使社会主义法系成员国大幅减少。分离出去的国家在刑法上坚持了罪刑法定原则，并且更为彻底。1997 年 1 月 1 日起生效《俄罗斯刑法典》第 3 条法制原则规定：“行为是否构成犯罪，以及是否应受刑罚和其他刑法后果，只能由本刑法典规定。不允许类推适用刑事法律。”在溯及力上不仅对判决未确定的情形采从旧兼从轻原则，而且对判决已经确定正在服刑的也适用。④ 社会主义法系硕果仅存的国家在刑法上或仍坚持或承认罪刑法定原则，如越南 1986 年 1 月 1 日生效的《越南社会主义共和国刑法》规定：“只有构成了刑法规定的犯罪的诸要素才承担刑事责任。刑罚由法院依法决定”，在时间效力上也采从旧兼从轻原则。⑤ 尤其是 1997 年颁布的中华人民共和国刑法，自新中国成立以来第一次在法典中确立了罪刑法定原则，意义重大。

社会主义法系罪刑法定原则的发展有两个显著特征：一是与政权斗争、政治形势关系密切；二是榜样的力量巨大，各社会主义国家刑法指导思想等重大变化一般都紧紧跟随苏联而发生，具有一致性。但是，也有例外情况，如捷克斯洛伐克、民主

---

① [苏]H. A. 别利亚耶夫、M. N. 科瓦廖夫主编：《苏维埃刑法总论》，马改秀、张广贤译，曹子丹校，群众出版社 1987 年版，第 20、62 页。

② 《苏俄刑法典》，王增润译，陈汉章校，法律出版社 1962 年版，第 2 页。

③ [日]宫泽浩一：“联邦德国刑事法律的变迁与展望”，张明楷译，载《法学译丛》1989 年第 5 期。

④ 参见《俄罗斯联邦刑法典》，黄道秀等译，何秉松审订，中国法制出版社 1996 年版，第 4～6 页。

⑤ 条文内容参见《越南、缅甸、老挝现行法律法规选编》，米良、梁斌译，云南人民出版社 1993 年版。

德国、波兰就没有规定类推制度，罗马尼亚、保加利亚均先于苏联废止了类推制度，确立了罪刑法定原则。

（四）国际公约中的罪刑法定原则

罪刑法定原则不仅为各国国内法所普遍规定，而且成为国际社会公认的法治原则。联合国一系列的国际公约和重要文件中，都对罪刑法定原则加以确认。如1946年《世界人权宣言》第11条规定："任何人的任何行为或不行为，在其发生时依国家法或国际法均不构成刑事犯罪者，不得被判为犯有刑事罪。刑罚不得重于犯罪时适用的法律规定。"1966年通过的《公民权利和政治权利国际公约》在重申了上述规定后，又规定："任何人的任何行为或不行为，在其发生时依照国家法或国际法均不构成刑事罪者，不得据以认为犯有刑事罪。所加的刑罚也不得重于犯罪时适用的规定。如果在犯罪之后依法规定了应处以较轻的刑罚，犯罪者应予减刑。"1974年通过的《1949年8月12日日内瓦四公约关于保护国际性武装冲突受难者的附加议定书》（第一议定书）和1977年通过的《1949年8月12日日内瓦四公约关于保护非国际性武装冲突受难者的附加议定书》（第二议定书）中，也规定了内容相同的条款。①

罪刑法定的演进还因产生的途径不同而不同。一般来说，在原生性国家和主动接受罪刑法定的派生性国家，罪刑法定一般经历了由思想观念到学说再到法律确认的过程。从历史的角度看，西方发达国家莫不如此。而对于那些被动接受罪刑法定的派生性国家，罪刑法定的发展往往是先在法律中确立相应的规范条款，然后才有学说和思想观念的确立问题，而且，由于是对外来法律的吸收，欠缺一定的文化基础，常常只是少数专家在思想观念上迅速彻底接受罪刑法定，一般公民、广大司法工作人员，甚至一国领导者对其接受的速度和深度都有所限制。

小结

本章阐述了罪刑法定原则的基础理论。首先，从罪刑法定产生的思想基础、经济基础、社会基础和观念基础几个方面，阐述了罪刑法定原则产生的基础，说明罪刑法定作为刑法基本原则的出现是历史发展一定阶段的产物，也为下文讨论罪刑法定原则在我国的引入和发展打下基础。其次，文章论述了与罪刑法定原则相关的几个问题：法律形式、法之溯及力、类推制度、法之明确性、法之适当性，认为罪刑法定原则的实质在于保障人权、限制国家刑罚权，所以，法律形式与罪刑法定原则并无当然联系，但重法不溯及既往、禁止有罪类推、刑法必须明确和适当则是罪刑法定原则的应有之义，应当坚持。最后，本章从大陆法系、英美法系、社会主义法系和国际公约

① 胡云腾："废除类推及刑法科学化"，载《刑法问题与争鸣》（第2辑），中国方正出版社2000年版，第69页。

四个线索,大致梳理了罪刑法定原则发展的脉络,说明在不同法律文化背景下,罪刑法定原则发展的特点。但不管有怎样的区别,罪刑法定原则作为法治精神的体现,在经历了几百年风雨沧桑,罪刑法定原则至今仍具有旺盛的生命力,成为世界公认的各国刑法共同的、根本性的原则。

第二章　清末罪刑法定原则的引入

一、中国古代刑法与罪刑法定原则

中国发达的古代刑法是否存在罪刑法定原则？对此问题，法史学界可谓仁者见仁，智者见智。综合各家学说，大致可以归为三类：肯定说、否定说和矛盾说。其观点区别主要在于对我国古代刑法中诸如“律法断罪当以律令正文”(《晋书·刑法志》)、“诸断狱，皆须引律令格式正文”(《唐律·断狱》)等规定，和罪刑法定的理解不同。① 俞荣根教授提出的“‘罪刑法定与非法定的和合’是中华法系一大特色”的观点，颇有新意。② 但笔者认为就实质意义而言，中国古代刑法中所谓“罪刑法定”，与近代罪刑法定原则相去甚远。理由在于：

首先，罪刑法定绝非可以简单地归结为“罪之法定”和“刑之法定”，对罪刑法定作这种说文解字式的理解是不符合罪刑法定原有之意的。从罪刑法定原则产生的历史背景看，它是在近代资本主义经济出现之后，与政治上的民主、人权等基本观念相伴而生，其核心价值是人权保障和对刑罚权的制约。

其次，中国古代刑法发展的独立性决定它是原生性法

---

① 蔡枢衡先生是肯定论的代表，陈兴良先生是否定论的积极主张者。徐岱和俞荣根是矛盾说的代表。

② 俞荣根教授认为中国封建社会中下级官吏要守文据法，在这个层次上，罪刑是法定的；大臣、高级官吏可以以经传原情定罪，议事以制，在这个层次上，罪刑是非法定的；君主可以权道制物，任意裁断，在这个层次上，罪刑是擅断的。所以，中国古代刑法是法定主义与非法定主义有机结合体。参见俞荣根：“罪刑法定与非法定的和合”，载倪正茂主编：《批判与重建——中国法律史研究反拨》，法律出版社2002年版，第103～144页。

律,从罪刑法定立法化的途径可知,在原生性法律中确定罪刑法定原则,需有该原则产生的观念基础、社会基础和制度基础。而中国古代刑法恰恰欠缺这些基础。

1. 中国古代社会,没有罪刑法定原则生存的观念基础。罪刑法定原则的观念基础是自由、公平和正义的契约观念,而中国古代社会是典型的身份社会,君君,臣臣,父父,子子,身份有别,地位不同。

2. 中国古代社会,没有罪刑法定原则生存的社会基础。罪刑法定原则的社会基础是有独立于政治社会的市民社会的存在,二元的社会结构,使国家刑罚权介入的空间受到限制,个人权利受到充分保障。而中国古代社会,奴隶社会根本无市民社会存在的任何条件;而自秦汉以来,中国社会即形成了以家族宗法制度为基础、政治国家为根本、皇权至上的一元的政治社会结构。中国封建社会的土地制度是以皇权为代表的政治国家控制和支配下的土地所有制;中国封建社会实行重农抑商政策,弱小的工商业也由君权代表的政治国家全面垄断和控制;封建国家还对个人生活的各个方面实行全面专制。所以,中国古代社会没有个人利益、个人权利生长的空间和土壤,也无从发展起罪刑法定原则生存所需要的市民社会。

3. 中国古代社会,没有罪刑法定原则生存的制度基础。罪刑法定原则的制度基础是权力分立、相互制衡,讲求立法权对司法权的限制,而立法权又是属于人民的,由民选的立法机关行使。同时,讲求司法权的独立。而中国古代社会,皇帝集立法、行政、司法、军事等大权于一身,始终凌驾于法律之上,法律成为至高无上的皇权的附庸和牺牲品,法律的神圣不可侵犯性被皇权的绝对神圣性所替代。皇帝的意志左右着法律,皇帝可以一言立法,一言废法。

4. 中国古代刑法,徒具"罪刑法定"的外形,而欠缺罪刑法定原则的实质精神。自战国时期郑国子产"铸刑书于鼎,以为国之常法"①起,成文法一直是中国古代刑法的主要形式,且规范中也不乏"罪无正条,不合纠致"、"断罪皆须具引律、令、格、式正文。违者,笞三十"、"犯法者,各以法(发)时律令论之,明有所讫也"、"诸犯罪未发,及已发未断决,逢格改者,若格重,听依犯时格,若格轻,听从新法"等内容。② 但是,公布成文法,要求官吏依法断案的目的,是防止官吏擅权,维护皇权。这并非罪刑法定原则原有之义,相反却与以保障人权为己任的罪刑法定原则不相容。

再次,中国古代刑法是典型的伦理刑法,这种特征概括获得较为普遍的认同,瞿同祖先生认为中国法律具有儒家化特点。③ 俞荣根先生也认为中国古代法律是伦理法,并认为伦理法"是以儒家思想为指导的中国古代政治和法律,它以家族主义伦理

---

① 《左传·昭公六年》。

② 高绍先著:《中国刑法史精要》,法律出版社 2001 年版,第 131 页。

③ 瞿同祖著:《中国法律与中国社会》,中华书局 1981 年版,第 329 页。

为基点,将宗法伦常作为法的精神或灵魂,君权是父权的延伸,国是家的扩大,体现家国一体和君父一体的基本特点"。[①] 任喜荣先生认为在刑法发展史上,罪刑法定原则的确立过程本身,是一个法律与道德分离的过程,并从中国古代刑法内在矛盾性说明它与罪刑法定格格不入,从而说明中国古代刑法无罪刑法定可言,无论规范还是思想。[②]"礼"对中国封建法律的指导意义和在法律实践中所起的重大作用,也决定了罪刑法定原则根本不可能形成。有关观点,学者有充分的论证,在此不再详述。

最后,在中国古代社会,法律从来就是作为供统治者使用的工具存在的,刑法存在的合理性就是刑法对统治阶级的有用性。在这种刑法中,没有也不可能有法治的精神。

当然,比附援引在中国古代刑法中有其存在的合理性。为保证皇帝对官员的有效控制,中国古代刑法采成文法形式,并且犯罪是客观具体的描述,刑罚是绝对确定的法定刑。但现实是复杂多变的,以不变之规定应对变化之现实,具有严格程序和条件限制的比附援引成为最佳选择。中国古代刑法有制度上的比附援引和方法上的比附援引之分。前者具有类推的属性,后者则是刑法解释的方式之一。与罪刑法定原则相冲突的应是制度上的比附援引。[③]

总之,中国 1900 年以前的古代刑法中,没有规定罪刑法定原则。

二、《大清现行刑律》:《大清新刑律》颁布前的过渡性法律

光绪二十七年(1901 年)至宣统三年(1911 年),是清政府推行"新政"和筹备"立宪"时期,修订新律是实行"新政"的重要内容。在此期间,为满足形势发展的需要,由沈家本主持进行,先后颁布了两个刑律:《大清现行刑律》和《大清新刑律》。两部刑律虽然都称"刑律",颁布时间接近,但内容、作用和命运迥然不同。

光绪二十八年(1902 年)清政府任命沈家本、伍廷芳为修律大臣,开始修律。在模仿近代西方资产阶级刑法编撰刑法的同时,考虑刑法制定非短期内可以完成,光绪三十四年(1908 年)沈家本等人向清廷呈递《奏请编定现行刑律以利推行新律基础摺》,以"总目宜删除,刑名宜厘正,新章宜节取,例文宜简易"为原则,对《大清律例》进行修订,作为新律推行的基础。宣统二年(1910 年 5 月 15 日)《大清现行刑律》公布施行。[④]

---

① 俞荣根著:《儒家法思想通论》,广西人民出版社 1992 年版,第 134 页。

② 该内容为笔者对任喜荣在《伦理刑法及其终结》(吉林人民出版社 2005 年版)中观点的归纳。

③ 陈新宇:"我国刑法史上的比附援引与罪刑法定之争",载陈兴良主编:《刑事法评论》(第 17 卷),中国政法大学出版社 2005 年版,第 366 页。

④ 李光灿、宁汉林主编:《中国刑法通史》(第 8 分册),辽宁大学出版社 1987 年版,第 43 页。

对照《大清律例》,《大清现行刑律》的进步性表现在:

1. 名称

《大清现行刑律》以“刑律”取代“律例”。“例”在北宋即出现,并延续至清,但宋元时期的“例”作为审断案件的成例——断例,是由司法部门编订发布,作为法令的辅助。北宋末及南宋时期,虽官吏引例破律,“当是时,法令虽具,然吏一切以例从事,法当然而无例,则事皆泥而不行,甚至隐例以坏法,贿赂既行,乃为具例”。[①] 例的实际地位急剧上升,但就统治者认可的法律形式来说,例无法取代律。至明中期以前,例虽仍由司法机关根据案例拟订条文,但由皇帝批准颁布,就性质而言,更接近于宋代的“敕”。但是,这一时期的例只在一定时期、一定范围内有效,律和例的关系是:“律者,常经也;条例,一时之权宜也。”[②]律的效力高于例;到明中后期,经皇帝批准颁行的条例作为律外定罪科刑的法律,与律并行,通行天下,成为常法。明神宗万历十三年(1585 年)开始的律例并行的新体例则直接影响了清代立法。[③]

清顺治四年(1647 年)颁行的《大清律集解附例》几乎是《大明律集解附例》的翻版,仍是律例并行;康熙十八年(1679 年)根据实际情况对所有条例进行刊定,次年编成,称《六部现行则例》,只有其中的刑部现行则例具有刑事性质,其余主要为行政性质。从此,律、例关系发生变化,重例轻律,“有例则置其律”的原则开始形成;雍正五年(1723 年)颁布的《大清律集解》将律后之例分为:原例、增例和钦定例,在法律效力上从高到低依次为钦定律、增例、原例、律文;乾隆五年(1740 年)颁行的《大清律例》则删除例之区别,按颁布年代顺序附于律文之后,且律文从乾隆朝后不再修订,只修订例文,以适应形势变化之需要。[④]

可见,取律而将“例”逐出,不再作为刑法的法律形式,表现出刑法专门化指导思想,在一定程度上体现了对皇帝和刑法适用者刑事立法权的限制。

2. 刑名

改革刑罚体系和制度,废除酷刑,将原笞、杖、徒、流、死五刑,改为罚金、徒刑、流刑、遣刑和死刑,且死刑执行方式仅为绞、斩两种。刑罚总体而言较以前为轻。

3. 罪名

根据形势变化并考虑“新政”的要求,《大清现行刑律》废除了一些过时的、与“新政”不符的罪名,剔除了不应加以刑事处罚的民事行为,并增加了一些新罪名。

---

① 《宋史·刑法志一》。

② 《春明梦余录》卷四四。

③ 1858 年刑部尚书舒化等重新辑修《问刑条例》为 382 条,并将其附于《大明律》后,以律为正文,例为附注,称为《大明律集解附例》,形成律例合编的新体例。参见王立民主编:《中国法制史》,上海人民出版社 2003 年版,第 295 页。

④ 王立民主编:《中国法制史》,上海人民出版社 2003 年版,第 332 页。

例如，删除了有关禁止"民人出海"采矿的规定，取消良贱、满汉、男女在定罪量刑上的区别，增加了毁坏铁路要件等罪名，明定有关婚姻、继承、典买、钱债等问题属于民事范畴，不再科刑。

但《大清现行刑律》只是有限度地改进《大清律例》的个别内容，其余则予继承。如该法典仍采取诸法合体、民刑不分的编纂体例，其30门篇目与原律例无异；它仍保留了以家天下和宗法制为根据的"十恶"、"八议"、请、减、赎等封建法律内容。所以，它"为吾国最后而最进步之旧式法典"。①

总体而言，《大清现行刑律》与《大清律例》相比，从形式到内容没有太大变化，所以，有学者评价该律"仅删繁就简，除删除六曹旧目而外，与《大清律》根本主义无甚区别，与与《新刑律》亦并未衔接，实不足备新旧律过渡之用。"②但是，笔者认为，《大清现行刑律》作为过渡性法律，还是完成了它的历史使命的。③

《大清新刑律》早于1905年即开始进行起草，而非《大清现行刑律》颁行后。沈家本等人在参酌近代西方资产阶级刑法起草新刑律时，已知新刑律是对《大清律例》的根本改变，所涉内容甚多；而且，新刑律草案于光绪三十三年（1907年）上奏并由清廷发交部院督府大臣签注时，遭到礼教派的强烈反对，清廷下令"再行详审修改删除"。④ 故新刑律非短期内可以完成。但如果在推行新政期间仍适用《大清律例》，不仅会产生法律适用上的矛盾，也不利于新刑律的实施。所以，才于1908年上奏并经清廷批准编订《大清现行刑律》。沈家本在奏折中阐述了编定《大清现行刑律》的理由：

窃维新政之要，不外因革两端，然二者相衡，革难而因易，诚以惯习本自传遗，损益宜分次第，初非旦夕所能责望也，方今瀛海交通，俨同比伍，权力稍有参差，强弱因之立判，职是之故，举凡政令、学术、兵制、商务，几有日趋于同一之势，是以臣家本上年进呈刑律，专以折冲樽俎，模范列强为宗旨。惟是刑罚与教育互为盈朒，如教育未能普及，骤行轻典，似难收弼教之功，且审判之人才，警察之规程，监狱之制度，在与刑法相维系，虽经渐次培养设立，究未悉臻完善。论遭递之理，新律固为后日所必行，而实施之期，殊非急迫可以从事。考日本未行新刑法以前，折衷我国刑律，颁行新律纲领，一洗幕府武健之风，继复酌采欧制，颁行改定律例三百余条，以补纲领所未备，维持于新旧之间，成效昭著。……现新律之颁布，尚须时日，则旧律之删订，万难再缓……一俟新律颁布之日，此项刑律再行作废，持之以恒，行之以渐，则他日推

① 谢振民编著：《中华民国立法史》（上册），中国政法大学出版社2000年版，第28页。

② 同上，第882页。

③ 徐岱也认为《大清现行刑律》具有历史价值。参见徐岱著：《中国刑法近代化论纲》，人民法院出版社2003年版，第82页。

④ 李贵连著：《近代中国法制与法学》，北京大学出版社2002年版，第403页。

暨新律,不致有杆格之虞矣。①

可见,《大清现行刑律》是在旧律不能适用,新律又未颁布施行前使用的过渡性法律。该刑律有应时立法的特点,立法目的就在于在新律颁行前的短暂时间内,对现有旧刑律作修改,消除法律适用中与推行的"新政"要求相矛盾之处,待新律颁行即失效,而不是要将之作为新刑律制定的蓝本,因此,也就无所谓"与《大清律例》的根本区别和与《大清新刑律》的衔接"问题。当然,也正是由于《大清现行刑律》仅仅是对《大清律例》的修补,尚无罪刑法定原则的生存空间,所以,它仍属于中国封建制法律。

三、《大清新刑律》:罪刑法定原则的引入

由沈家本主持制定的《大清新刑律》于宣统二年十二月二十五日(1911 年 1 月)颁布,②由总则 17 章、分则 36 章,共 411 条正文和 5 条《暂行章程》组成。是移植近代西方资产阶级刑法典制定的,从形式到内容的全新法律,完全不同于中国以往颁行的任何法律。

(一)形式上:近代刑法体系的建立

《大清新刑律》分总则和分则两编,共 411 条。第一编总则包括:法例、不为罪、未遂罪、累犯罪、俱发罪、共犯罪、刑名、宥减、自首、酌减、加减例、缓刑、假释、恩赦、时效、时例、文例 17 章。第二编分则共 36 章,分别规定了侵犯皇室罪、内乱罪、外患罪、妨害国交罪、漏泄机务罪、渎职罪、妨害公务罪、妨害选举罪、骚扰罪、逮捕监禁脱逃罪、藏匿罪人及湮灭证据罪、伪证及诬告罪、放火决水及妨害水利罪、危险物罪、妨害交通罪、妨害秩序罪、伪造货币罪、伪造文书印信罪、伪造度量衡罪、亵渎祀典及发掘坟墓罪、鸦片烟罪、赌博罪、奸非及重婚罪、妨害公众饮水罪、妨害卫生罪、杀伤罪、堕胎罪、遗弃罪、擅自逮捕监禁罪、略诱及和诱罪、妨害安全信用名誉及秘密罪、窃盗及强盗罪、诈欺取财罪、侵占罪、赃物罪、毁弃罪等。

从上述篇章体例来看,《大清新刑律》基本采用近代资产阶级刑法典的体例,从而与中国古代刑法体例有根本区别。沈家本认为这种体例安排是吸收欧洲大陆法

---

① 故宫博物院明清档案部编:《清末筹备立宪档案史料》(下册),中华书局 1979 年版,第 851 ~ 852 页。

② 关于《大清新刑律》的颁布日期,有不同说法。在李光灿、宁汉林主编的《中国刑法通史》中写明是宣统二年(1910 年)十二月十五日;李贵连则认为是宣统二年十二月二十五日;曾宪义主编的《中国法制史》(北京大学出版社、高等教育出版社 2000 年版)认为是 1910 年 12 月;何勤华、李秀清在《外国法与中国法》(中国政法大学出版社 2003 年版)中则认为是 1911 年 1 月。笔者认为,民国前我国采农历计时,宣统二年虽是 1910 年,但 12 月应出现在公历的次年 1 月,即 1911 年 1 月,李贵连的说法与何勤华、李秀清的说法更具合理性。由于笔者未查到宣统二年 12 月 25 日对应的公历确定日期,所以,以李贵连的说法为准。

系近代刑法,学习日本的立法经验,兼采中国传统的立法模式而成的,即“总则之义,略与名例相似,往古法无总则与名例之称,各国皆然。其中李悝法经六篇,殿以具法。具法列于第六。魏律始改称刑名,居十八篇之首,晋律分刑名法例为二,北齐始合二为一,曰名例,后历隋、唐、宋、元、明,洎于我朝,沿而不改。是以编以刑名法例之外,凡一切通则悉宜赅载。若仍用名例,其义过狭,故仿欧美及日本各国刑法之例,定名曰总则”。① 而分则的体例,则“折衷各国大同之良规,兼采近世最新之学说,而不戾于我国历世相沿之礼教民情集类为章,略分次序”,②没有分为大类,而是直接规定具体罪名,在次序上“仍以直接有害国家存立之条件者,居于首项(1至8章);其害社会而间接以害国家次之(9至25章);其害个人而间接害及国家社会者次之(26至36章)。是盖按各罪配列之次序,而斟酌以定之”。③

(二)内容上:近代刑法制度的建立和刑法思想的贯彻④

《大清新刑律》的内容,大部分采用近代资产阶级刑事立法的原理原则和制度,同《大清律例》和《大清现行刑律》相比,变化较大,其最突出点在于对罪刑法定思想的贯彻,涉及的内容主要表现在:

第一,《大清新刑律》第10条规定:“凡法律无正条者,不论何种行为,不为罪。”它表明,新刑律严格禁止“比附援引”,将法律未规定的行为作为犯罪处罚,从而否定了罪刑擅断和诏敕断罪。从周时“上下比罪”,到清末“比引律条”,比附援引在中国刑法史上已相沿数千年,成为中国法律传统的重要组成部分。新刑律删除比附援引制度,为罪刑法定原则的确立扫清制度上的障碍。日本刑法学者冈田朝太郎称赞:“禁止比附援引,可谓中国刑律上之大革命。”⑤

第二,《大清新刑律》第1条规定:“本律于凡犯罪在颁行以后者适用之。其颁行之前未经确定审判者,亦同;但颁行以前之法律不以为罪者,不在此限。”这是关于刑法溯及力问题的规定。在溯及力上,中国古代有的朝代的规定颇有进步性,与近代罪刑法定原则所要求的内容一致。例如,汉令规定:“犯法者,各以法(发)时律令论

---

① (清)沈家本:《寄簃文存》(上册),台湾“商务印书馆”1976年版,第1页。

② “修订法律大臣沈奏刑律分则草案告成摺”,载《东方杂志》第5年(1908年)第2期。转引自何勤华、李秀清著:《外国法与中国法——20世纪中国移植外国法反思》,中国政法大学出版社2003年版,第369页。

③ 《大清刑律分则草案》。转引自何勤华、李秀清著:《外国法与中国法》,中国政法大学出版社2003年版,第369页。

④ 《大清新刑律》条文见李光灿、宁汉林主编:《中国刑法通史》(第8分册),辽宁大学出版社1987年版,第52~59页;徐岱著:《中国刑法近代化论纲》,人民法院出版社2003年版,第252页;何勤华、魏琼编:《董康法学文集》,中国政法大学出版社2005年版,第9~87页。

⑤ [日]冈田朝太郎:“论中国之改正刑律草案”,载王健:《西法东渐——中国人与中国法的近代变革》,中国政法大学出版社2001年版,第161页。

文，明有所讫也。”即以犯罪时之旧法适用，此乃从旧原则；①唐律规定：“凡犯罪未发而逢格改者，若改重则依旧条，轻从轻法。”②即以轻法适用，此乃从轻原则。但明朝起受“刑乱国用重典”思想的影响，在溯及力上开始采从新原则。《大明律·名例律》规定：“凡律自颁降日为始，若犯在已前者，并依新律拟断。”《大清律例》沿袭了从新原则。《大清新刑律》所谓“于凡犯罪在颁行以后者适用之。其颁行之前未经确定审判者，亦同”，表明新刑律对颁行以后的行为适用，对颁行前审判未确定的行为也适用，所以是以“从新”为原则。而“颁行以前之法律不以为罪者，不在此限”的规定，则规定了“从新”原则的例外，即只有颁行以前的法律认为不是犯罪的行为，才不适用新刑律，也即在此种情况下采“从旧”原则。简言之，新刑律在溯及力上采从新兼从轻原则，但其“从轻”的情形中不包括新旧刑律都规定是犯罪，旧律处罚为轻用旧律的内容。或者确切地说，该律在溯及力上采从新为原则，从旧为例外的规定方式。

该律关于溯及力从新为原则，从旧为例外的规定方式，与罪刑法定原则并不矛盾。虽然，就一般理论而言，罪刑法定原则要求刑法无溯及力，应采从旧原则，或以有利于被告规定“从旧兼从轻”原则，但是，《大清新刑律》作为中国近代第一部刑法典，较之封建的《大清律例》和《大清现行刑律》，罪刑规定更为合理，刑罚更为轻缓。对颁行前审判未确定之行为以新刑律适用，一般更有利于被告。这正符合罪刑法定的实质要求。

当然，新刑律选择以从新为主、从旧为例外的方式，有多方面的考虑，正如当时学者秦瑞玠所言：“旧律之适当者，本存入新律，其不入新律而经削除者，正因视为不适当之故，即不复得引用；若必比较从轻，则新旧互用，时期之效力全不明划；刑罚世轻世重，要在禁暴止奸，并非专取轻刑，籍以示惠；即有新律较重，亦因维持现势，不得不然，故概从新律较之新旧从轻处断，为能收整齐划一之效。”③

第三，在“不为罪”的内容中，《大清新刑律》规定明确，使得符合“不为罪”条件的行为，排除了被追究的可能。“不为罪”，即不以犯罪论处。《大清新刑律》引进西方立法体例和术语，首次设专章规定了相关内容。在此之前中国古代刑法中，虽有“赦”或“勿论”的规定，但都是针对某种具体情形的一般性规定。例如，《唐律·贼盗》规定：“夜无故入人家者，主人登时杀者，勿论。”这是针对夜里“无故入人家”这种情形的一般性规定。且有关“赦”或“勿论”的规定是分散的。《大清新刑律》则采近代刑法的规定方式，集中在总则的一章中，对各种“不论罪”的情形加以抽象规定。

---

① 《汉书·刑法志》。

② 《唐律·名例律》。

③ 秦瑞玠编：《新刑律释义》，商务印书馆1912年版，第3页。

除了该律第10条对罪刑法定原则的宣示性规定外，分别以年龄和精神状况作为确定刑事责任能力的标准，不满12周岁的人和精神病发作期的精神病人实施犯罪行为的不为罪，但可给予感化教育、强迫惩治教育、监禁处分等保安处分；[①]规定了犯罪行为以故意和法律有规定的过失为限；[②]规定了正当防卫、紧急避险、依法令之行为、正当业务行为以及不违背公共秩序和善良风俗习惯之行为，不为罪。[③] 既不为罪，就不能予以刑事处罚。此外，新刑律关于起诉和行刑时效的规定，也为刑罚权的行使作了时间上的限制。过了相应的追诉和行刑时效，国家不再享有对相关行为进行处罚的权力。

第四，《大清新刑律》专门对未遂犯和从犯作解释性规定，即“犯罪已着手，而因意外之障碍不遂者，为未遂犯”。未遂罪得减轻其刑。该律也规定了犯罪中止，即“犯罪已着手，而因己意中止者，准未遂犯论，得免除或减轻本刑”。从上述规定看，该律虽然将犯罪中止“准未遂犯论”，将它视为未遂罪的一种，相当于中止未遂，但已经注意到犯罪未遂与中止的区别，前者是因“意外”，后者是因“己意”。第31条规定：“于犯罪行为实施以前帮助正犯者，为从犯，得减正犯之刑一等或二等。”该律还提到“预备犯”、“阴谋犯”，但没有规定明确的概念。只是对预备犯和阴谋犯，必须刑法分则有明文规定要处罚的，才能追究刑事责任。

第五，《大清新刑律》基本上采用了近代资产阶级国家通行的刑罚方法规定了确定的刑种，即主刑五种：死刑、无期徒刑、有期徒刑（分为五等）、拘役和罚金，从刑两种：褫夺公权（剥夺为官员之资格；为选举人之资格；膺封锡勋章、职卫出身之资格；入军籍之资格；为学堂监督、提调、教习之资格；为律师之资格）和没收（没收违禁私造私有之物；供犯罪所用及备用之物；因犯罪所得之物）。废除了身体刑、流刑，建立了以自由刑为中心，主刑、从刑相配合的新的刑罚体系。死刑的执行方式只有绞刑（《暂行章程》规定犯危害皇帝罪、内乱罪、外患罪及杀伤尊亲属罪的用斩刑）。使刑罚更加人道。

由上可知，《大清新刑律》在刑名上的近代化主要表现在：（1）确立了主刑和从刑的逻辑结构。中国古代刑法的刑名体系，是将各种刑罚按照由轻到重的次序依次

---

① 《大清新刑律》第11条规定：“凡未满12岁人之行为，不为罪，但因其情节得施以感化教育。”第12条规定：“凡精神病人之行为，不为罪，但因其情节得施以监禁处分。前项之规定于酗酒或精神病间断时之行为不适用之。”

② 《大清新刑律》第13条规定：“非故意之行为不为罪，但应论以过失者不在此限。”

③ 《大清新刑律》第14条规定：“依法令或正当业务之行为或不背公共秩序善良风俗习惯之行为不为罪。”第15条规定：“对现在不正之侵害而出于防卫自己或他人权利之行为不为罪，但逾防卫行为过当者得减本刑一等至三等。”第16条规定：“避不能抗拒之危难强制而出于不得已之行为不为罪，但加过当之损害者得减本刑一等至三等。”

排列，但没有主次之分。新刑律改变了中国刑法的传统定式，首次将刑名分为主刑和从刑两种，使刑罚的种类相互衔接，主次分明。(2)彻底废除肉刑，建立了以自由刑为中心的刑名体系。新刑律彻底废除了具有肉刑性质的笞、杖等刑，代之以拘役、罚金、没收等刑，并规定了具有资格刑性质的褫夺公权。至此，以肉刑为中心的中国封建刑罚体系彻底解体，建立了一种以自由刑为中心的刑罚体系，体现了近代刑罚轻缓、人道的倾向。(3)死刑执行一元化。《大清新刑律》第38条规定："死刑用绞，于狱内执行。"废除了中国传统刑法中惨无人道的死刑执行方式，变多元为一元，采用较为文明的绞刑，且规定了"死刑非经法部复奏回报，不得执行"的死刑复核制度，从程序上保证死刑适用的适当性。

第六，《大清新刑律》对刑罚适用制度的规定。关于刑罚适用制度《大清新刑律》中规定了很多，如累犯罪、自首、宥减、酌减、俱发罪、缓刑、假释、加减刑等，对各制度适用的条件都有明确的限制性规定。例如，累犯加重处罚，首先，必须根据法律规定的条件确定构成累犯；其次，"如何加重"必须根据法律规定，不能任意而为。《大清新刑律》中的"加减例"对死刑、徒刑、拘役的加重或减轻程度和方式，都有明确的规定。

刑罚适用制度中最能体现进步性的是俱发罪处理原则的改变和缓刑、假释制度的确立。

中国传统刑法，有关于俱发罪的规定，但并罚原则与近代大陆法系国家有所不同。以唐律为例，《唐律·名例》规定："诸二罪以上俱发，以重者论之。"《唐律疏议》将此解释为："非应累者，惟具条其状，不累轻以加重。"即所谓以重者论，实行重罪吸收轻罪原则。如所实施数罪轻重相等，则"等者，从一"，即只按其中一罪处理，余罪不论。以上原则适用于判决前犯有数罪且被发现的场合。如果判决后发现漏罪，对前罪和漏罪如何处理？唐律规定："若一罪先发，已经论决，余罪后发。其轻若等，勿论；重罪更论之，通计前罪，以充后数。"可见，中国传统刑法中不仅有俱发罪的规定，而且其考虑的情况较为全面。但其并罚原则单一，造成多罪事实上一罚的结果，使罪刑不当。

《大清新刑律》虽然仍用"俱发罪"之名称，但在并罚原则上接受了大陆法系特别是日本刑事立法思想和立法原则，采取了以限制加重为主，以吸收和并科原则为辅的适用原则。限制加重原则适用于数罪中被判处有期徒刑、拘役或罚金的情形，即"科多数之有期徒刑者于各刑合并之刑期以下其中最长之刑期以上定其刑期，但不得逾20年；科多数之拘役者照前教之例定其刑期；科多数罚金者于各刑之金额以下其中最多金额以上定其金额"。使有期徒刑、拘役的期限和罚金数额定在可执行的范围内，确保了刑罚的可执行性。吸收原则只适用于俱发罪中有一罪被判处死刑或无期徒刑的情况，即"科死刑者不执行他刑，科多数死刑者执行其一；科无期徒刑者不执行他刑，科多数无期徒刑者执行其一"，大大缩减了重罪吸收轻罪原则适用的空间。并科原则只适用于从刑，即"剥夺公权及没收财产并执行之"。

缓刑，作为一种附条件地暂缓宣告刑罚或暂缓执行刑罚的特殊刑罚制度，产生于19世纪的美国，并被各国刑法广泛采用。[①] 缓刑制度的产生与自由刑的广泛适用及教育刑论的出现有密切关系。我国虽然早在《周礼》中就出现了"缓刑"一词，[②]又有人主张将汉代的录囚、唐代的虑囚、明清的热审、秋审、大审等刑之犹豫执行制度，作为中国古代刑法中的缓刑制度。但是，这些规定与自由刑的广泛适用和教育刑思想无关，所以，它们并不是近代意义上的缓刑制度。

《大清新刑律》中规定的缓刑制度则有所不同，它是在吸收西方刑法思想和刑事立法经验的基础上确立的，其近代化的成分在于：(1)适用刑罚种类的轻刑化。缓刑适用的刑罚种类被限制在四等以下有期徒刑或拘役，而不是中国传统刑法中的刑之犹豫执行制度适用的死刑和流刑等重刑。缓刑适用于轻刑是近代缓刑制度确立的宗旨。(2)适用对象条件的特定化。即缓刑只适用于被判处四等以下有期徒刑或拘役，不是累犯，有一定住所和职业，有亲属或故旧监督刑期内之品行者。(3)适用程序的法定化。缓刑不再是案件判决后的一种由皇帝或其委派的官员操作的恤刑手段，而是由专门的裁判机关在刑罚裁量时确定的内容。同样，缓刑的撤销，也必须是出现法定情形，[③]由专门机关来决定。这就避免了缓刑适用的随意性。

假释，即有条件地提前释放罪犯的制度，也是西方刑法近代化的产物，中国古代刑法中不曾有过与假释制度相类似的规定，假释制度对中国刑法而言是典型的舶来品。《大清新刑律》第13章暂释(即假释)，在阐明立法理由后，下设两条专门对假释的适用条件及其撤销条件作了规定。[④] 该制度的规定，进一步表明新刑律的近代化性质。

第七，《大清新刑律》分则编采用了近代刑法的概念和术语，对各种犯罪行为进行规定和分类，列述罪状，确定罪名，规定相应的刑罚。其近代性表现在：(1)关于罪名的规定，采取"概括主义"，改变了旧法一事一例，将例也编入法典的做法，根据各

---

① 如1888年的比利时，1891年的法国，1904年的意大利，1905年的日本等。[意]杜·帕多瓦尼著：《意大利刑法学原理》，陈忠林译，法律出版社1998年版，第357页。

② 《周礼》载："若邦凶荒，则以荒辨之法治之。令移民通财，纠守缓刑"。参见高绍先著：《中国刑法史精要》，法律出版社2001年版，第467页。

③ 《大清新刑律》规定，"受缓刑宣告而有下列情形之一的，撤销缓刑：一、缓刑期内更犯罪受拘役以上宣告者；二、因缓刑犯罪而受拘役以上宣告者；三、不备前条第二款之要件后经发觉者(即构成累犯的)；四、丧失住所及职业者；五、监督人请求刑之执行，其言有理由者"。

④ 《大清新刑律》第66条规定："受徒刑之执行而有悛悔实据者，无期徒刑逾十年后，有期徒刑逾刑期二分之一后，有监狱官申达法部得许假释出狱，但有期徒刑之执行未满三年者不在此限。"第67条规定了撤销假释的几种情形。

种罪行的不同情况,或直接对某一罪名下定义,如第101条规定:"意图颠覆政府、潜窃土地及其他紊乱国宪而起暴动者,为内乱罪。"就是对内乱罪概括地下了一个定义;或虽未下定义,但采叙明罪状的立法方式,使罪之构成较为清晰,如第203条规定:"意图为犯罪之用,而制造、收藏炸药、绵火药、雷汞及其他类此之爆裂物或自外国贩运者,处二等或三等有期徒刑。"而对已有描述的犯罪则采引证罪状方式规定,如第103条规定:"预备或阴谋犯第101条之罪者,处一等至三等有期徒刑。"这样在律文上避免了烦琐之弊,与旧法相比,显得简明扼要,立法技术有所提高。新刑律只对传统的、人所共知的犯罪采简单罪状规定方式,如第311条规定:"杀人者,处死刑……"(2)在各罪的法定刑上,新刑律采相对确定为主、绝对确定为辅的方式规定,在立法上杜绝滥用刑罚的可能。

第八,《大清新刑律》仿荷兰刑法,设"文例"一章,置于总则最后,对刑法中的一些名词含义和范围作解释性规定,避免适用中引起歧义。

第九,《大清新刑律》还对封建刑法制度作了大量删改,打破身份地位关系,使刑法适用趋于平等。例如,删除了以家天下和宗法制为根据的十恶、八议、请、减、赎等封建法律内容,对针对君主的犯罪处罚明显轻于大清律例;新刑律还摒弃旧律基于长幼、夫妻之伦而设立的长幼、夫妻不平等的刑罚规定。

以上内容,表现了对国家适用刑罚权的限制,在一定程度上反映了罪刑设置的合理性和刑罚适用的平等性。

当然,《大清新刑律》对罪刑法定原则的贯彻,具有不彻底性,主要表现于:

1.《大清新刑律》在第10条作为"不为罪"的情形之一,规定了罪刑法定原则,与刑事责任能力、罪过、正当防卫和紧急避险放在一起,并列于刑法的时间效力、空间效力之后,没有意识到罪刑法定原则统领刑法的纲领性地位。此外,《大清新刑律》第9条规定:"本法总则于其他法令之定,有刑名者亦适用之。但有特别规定者,不在此限。"作为新刑律总则适用范围的例外规定中,没有强调罪刑法定原则无例外情形,没有坚持罪刑法定原则对所有刑法规范的约束作用。

2. 在刑法的溯及力上,只规定"颁行以前之法律不以为罪者"不适用新律,即仍应按照旧法认定为无罪,没有规定"普遍从轻",即没有完整地规定旧法较轻时适用旧法,将新旧刑法都认为是犯罪,但旧法处罚较轻的情形,排除于"从轻"之外。此种情形下,对犯罪人适用新刑律,处以较重之刑罚。

3.《大清新刑律》分则共36章,其编排次序为直接侵害皇室和国家的犯罪居首(第1章至第8章);危害社会利益和秩序的犯罪居其次(第9章至第25章);直接侵害个人利益的犯罪在最后(第26章至第36章)。将对个人权利的保护置于国家、社会秩序之后,表现出对个人权利的不重视。

4.《大清新刑律》仍维护封建宗法关系和封建皇权,不仅专门规定了对侵犯皇室犯罪处以严厉刑罚，而且作为新刑律附则的《暂行章程》中，突破新刑律关于死刑只有"绞"一种执行方式的规定，对危害皇帝罪、内乱罪、外患罪及杀伤尊亲属罪处以死刑者，仍用斩。《暂行章程》的其他四条，都体现了对"礼教派"妥协的内容，如无夫奸罪和对尊亲属有犯，不得适用正当防卫的规定等。

5.《大清新刑律》许多犯罪的法定刑幅度过宽，给法官过大的自由裁量权，在当时法官普遍欠缺水平与经验的情况下，容易造成量刑畸重畸轻。

总之，《大清新刑律》的总则部分，大多数是根据近代资产阶级刑法学的原理和新的刑法观念制定的，罪刑法定原则的确立，缓刑、假释、时效等新制度的建立，教育刑论和刑罚人道主义的贯彻等，使该律的近代化成分十分明显。加之中国封建刑法中的八议、官当、十恶、肉刑等内容的去除，使该律昭示着"人治变为法治、君主变为民主、专制变为立宪、家长私有制变为个人私有制、家族社会变为个人社会，自由主义社会在刑法体系组成上的体现和表现"。①

而分则编的内容虽也有所进步，但新刑律分则中的近代化内容相对于总则来讲仍显薄弱。这主要是因为分则在制定时本着"根本经义"、"推原祖制"为"新律之本"的原则，对旧法中维护封建伦理纲常的内容大加承袭与继承，表现了极强的民族性。新刑律所列罪名，同中国封建时期刑法规定的各种罪名相比，其表征是绝大部分仿自西方资产阶级刑法通用的罪名，但内在特征却在其民族性，即首重国家，其次社会，最后个人。而且许多内容也体现了其封建性，尤其是以附则的名义加在《大清新刑律》之后奏请朝廷同时公布的《大清新刑律暂行章程》，更是集中反映了其封建性。该章程共5条，其内容如下：

第1条规定，凡是犯危害皇室罪、内乱罪、外患罪及杀伤尊亲属罪，"处以死刑者，仍用斩"。这就否定了《大清新刑律》关于死刑执行只用绞刑的规定。

第2条规定，凡是犯毁弃、盗取尸体罪、发掘尊亲属坟墓等罪，其处刑可以比《大清新刑律》的规定为重，即"应处二等以上徒刑者，得因其情节仍处死刑"。

第3条规定，犯盗窃罪的也可以加重处刑，即因强盗罪被判处一等有期徒刑的，或犯强盗罪并有侵入第宅、结伙三人以上及伤害人等行为的，②均"得因其情节仍处死刑"。这两条加重了相应罪之刑罚。

第4条规定，奸通无夫妇女，通奸双方都要判处五等有期徒刑、拘役或一百元以下罚金。这一规定否定了《大清新刑律》对"无夫奸"未定罪的规定，冲击了罪刑法定原则。

第5条规定，对尊亲属有犯，不得适用正当防卫。以维护封建纲常礼教。

---

① 蔡枢衡著：《中国刑法史》，广西人民出版社1983年版，第113页。

② 《大清新刑律》规定此种情况判处无期徒刑或二等以上有期徒刑。

附则的规定基本上反映了封建顽固势力的主张，其内容是否定《大清新刑律》近代化的。它们反对刑罚人道主义原则，加强对封建皇权及封建势力的保护，加强对封建纲常礼教的维护，反映了刑法近代化的不彻底性。

（三）断言"《大清新刑律》引入罪刑法定原则"之理由

为什么仅凭上述条文，就断言罪刑法定原则在《大清新刑律》中已经存在？这与相关法律的制定背景及指导思想等有密切关系。《大清新刑律》作为清末改制的重要成果，是以沈家本为代表的资产阶级改良派，在接受近代西方资产阶级思想的基础上，以近代西方法律制度为蓝本，在冈田朝太郎等外国专家的帮助下进行的，不可避免地打上西方近代刑法的烙印。西方近代刑法的标志——罪刑法定原则规定于其中，是改制的当然内容。

1. 该律的制定背景

《大清新刑律》作为清末改制的立法成果之一，是在清末"预备立宪"的背景下出台的。光绪三十二年（1906 年 9 月 1 日），慈禧太后发布《宣布预备立宪先行厘定官制之谕》，以"君民一体""明定权限"为主旨启动立宪活动。1908 年颁布的《钦定宪法大纲》在"臣民的权利和义务"中明确规定："臣民于法律范围以内，所有言论、著作、出版及集会结社等事，均准其自由"，"臣民非按照法律规定，不加以逮捕、监禁、处罚"，①首次将罪刑法定原则内容载入其中，引入中国法律。这为《大清新刑律》规定相关内容作了铺垫。

2. 该律制定的指导思想

沈家本在 1907 年《修订法律大臣沈奏修订刑律草案告成摺》中，阐述了新刑律的制定总体指导思想，即"折衷各国大同之良规，兼采近世最新之学说，而仍不戾乎我国历代相沿之礼教民情"，这就决定新刑律的修订要在中西、古今之间寻找到能被各方接受的价值坐标。② 刑罚之人道和权利之有限平等当为其时各方接受的价值坐标。沈家本在此指导下确定了新刑律修订的具体目标为：更定刑名；酌减死刑；死刑唯一；删除比附；惩治教育。其中"删除比附"直接体现于新刑律草案第 10 条中。在说明此项规定的理由时表述如下："本条所列之一切犯罪，须有正条，乃为成立。即刑律不准比附援引之大原则也。"并举理由三点："（1）若允许比附援引，则司法官成了立法官，立法、司法混而为一，非立宪国所宜有；（2）律有明文，百姓乃知应为与不应为。若允许比附援引，百姓将无所适从，无异机阱杀人；（3）法官若可随意出入人

---

① 何勤华、李秀清著：《外国法与中国法——20 世纪中国移植外国法反思》，中国政法大学出版社 2003 年版，第 51 页。

② 任喜荣著：《伦理刑法及其终结》，吉林人民出版社 2005 年版，第 204 页。

罪,刑事裁判难期统一。"[①]可见,《大清新刑律》关于"律无正条,不得为罪"的规定,其含义正是"法无明文规定不为罪,不处罚",与中国古代刑法"断罪,须引律令格式正文"的含义截然不同。

3. 该律起草者的法律思想

沈家本主持了清末修律活动,他的法律思想对新刑律有很大影响。沈家本虽是受过封建传统教育的清王朝官僚,但受西学影响极大,倡导融会中西。他主张"德主刑辅"、"明刑弼教",[②]但其中已经渗入新内容,即提倡资产阶级的人道主义和感化教育的刑事思想;他重视法律在治国安邦中的重要作用,主张立善法,认为"国不可无法,有法而不善与无法等",强调"为政之道,首在立法以典民";[③]他以古喻今,赞成法治,但他所推崇之法治,不是申不害、韩非等法家主张的严刑重罚,而是近代西方的法治,"泰西之学,以保护治安为宗旨,人人有自由之便利,仍人人不得越法律之范围,二者相衡,判然各别";他主张平等,反对等级特权,认为"法之及不及,但分善恶而已,乌得有士族匹庶贵贱之分";他在关于禁止买卖人口和废除奴婢制度的主张中,推崇西方人权思想,认为西方"均无买卖人口之事,系用尊重人格之主义,其法实可采取";他给予三权分立学说以赞:"今泰西政事,纯以法治,三权分立,互相维持。其学说只嬗衍,推明法理,专而能精,流风余韵,东渐三岛,何其盛也。"[④]凡此种种,表明沈家本基本接受西方近代法律思想。

具体到刑法思想,他力主罪刑法定,表现在:(1)主张构成要件之明确,认为"律例中一二紧要字眼,关系罪名之生死出入,不得有含糊笼统之词也"。[⑤] (2)主张刑罚以成文法为准,因为"法者,与民共信之物。故不惮反复申告,务使椎鲁互相警戒……律有明文,乃知应为与不应为",[⑥]所以,入刑、出刑应以成文法为准,不能以例破律。(3)主张法律不溯及既往。他在评论"故杀胞弟案"时提出:"(此案)即按旧律科断,亦只可照故大功弟拟绞,不可照平人故拟斩也。虽死者年均幼稚,情节实属残忍,而例内分别年龄一层既经删除,又无他条可以依据,恐未能允协也。……惟

---

① 音正权:"罪刑法定主义及其在近代中国的演进",载韩延龙主编:《法律史论集》(第3卷),法律出版社2001年版,第432页。

② 在沈家本的《历代刑法考》中有多处论及,如"是刑者,非威民之具,而以辅教之不足也"。"居今日而治斯民,刑其后者也,其惟以教为先乎。"

③ 沈家本:"新译法规大全序",收录于沈氏著:《寄簃文存》,中华书局1985年版。

④ 沈家本:"法学名著序",收录于沈氏著:《寄簃文存》(卷六),中华书局1985年版。

⑤ 沈家本:"故杀胞弟二命现行例部院解释不同说",收录于沈氏著:《寄簃文存》(卷三),中华书局1985年版。

⑥ 沈家本:"断罪无正条",收录于沈氏著:《历代刑法考》(四)"明律目笺一",中华书局1985年版。

现行刑律甫经颁布,此时未便修改,且见案而改例从重,亦非所宜。"①(4)主张禁止类推,这在其阐述《大清新刑律》"删除比附"的立法理由中有充分论述。

4. 该律仿制的蓝本

清末改制,是采撷西方法,以近代资本主义法律为蓝本。为此,沈家本组织修订法律馆,翻译了法国、俄罗斯、荷兰、意大利、比利时、瑞士、芬兰、日本等国刑法典,以及日本修正刑法、日本海军刑法、日本陆军刑法、美国刑法等法律内容,并翻译了一些外国的刑法著作。这些法律均制定于20世纪以前,受自由资本主义时期法律观念影响,贯彻了"天赋人权"、"人人平等"、"权力限制"等思想,在刑法典中均规定了罪刑法定、罪刑相适应、刑罚人道、法律面前人人平等等原则。作为《大清新刑律》直接蓝本的日本刑法,在1880年的刑法典中,就明文规定了罪刑法定原则,禁止类推适用。法典第2条规定:"不论何种行为,法律上没有正式条文规定的,不得处罚。"其次,法典规定了不溯及既往的适用原则;最后,法典还注重罪与刑相适应,以及刑罚的人道。据罪的危害的不同设立了轻重不同的法定刑。1907年刑法典虽未明文规定罪刑法定原则,删除了旧刑法中"不论何种行为,法律上没有正式条文规定的,不得处罚"的内容,但这并不代表法典对罪刑法定原则的排斥。不在法典中规定罪刑法定原则,是因为法律没有明文规定的不构成犯罪和不受到处罚,是尽人皆知的普通道理,而且《明治宪法》第23条已作类似规定,②使罪刑法定原则成为一个宪法原则,因此没必要在法典中重复规定。法典第6条规定:"犯罪后的法律使刑罚有变更时,适用处罚较轻的法律。"对刑法的溯及力采从轻原则。1880年和1907年日本刑法典的范本——1810年法国刑法典和1871年德国刑法典都有罪刑法定原则的相应内容。这些规定,都对新刑律的内容有直接影响。

5. 该律产生的途径

如前所述,罪刑法定原则的产生,需要一定的经济基础、社会基础、制度基础和思想基础。正是因为我国古代刑法欠缺这四个方面的基础,所以,我国古代刑法中无罪刑法定原则。《大清新刑律》制定时,虽然中国社会的经济、政治发生了一些变化,但是,罪刑法定原则生存所需要的基础内容仍未具备,为什么却肯定罪刑法定已经存在?

这是因为,我国古代刑法,是中国土壤中自生的原生性法律,其内部实质性变化,必须依赖基础的变化。而《大清新刑律》是移植外来法律的结果,是派生性的法律,它可以不依赖于基础存在与否而产生,基础存在与否只影响移植法律的实际运行。

---

① 沈家本:"故杀胞弟二命现行例部院解释不同说",收录于沈氏著:《寄簃文存》(卷三),中华书局1985年版。

② 《明治宪法》第23条规定:"日本臣民非依法律不受逮捕、监禁、审问和处罚。"

（四）对《大清新刑律》引入罪刑法定原则的评价

综观其上，尽管《大清新刑律》在刑法体系、刑罚制度等方面具有近代色彩，但由于并未实施，故未能发挥其应有的社会功能。清末修律主体——清政府——的封建性，决定西方意义上的罪刑法定引入中国近代第一部刑法典，具有不彻底性；立法的宗旨因起草者和批准者而具双重性：就起草者而言，沈家本等人接受了西方近代先进的法治思想，企图通过仿效西学西法，以符合西方列强要求的刑法原则，换取外国侵略者放弃治外法权，同时附于清末立宪。杨度套用西方立宪国家给人民以自由，使立法、司法分立的理论，推论罪刑法定符合清末立宪。并非完全从个人权利保障的角度出发。起草者的良好愿望，无论前一种较"功利"的，还是后一种较理想化的，其实都是一相情愿；就批准者而言，是想通过仿效西法，缓和矛盾，赚取自身统治的合法性，维护自己的利益。清末修律主体的封建性决定了其对封建传统刑法的修改必定是有限的，《大清新刑律》在颁布时不得不附加《暂行章程》，就是明证。起草者的主观愿望与修律主体的封建性，罪刑法定原则的先进观念与中国当时的客观现实、社会结构、价值观念、制度形式等均存在巨大的矛盾。这种矛盾导致罪刑法定在中国20世纪初的实际存在状态，它不可避免的以一个标签、一项条款、一句标语的姿态存在于近代中国。①

尽管如此，《大清新刑律》在中国刑法史上第一次引入了罪刑法定原则，尽管这一引入带有明显的被动性，尽管是以一个标签、一项条款、一句标语的姿态存在于近代中国，没有得到正式实施，但是，这一现代刑法的标志性原则在刑法中得以规定，本身就具有划时代的意义，它在规范体系和精神两方面都具有近代刑法的色彩。在罪刑法定原则指导下的《大清新刑律》取消了比附援引的规定，在法律体系上清除了"例"的形式；彻底改变了中国古代历代相延的民刑不分的法律体系，不仅制定了独立的刑法典，而且率先采近代刑法总则分则体系。以总则规定刑法的时空效力、犯罪的成立条件、犯罪的特殊形态、刑罚体系刑罚适用和执行制度，以及其他刑法的共性问题；以分则规定各种具体的犯罪和法定刑，在刑法体系上表现了空前的进步。②《大清新刑律》引进了先进的刑法思想和刑法理论，虽然对这些刑法思想和理论的接受尚需时日，但是，在刑法典规定中体现这些思想，起到了一种启蒙和昭示作用。

---

① 李艳华："罪刑法定在20世纪中国的历史命运"，载《江汉论坛》2002年第8期。

② 蔡枢衡先生对此高度评价："从社会发展史上，旧律名例章发展为刑法总则编，实际是人治变为法制、君主变为民主、专制变为立宪、家长私有制变为个人私有制、家族主义社会变为个人主义、自由主义社会在刑法体系组织上的体现和表现。"蔡枢衡著：《中国刑法史》，广西人民出版社1983年版，第113页。谢振民先生称其为"要而不繁，简而得当，沟通中外，融贯新旧，实为当时最进步最完善之法典"。谢振民编著：《中华民国立法史》，中国政法大学出版社2000年版，第887页。转引自何勤华、李秀清著：《外国法与中国法》，中国政法大学出版社2003年版，第389页。

正是由于《大清新刑律》在形式、体例、法理基础和内容上的近代化特征，决定了它的生命力，尽管它在清末没有来得及实施，但《大清新刑律》的刑法观念和刑法制度对后世北洋政府和南京国民政府的刑事立法都产生深刻影响，随后的民国刑事法律都是在此基础上制定和发展的。罪刑法定原则的引入，反映了刑法的价值变向，即由皇权无限向有限转变，从否认民权向承认有限民权转变，标志着中国延续了数千年的诸法合体、以刑为主的中华法系的瓦解，是中国大陆刑法从古代进入近现代的起点。

小结

本章主要通过对《大清新刑律》内容的分析，阐述清末改制引入罪刑法定原则，使中国刑法由古代进入近代这一事实。清末改制前，中国并非没有刑法，相反，中国有沿袭两千多年且不断完善的刑法——《大清律例》。英国《爱丁堡评论》对《大清律例》的评价："这部法典最引我们注意事便是其规定的极近情理，明白而一致——条款简洁，意义显霍，文字平易。全不像别的使人嫌怨的东方好自炫的专制君主那样文饰夸张，但每一规定都极冷静、简洁、清晰、层次分明，故浸贯充满极能使用的判断，并饶有西欧法律的精神……"①但当时刑法所欠缺的是先进的刑法理念。所以，西方近代刑法理念，尤其是罪刑法定思想的引入，成为清末刑法改制的关键。

清末刑法改制的途径是学习西方近代刑法及其刑法思想，尤其是转自日本的1871年《德国刑法典》，1907年《日本刑法典》是日本仿效德国制定的法典之一。虽然1871年《德国刑法典》的制定受刑事古典学派影响，但由于主持制定1907年《日本刑法典》的法学家富井政章、司法省官员横田国臣、仓富勇三郎等人受到新派刑法理论的影响，所以该刑法大量吸收了新的刑事社会学派的理论；②同时，刑事古典学派的影响虽然在19世纪末有所下降，但并未消失，所以，该法又保留了刑事古典学派的某些内容。所以，《大清新刑律》中出现体现罪刑法定原则相关内容与缓刑、假释等刑事社会学派主张的内容并存之局面。

沈家本主持制定的《大清新刑律》，无论是从体例上还是在内容上，都给当时的清王朝的臣民以耳目一新的感觉。就体例而言，突破了沿袭几千年"诸法合体"的封建法体系。《大清新刑律》是我国历史上第一部独立的刑法典，它完全剔除了民法、商法、诉讼法等内容，而专门规定犯罪与刑罚的制度，不再是"民刑不分"，开创了独立制定各部门法的先例，刑法从此成为一个独立的法律部门，从而为其他部门法进

① 杨鸿烈著：《中国法律发达史》(上)，上海书店1990年版，第6页。

② 张继良、赵立新："20世纪日本刑法的三次变革及其启示"，载何勤华主编：《20世纪外国刑事法律的理论与实践》，法律出版社2006年版，第342页。

入现代化奠定了基础。这是我国刑法走向现代化的一个重要标志和显著特征，在中国刑法典编纂的历史上具有开创性意义。① 就刑律的内容而言，主体上吸引了西方刑法理论的三大原则，并采用西方国家刑事立法技术来组织之，如在罪名的确定上，放弃了过去一事一例，律例合编的做法，或概括地对某一罪名下定义，或列举某一罪名的主要罪状，避免了律文的烦琐，用近代刑法的新名称、新概念代替旧律中传统的名称和概念。总之，无论从形式、体例，还是具体内容上看，《大清新刑律》的西化和现代化都具有重要的历史意义。罪刑法定思想总体而言在《大清新刑律》中得到贯彻，但并不彻底。

此外，《大清新刑律》对外来法律的借鉴具有一定的盲目性，如共同犯罪。中国古代很早就有关于共同犯罪的规定，《尚书·胤征》中就有"歼厥渠魁，胁从罔问"的规定。"渠魁"即首犯，此规定的意思是对首犯严惩不贷，对胁从者则可以免予追究。我国第一部成文法《法经》规定："越城，一人则诛；自十人以上夷其乡族。"表明对共同犯罪的认识已经相当深入。唐律作为当时世界上最先进的法典，在吸收前代立法经验的基础上，对共同犯罪作了系统的梳理，规定："诸共犯者，以造意为首，随从者减一等。"《唐律疏议》对此解释为："共犯罪者，谓二人以上共犯，以先造意者为首，余并为从。"不仅传袭了共犯罪与单独犯罪相对应的规定，而且对共犯罪作了界定，并根据共同犯罪人在犯罪中的作用将其划分为首犯和从犯，确立了中国区别于其他国家根据共同犯罪人在犯罪中的分工进行分类的分类标准，使中国共犯罪理论和法律规定定型化。之后，宋、元、明、清历代沿袭不变。《大清新刑律》则一改上述中国独有的以作用分类法为标准将共同犯罪人分为首、从的规定方式，完全按照大陆法系的模式以共同犯罪人在共同犯罪中的分工为标准进行分类，分为正犯、从犯（帮助犯）②和教唆犯，进而在中国刑法史上首次引入"正犯"概念③使中国传统刑法中的共犯理论从形式到内容都发生了深刻的变化。除此之外，《大清新刑律》还规定了过失共犯，是指"于过失罪有共同过失者，以共犯论"，"值人故意犯罪之际，因过失而助其结果者，准过失共同正犯论，但以其罪应论过失者为限"。中国传统刑法中有共犯和过失的规定，但将两者结合产生的"过失共犯"的概念却不曾有过。新刑律的规定引进了大陆法系中有争议的概念，在一定程度上表现了该律的超前性。④

---

① 朱勇主编：《中国法制通史》（第9卷），法律出版社1998年版，第287页。

② 《大清新刑律》第31条规定："于犯罪行为实施以前帮助正犯者，为从犯，得减正犯之刑一等或二等。"

③ 《大清新刑律》第29条规定："二人以上共同实施犯罪行为者，皆为正犯，各科其刑。于实施犯罪行为之际帮助正犯者，准正犯论。"

④ 由于《大清新刑律》是在日本学者冈田朝太郎的帮助下起草的，所以，过失共犯的规定可能与冈田朝太郎的主张有关。但该规定有一定的盲目性。

第三章　民国刑法与罪刑法定原则

1912～1949年民国时期，是中国近代刑法的形成期，也是由传统向现代转型的重要时期。这一短暂时期，随着政权更迭，刑法的发展起伏不定，但罪刑法定原则在立法上始终得到确认。

一、《中华民国暂行新刑律》：罪刑法定原则的实施

辛亥革命胜利后，中华民国成立之初，急需法律来维护社会秩序。受西方古典自然法学民主、自由、人权思想影响的孙中山，在就任南京临时政府大总统之后，即开始立法的准备工作。他主持制定的《中华民国临时约法》（以下简称《临时约法》），确立中华民国是资产阶级民主共和国，中华民国之主权属于国民全体；规定中华民国国家机构采“三权分立”原则，以参议院、临时大总统、法院分别行使立法、行政和司法权；确定了人民的基本权利，中华民国人民一律平等，无种族、阶级、宗教之区别；人民之身体，非依法律不得逮捕、拘禁、审问、处罚；人民之家宅，非依法律不得侵入或搜索；人民有言论、著作、刊行、集会、结社、书信秘密、居住、迁徙、信教、保有财产和营业之自由；人民有请援于议会、陈诉于行政官署、诉讼于法院受其审判、对官吏违法损害权利之行为得陈诉于平政院、应任官考试、选举和被选举之权。这些都为民国时期的刑事立法确定了方向，打下坚实基础。正是由于辛亥革命使民主、自由、平等之思想深入人心，才使得轮番控制北京政府的北洋军阀统治者，为自身生存发展，不敢背离民主共和，在法律上亦采西方资产阶级原则和制度。

南京临时政府时期，由于政权初建，百废待兴，来不及制

定新的法律。在南京临时政府存续的三个月内，尽管处在紧张的战争环境和南北议和的特殊条件下，孙中山以临时大总统令等行政法规方式，颁布了一些含有刑事处罚内容的法令，努力践行法治理想。主要有：[①]

1. 关于保障人权、禁止贩卖人口的法令包括：《令内务部禁止买卖人口文》、《关于严禁贩卖“猪仔”致广东都督令》和《关于妥筹禁绝贩卖“猪仔”及保护华侨办法致外交部令》，以法令的形式确认买卖人口行为为非法，涉及买卖人口罪问题。在明令严禁买卖人口规定中，表现了对人权尊重的追求。

2. 关于保证人民平等自由的法令主要是《令内务部通令蛋户、惰民等一律享有公权私权文》。通令改变清朝的“身份”歧视，认为“天赋人权，胥属平等”，应去除前清所谓蛋户、惰民等的“贱民”身份，人人享有《临时约法》规定的权利和自由。对“贱民”身份的去除，涉及原刑法中以身份为条件界定是否构成犯罪和给予怎样的刑罚处罚问题。

3. 关于禁止体罚的法令主要是《禁止体罚法》，命令司法、行政各官署，在刑、民事案件审判中，禁止使用笞、杖、枷号等刑罚，“其罪当笞、杖、枷号者，悉改科罚金、拘留。详细规定，俟之他日法典。”因为犯罪是“由个人之利益与社会之利益不得其平，互相抵触”造成的，所以，国家惩治罪犯，非为威吓报复，而是为了调节社会和个人利益之平。

4. 关于禁烟禁赌的法令主要有《严禁鸦片通令》、《关于厉行禁烟法令致内务部令》和内务部据此要求发布的各种禁烟文、禁赌文。认定各种种植、吸食、贩运鸦片行为和赌博行为是犯罪行为，要依法处理。

上述规定，虽然形式不统一，也非典型意义的刑法，但其含有刑事处罚内容，所以，在此一并研究。这些法令体现了近代资产阶级保障人权、人人平等、刑罚人道等思想，尤其是孙中山针对各省仇杀保皇党人一事，在1912年1月28日《致陈炯明及各省都督电》中要求：“法令所加，只问其现在有无违法，不得执既往之名称以为罪罚。”内务部在1912年2月对保护人民财产令的答疑时也强调：法令效力不能追溯既往。这些都表现出民国初年法令对罪刑法定原则的尊崇。

1912年3月1日袁世凯就任临时大总统之日，即发布命令：“现在民国法律未经设定颁布，所有从前施行的法律及新刑律，除与民国国体抵触各条应失效力外，余均暂行援用，以资遵行。”[②]4月3日南京临时政府参议院作出内容相同的决定。在此

① 以下内容，参考了曾宪义主编：《中国法制史》，北京大学出版社、高等教育出版社2000年版，第284～289页；李光灿、宁汉林主编：《中国刑法通史》（第八分册），辽宁大学出版社1987年版，第126～133页。

② 《临时政府公报》1912年4月，转引自张国福著：《中华民国法制简史》，北京大学出版社1986年版，第145页。

思想指导下,4 月 30 日,北京政府公布了《删修新刑律与国体抵触各章条》,对《大清新刑律》稍加修改后,经袁世凯大总统批准颁布了《中华民国暂行新刑律》。同年 9 月 12 日,司法部以部令方式公布施行了《暂行新刑律施行细则》。①

根据北京政府公布的《删修新刑律与国体抵触各章条》,其删修情形如下:②

1. 全章删除者,第 2 编第 1 章。

2. 条文全删者,计有第 81 条、第 238 条、第 247 条、第 369 条、第 375 条、第 387 及第 402 条,以及暂行章程第 1 条至第 5 条。

3. 删除某款者,第 3 条第 1 款。

4. 条文内删除若干文字者,计有:第 3 条第 7 款内"第三百八十七条"七字,第 46 条第 3 款内"封赐职衔出身"六字,第 246 条第 1、2 项内"御玺国玺文"各五字,同条第一项"制书"二字及第 2 项内"之制书"三字,第 250 条内"制书御玺国玺文"七字及"御玺国玺"四字,第 372 条内"第三百七十五条"七字。

5. 修改字面者。除《大清新刑律》之名称改为《中华民国暂行新刑律》外,凡本律中"帝国"二字均改为"中华民国",应修改之条文,计有:第 2 条至第 5 条、第 7 条、第 108 条至第 113 条、第 116 条、第 125 条、第 130 条、第 230 条至第 233 条、第 350 条及第 352 条。本律中"臣民"二字均改为"人民"者,计有:第 4 条、第 5 条及第 116 条。本律中第 40 条"覆奏"二字应改为"覆准",本律中第 14 章第 68 条"恩赦"二字应改为"赦免"。

6. 因本律中条文删除修改条次之处,计有:第 5 条第 14 款及第 319 条内"第三百八十七条"字样,改为"第三百八十六条"。

上述删改内容,主要涉及封建君主的条款、字句。如删除的《大清新刑律》分则第 1 章 12 条,都是关于侵犯皇室的犯罪。而所取消的原律所附《暂行章程》,原本就是向礼教派妥协的产物。其余《大清新刑律》中移植的近代资产阶级刑法的体例、原则和内容仍然保留。作为罪刑法定原则集中体现的"法律无正条者,不问何种行为,不为罪"仍保留规定于第 10 条。原第 1 条关于刑法溯及力的"从新和有限从轻"原则也未改变。而且,由于《暂行新刑律》删除了有关侵犯皇室的犯罪,采从新原则适用刑法,不再对侵犯皇室的有关行为予以处罚,是有利于行为人的;其余有关犯罪和刑罚的规定并未改变,适用新法,并未造成对行为人的不利。所以,采"从新兼有限从轻"原则,与罪刑法定原则的要求并不违背。当然,与《大清新刑律》一样,《暂行

---

① 《暂行新刑律实施细则》主要解决《暂行新刑律》实施前后司法实践中的一些具体问题。关于该细则的具体内容,可参考丘汉平、盛振为、孙晓楼合编:《中国历次刑法比较》"附录",东吴大学法律学院法学杂志社 1935 年版。

② 邱远猷、张希坡著:《中华民国开国法制史——辛亥革命法律制度研究》,首都师范大学出版社 1997 年版,第 637 ~ 638 页。

新刑律》对原刑律中与罪刑法定原则不相吻合之处，只删修了与民国制度相矛盾的封建君主和宗法制度等内容，具有不彻底性。但是，立法主体和宗旨的改变，使《暂行新刑律》别具意义，使得清末开始的中国刑法近代化得以继续推进。

由于《大清新刑律》未及实施，清王朝即已覆灭，所以，罪刑法定原则的真正实施乃始于《暂行新刑律》。《暂行新刑律》经历了动荡不安的北洋军阀混战时期，一直到1928年南京国民政府颁布实施《中华民国刑法》，才退出历史舞台。而其体例和包含的资产阶级刑法原则与制度仍在新的刑法典中延续。

但是，《暂行新刑律》在实践中也遇到如何处理近代先进的刑法原则与中国传统法律思想的冲突问题。已大权在握的袁世凯为复辟旧制，提出："中华立国，以孝悌忠信礼义廉耻为人道之大经。政体虽更，民彝无改"，"惟愿全国人民，恪循礼法，共济时限"。并于1914年12月24日颁行《暂行新刑律补充条例》（以下简称《补充条例》），全面贯彻袁世凯"重法"、"隆礼"的主张。该条例共15条，主要内容包括两个方面：一是加重对"内乱罪"、"外患罪"的处罚；二是加强对纲常礼教的维护，例如，该补充条例扩大了亲属相隐的范围，扩大了和奸罪的范围，规定尊亲属伤害卑幼者按其情节得免除刑罚。这些补充规定的实施，在一定程度上冲淡了《暂行新刑律》的进步性。① 但《补充条例》针对社会现实和《暂行新刑律》的不足而作的补充规定中，有的内容也具有积极意义。例如，《补充条例》增加了关于"妾"的规定。虽然"妾"作为一种封建的婚姻制度，与近代男女平等思想相违背，所以，民国初年就否定了这种婚姻制度，在《补充条例》中规定"妾"似乎不合时宜，但这一规定恰与当时中国社会的情形相符合。民国初年，"妾"从制度上废除了，但现实中普遍存在，短时间内无法消除。《补充条例》的这一规定，解决了"妾"在司法实践中无法可依的问题，同时也保护了妇女权益。②

《暂行新刑律》及其补充条例为什么没有删除制约刑罚权的罪刑法定原则，而是在形式上对之加以肯定？

首先，《中华民国临时约法》为民国刑法确定罪刑法定原则奠定了基础。《临时约法》不仅采近代资产阶级的三权分立、人权保障、自由平等等理论作为制定基础，并在条文中规定相应内容，使罪刑法定原则有了存在的制度基础。而且，还专门在第6条规定："人民之身体，非依法律不得逮捕、拘禁、审问、处罚。"使"法无明文规定不为罪，不处罚"成为宪法原则。

其次，辛亥革命的胜利使民主共和思想深入人心，以袁世凯为首的北京政府，名

① 何勤华、李秀清著：《外国法与中国法——20世纪中国移植外国法反思》，中国政法大学出版社2003年版，第391页。

② 朱勇主编：《中国法制通史》（第9卷），法律出版社1998年版，第500页。

义上是中央政府,实际上南方绝大部分地区处在革命党人的控制之下,袁世凯欲保全自己临时大总统的地位,立法时必须考虑南方的意愿,以稳定政局。而且民主共和的国体已定,袁氏自己又承诺赞成共和,遵守《临时约法》,颁布资产阶级类型的刑法成为他稳定政局、取信于民的政治选择。

再次,《暂行新刑律》颁布前,南方革命势力在地方颁布修订的新刑律,无不规定罪刑法定原则。例如,1912 年 1 月,浙江省临时议会公布的《浙江省修订新刑律施行法》;同年 2 月,湖南省以"凡不合国体政体各律一并删除,并起草时顽固党反对未行者,重加采择"为指导,拟定的《湖南现行刑法》等。

最后,身为南京临时政府司法总长的伍延芳,在清末即为修律大臣之一,协助沈家本修律,他对《大清新刑律》感情深厚。保留《大清新刑律》中的进步内容,是其删修刑法的应有之义。

以袁世凯为首的北洋政府形式上肯定了罪刑法定原则,并不代表其接受了罪刑法定所蕴涵的人权保障思想,愿意受罪刑法定原则的约束。北洋政府通过颁布刑事特别法和编定判例、解释例的方式,对抗罪刑法定原则,维护军阀统治,打击革命力量,加强对社会的控制。

二、刑法修正:罪刑法定原则在复古与进步的矛盾中前行

在 1928 年《中华民国刑法》取代《暂行新刑律》前,袁世凯政府和段祺瑞政府分别于 1915 年和 1919 年对《暂行新刑律》进行了两次修正。两次修正的背景和指导思想不同决定了修正草案的内容和命运。

(一)《修正刑法草案》[①]

随着 1913 年倒袁"二次革命"的失败,袁世凯的地位更加巩固,为有效镇压革命党,加强对社会的控制,1914 年 3 月,袁世凯下令成立"法律编纂会",由章宗祥任会长,董康及汪有龄任副会长,以刑法关系重大,首先提议修正,并聘冈田朝太郎参与修正。历时八月,研拟而成。1915 年 2 月呈交袁世凯,并转法制局和参政院审核。该案总则分则共 55 章,432 条。由于袁世凯病故,该修正案未颁布实施。尽管如此,《修正刑法草案》毕竟是从《暂行新刑律》向《中华民国刑法典》过渡的重要立法文本,反映立法指导思想和理论的变化,所以,有必要研究。

对《暂行新刑律》进行修正的原因主要有二:一是《暂行新刑律》之"暂行",是为适应民国成立初急需之用,并非垂为永制;二是随着袁世凯由临时大总统转为正式大总统,以及革命武装的失败,国民党与国会的解散,袁世凯复辟帝制的活动紧锣密

---

① 修正理由和内容,参见董康:"修正刑法草案理由书",载何勤华、魏琼编:《董康法学文集》,中国政法大学出版社 2005 年版,第 1 ~ 87 页。

鼓地进行。《暂行新刑律》已不能满足袁氏恢复帝制与压制民众的需要，也不能满足尊礼复古的需求。

《修正刑法草案》在“外观世变，内审国情”的背景下展开，其修正要旨是：立法必依礼俗；立法必依政体；立法必视吏民之程度。依此要旨，草案在内容上作了相应的修订。

体现“依乎礼俗”之修正内容有四：其一，在总则中增加“亲属加重”一章（第8章）。《暂行新刑律》原分则相关内容对于尊亲属有特别处罚之文，但旁系血亲不在其中。且虽然将相关“亲属加重”规则赋予法官自由裁量，但终究不如以条文明定较为划一，所以增加本章，明文规定对于尊亲属犯罪者，加重本刑二等；对于旁系尊亲属犯罪者，加重本刑一等；因亲属而加重者，许其加重至死刑。其二，在直系尊亲属中加上“外祖父母”。其三，将《暂行新刑律补充条例》中限制对尊亲属的正当防卫和无夫奸的规定，增入草案中。其四，增加“强制卖奸”之条和“强卖和卖”之罪，以防实践有此行为，而无法引用。

体现“依乎政体”之修正内容有二：其一，于分则第一章增加“侵犯大总统罪”，以维护一国之尊，规定“对于大总统加危害或将加者处死刑”。这在当时就是为了特别保护袁世凯的个人安全。其二，分则中增加“私盐罪”一章（第20章），惩罚妨碍国家盐务管理之行为，以保证国家盐税收入。

体现“视乎吏民之程度”之修正内容有三：其一，降低有期徒刑最高限，由15年有期徒刑改为12年，仍设五等，每三年为一等，五等有期徒刑时限为1日以上不满3个月。以缓解当时监狱人满为患，犯罪人狱中待遇无法保证，以及服刑成本过高之情形。其二，删除拘役，使自由刑单一化。其三，分则刑罚之规定缩小裁量范围，除最高刑为死刑的条款，规定无期徒刑作为选择适用的法定刑外，[①]其余都规定唯一主刑；即使准予裁量，也只是可以易科罚金而已。并将褫夺公权由裁判主义改为法定主义，规定主刑被宣告死刑、无期徒刑和一等有期徒刑者，应当并科无期褫夺公权；被宣告二等至四等有期徒刑者，可以选择无期褫夺公权或有期褫夺公权，有期褫夺公权法定期限为主刑以上10年以下；所褫夺之公权内容亦明文规定。以此保证在法官水平普遍不高，经验欠缺的情况下，对同一行为的处罚具有相对一致性。

由于《修正刑法草案》是在袁世凯“以礼教号召天下，重典胁服于心”治国思想下起草的，在条文中增加了符合封建礼教要求的内容，“凡昔日晚消变法修律时期礼教派劳乃宣所主张，法理派沈家本、杨度所反对诸条，悉取而又列诸简端，较诸《暂行

① 据董康《修正刑法草案理由书》所载，这些条款为：第91条第2款、第98条、第99条、第102条、第162~164条、第179条、第191条、第212条、第292条、第326条。第91条第3款和第326条规定可以特别酌减一等。

新刑律》仅著为《补充条例》者，且变本而力厉”，[①]完全迎合袁世凯的意旨。而且面对当时全国因反对“二十一条”而掀起抵制日货运动、以孙中山为首的革命党人维护民主共和反对独裁的斗争等，袁世凯认为，在此动荡之际，非用重典，难资惩肃。《修正刑法草案》中，对危害治安，触犯纲常礼教的侵犯大总统罪、内乱罪、外患罪以及盗匪罪等，都设置了重刑罚。草案对罪刑法定原则的相关内容未加改变，仍只是作为“不为罪”的一种情形，并在第9条规定的总则适用的例外情形中没有排除罪刑法定原则，分则各章排序仍将个人权益放在国家、社会权益之后。以致有学者评价其“在内容的进步性方面较《暂行新刑律》只有倒退”。[②]

但笔者认为，除了个别条文内容外，该草案从文本来说，总体上仍较《暂行新刑律》有所进步。当然，草案的闪光点因指导思想错位而被冲淡许多。

《修正刑法草案》进步性表现在：

1. 在名称上有了重大突破。《暂行新刑律》沿袭了前清旧名之“刑律”，虽然内容已经专门化，但名称上仍与古代诸法合体之“律”有联系。改“刑律”为“刑法”，一是与当时西方各国名称相同，二是符合《中华民国约法》的规定精神。《中华民国约法》第5条第1款规定，“人民之身体非依法律不得处罚”，强调法律与命令有所区别，法律，有专门的制定机关和程序，不能随意制定和更改。所以，《修正刑法草案》改名为“刑法”，具有进步性。

2. 作为罪刑法定原则集中体现的《暂行新刑律》第10条和第1条，仍然予以保留，对第1条个别文字作了修改。《暂行新刑律》第1条规定：“本律于凡犯罪在颁行以后者适用之。其颁行之前未经确定审判者，亦同；但颁行以前之法律不以为罪者，不在此限。”刑法草案将“律”改为“法”，将“颁行”改为“施行”，将“审判”改为“裁判”，使有关规定更为严谨。因为该条是关于刑法时间效力的规定，时间效力与法律“施行”日期相联，而与“颁布”日期无关。“颁行”包括颁布和施行，以“颁行”规定于此条不严谨。同样，“审判”包括审理和裁判，刑法之适用与裁判相连，而与审理并无直接联系。

3. 有些规定更加明确、合理。例如，在总则中增加了关于预备罪和阴谋罪处罚的一般规定，给累犯定义，[③]虽然该规定对累犯的定义较为宽泛，但毕竟作了界定。草案还将褫夺公权由裁判主义改为法定主义；有关刑事责任年龄由原12岁改为15岁，符合中国人生长发育状况和认识控制能力之实际，也与世界其他国家刑事责任

---

① 黄胜源著：《民初法律变迁与裁判》（1912～1928），台湾政治大学法学丛书编辑委员会2000年版，第247页。

② 何勤华、李秀清著：《外国法与中国法——20世纪中国移植外国法反思》，中国政法大学出版社2003年版，第405页。

③ 《修正刑法草案》第19条规定：“有罪，裁判确定后之犯罪为累犯。”

年龄的规定基本一致;草案将刑法分则除个别条款之罪法定刑保留相对确定外,其余皆为绝对确定。为应对纷繁复杂的司法实践,草案总则增加了酌加酌减内容,规定"审按犯人之心术、犯罪之损害及其他情节得加重,或减轻本刑一等或二等",使加减范围仍有法定限制,避免滥用刑罚权,无限加重;草案还将刑期计算由阴历改为阳历。

4. 有些规定更加严谨、恰当。例如,上述关于第1条文字的修改;又如,第19条"俱发罪与累犯罪互合者,其俱发罪依前二条处断,与累犯之刑并科之"中的"并科",原为"并执行之",考虑到执行刑罚属于刑事诉讼法规定的内容,刑法应只规范定罪科刑之法,所以修改。厘清了刑事实体法和程序法的权限范围;原刑律规定有关于"官员"的特殊主体犯罪,草案改为"公务员";第84条"本法中一条援用他条,而他条之罪有未遂、预备或阴谋为罪之规定者,以并援用其规定论"中的"本法中一条援用他条",原为"依分则援用别条",但未遂、预备、阴谋等犯之处罚,不仅涉及分则条文,还涉及总则条文,所以,这一修改更为周密。

5. 有些条文文字更加简洁。例如,《暂行新刑律》第14条规定:"依法令或正当业务之行为或不背公共秩序、善良风俗习惯之行为,不为罪。"《修正刑法草案》删除了"习惯"两字,因"风俗"之含义中包含习惯在内;《暂行新刑律》第15条"对于现在不正之侵害而出于防卫自己或他人权利之行为,不为罪……"草案删除了"自己或他人"字样,因为权利中已含有此意。

6. 分则规定的处罚总体而言并不比《暂行新刑律》为重,相反,由于有期徒刑最高限和每一等级期限的降低,对所涉之罪的处罚反而有所减轻。草案分则条文共346条,有法定刑规定的共244条,其中法定刑中有有期徒刑的共188条,约占有法定刑条文的73%,草案减轻法定刑的涉及面较广。此外,死刑用绞,于狱内执行,相较而言,更为人道。当然,就其自身而言,草案有的规定仍表现了一定的严厉性,如草案分则关于未遂犯的处罚规定共149个条文,涉及面相当广泛,有的甚至以罚金刑处罚之轻罪的未遂犯也要处罚;①规定要处罚预备犯和阴谋犯的有36个条文。

7. 草案未将袁世凯在任期间颁行的特别刑法完全吸收进来,②虽然起草者不是因为这些特别刑法严酷、反动,与罪刑法定原则相违反而予以主动排斥,而是考虑到这些特别刑法都规定了实行年限届时将失效,但从客观效果而言,减少了对罪刑法定原则的冲击。

《刑法修正案》编制的特殊背景决定它的命运随着袁世凯的死亡而终结,不仅没

---

① 如《修正刑法草案》第423条规定:"毁弃关系他人权利义务之文书者,处四等有期徒刑,或三百元以下三十元以上罚金。"第428条规定第423条之未遂犯,罪之。

② 《修正刑法草案》第20章"私盐罪"系对1914年12月颁布的《私盐治罪法》吸收。

有公布实施,而且,也未成为《第二次修正案》的基础。

(二)《刑法第二次修正案》①

1916年袁世凯死后,张勋短暂的复辟更激起人们对专制统治的痛恨,对民主政治的向往。1918年到1919年,国内民主运动高涨,北洋军阀统治日渐动摇。段祺瑞政府为稳固其统治,不得不"再造共和"。其时实施的《暂行新刑律》内容不能完全适应形势的需要,不同时期颁布的诸多特别刑法体系庞杂,适用混乱。而《修正刑法草案》是袁世凯时代的产物,本身有一些缺陷,不能直接适用。1918年7月,段祺瑞政府设修订法律馆,特派董康、王宠惠为总裁,编制《刑法第二次修正案》。

与第一次修正刑法草案外观世变,内审国情,"大都于旧律之适用者则保而存之,于新律之未惬者则变而通之,第求其适合民情,而不矜言学理不同"不同,此次修正草案编订之际,正是西方近代刑事实证学派昌盛之时,同时也是各国修正刑事法律之际,这既给刑法修订工作提供了理论上的帮助,也给中国政府采择外国立法例提供新契机。与此同时,新文化运动如火如荼地展开,新旧文化、东西文化冲突与交融,也在刑事立法上有所体现。当然,前期立法经验和成果也是必须考虑的方面。正如董康所言:"至修纂事业,须经历二之时期:一、知新时期,凡成就必由于破败,即法律何莫不然?为表示改革之决心、荟萃各法案,甄选所长,无论各国皆然,不能执以为起草者之处口。二、温故时期,民族随生聚而成惯习,故成王之浩康教,于文轨大同之日,犹许用殷彝,此出于经验后之认定,不得嗤为墨守旧章。"②其用意是刑事立法,须新旧兼顾,不可偏废任何一方,此思想成为本次修正案的指导思想。

《刑法第二次修正案》总则、分则二编共49章377条。1919年又对此案加以文字上的修改,增加了16条,共393条。此案虽名为"第二次修正",其实在立法上多未因袭《暂行新刑律》和《刑法修正草案》,而是参酌"各邦立法",从体例到内容加以修订。主要采用的外国立法例有:1901年的《日本刑法改正案》、1902年的《万国刑法学会决议》、1909年的《德国刑法准备草案》和1913年的《德国刑法修订委员会草案》、1893年的《奥地利刑法准备草案》、1893年、1894年、1896年、1903年的《瑞士刑法准备草案》。而其中,尤以1913年《德国刑法修订委员草案》为主要参考依据。

《刑法第二次修正案》与罪刑法定有关的内容修订情况如下:

1. 将《暂行新刑律》第10条关于罪刑法定原则的描述性规定改为:"行为时之法律,无明文科以刑罚者,其行为不为罪。"并从总则第2章"不为罪"中提出,放置于

---

① 《刑法第二次修正案》的内容主要参考了董康著:《刑法比较学》,上海法学编译社1932年版。收录于何勤华、魏琼编:《董康法学文集》,中国政法大学出版社2005年版,第486~625页。谢振民编著:《中华民国立法史》(下册),中国政法大学出版社2000年版,第891~903页。

② 董康:"从吾国社会交际需要略论刑法",载《社会科学季刊》1936年第6卷第1期。

总则第1章第1条,不仅比原来的规定更确切地表述了罪刑法定原则的内容,而且开宗明义,在条文所处位置上突出了罪刑法定原则统领全部刑法的基本原则地位。在修正理由中专门强调"本条为刑法之根本主义"。

2. 将《暂行新刑律》第1条关于刑法时间效力"从新兼有限从轻"之规定,改为,"行为时之法律,与裁判时之法律有变更时,依裁判时之法律处断。但行为时法律之刑较轻者,适用较轻之刑"。即采从新兼从轻原则,去除原刑律中对从轻适用刑法的限制。这是出于"盖新法既颁,自应收新法之利,但旧法较轻者,从轻,以符合公平之说,才有所折中"[①]的考虑作出的选择。但是,由于刑法规定是"适用较轻之刑",而不是"适用较轻之法",所以,对犯罪及与犯罪有关的事项,仍用新法,只处罚时适用较轻之刑。所以,该"从旧兼从轻"中之"从轻"仍不彻底。

3. 明确规定了犯罪故意和过失的定义。因为"故意和过失,学说颇为聚讼。若不精确明定,律文之解说纷糅,科刑即因之出入"。[②] 且意大利、俄国等国刑法典,德国刑法准备草案及委员会草案都规定了这一内容。修正案第26条规定:"犯人对于构成犯罪之事实,明知并有意使其发生者,为故意。犯人对于构成犯罪之事实,预见其发生,而其发生并不违背犯人本意者,以故意论。"规定了直接故意和间接故意两种情形。第27条规定:"犯人虽非故意,但按其情节,应注意并能注意而不注意者,为过失犯。犯人对于构成犯罪之事实,虽预见其发生而确信其不发生者,以过失论。"规定了认识过失和无认识过失两种情形,且明确了注意义务、注意能力和注意的实际状况在构成犯罪过失中的条件作用。为正确理解和适用分则规定的过失犯罪提供基础。

4. 依据1902年万国刑法学会议决议及晚近各西方国家立法例,对《暂行新刑律》中于犯某罪因而发生其他结果,加重其刑罚的条文进行修改,规定只对自己能预见之结果负责。其第29条规定,"犯罪因发生一定之结果而加重其刑者,若犯人不能预见其发生时,不得从重处断",彻底地贯彻了罪过责任,避免客观归罪。

5. 有关刑事责任能力的规定更为合理。该修正案不仅参考各国刑法,将刑事责任年龄由《暂行新刑律》的12岁提高到14岁,并规定年满14岁未满16岁者,得减其刑,还于感化教育外,增加由监护人等缴纳保证金自行监督内容;对行为时行为人精神状态问题,注意到精神疾病对实际认识控制能力影响的不同,区别规定,即"心神丧失人之行为,不罚。但因其情节,得施以监禁处分。心神耗弱人之行为,减轻本刑。但因其情节,得于执行完毕或免除后,施以监禁处分。"对因酗酒而导致的实际

① 朱采真著:《中华民国刑法释义》,大东书局1930年版,第3页。

② 董康著:《刑法比较学》,上海法学编译社1932年版。收录于何勤华、魏琼编:《董康法学文集》,中国政法大学出版社2005年版,第546页。

认识、控制能力状况,刑法并不区别规定,而是"不得因酗酒而免除刑事责任",但区分酗酒的原因,如非出于本意,减轻其刑。此乃德日"原因自由行为"理论的体现。

6. 严密正当防卫和紧急避险的成立条件。原《暂行新刑律》和《修正刑法草案》对正当防卫和紧急避险条件规定不明确,凡对于现在不正之侵害而出于防卫自己或他人(《修正刑法草案》去掉"自己或他人")权利之行为,均为正当,但得排除对于直系尊亲属的防卫;凡于紧急危难,出于不得以之行为(除公务上或业务上有特别义务人对义务范围内之危险外),皆为紧急避险,不为罪。适用范围过于宽泛。本修正草案对两行为条件作了明确规定:"对于现在不法之侵害,而出于防卫自己或他人权利之行为,不罚。但防卫行为过当者,得减轻或免除本刑","因救护自己或他人生命身体自由财产之紧急危难,而出于不得已之行为,不罚。但救护行为过当者,得减轻或免除本刑。前项关于救护自己之规定,于公务上或业务上有特别义务者,不适用之"。就正当防卫而言,其成立的前提条件是出现不法侵害。"不法"比之"不正"范围要窄,并且以法律规定为行为性质判断标准,具有确定性;其成立的时间条件是"现在",即不法侵害正在进行时,否则就没有了私力救济的必要;其成立的主观条件是"出于防卫自己或他人权利",而非出于报复、惩罚等;其保护的法益,仅限于个人之法益内容,这主要考虑了可保护性和公权力与私权利的界限。当然,防卫必须在一定的限度内。紧急避险的条件亦十分明确,须有紧急危难,须为救护自己或他人生命、身体、自由和财产之权利,须迫不得已,须无特别义务,须在适当的程度范围内。

7. 关于从犯,《暂行新刑律》和《修正刑法草案》都规定以事前帮助正犯者为限,实施犯罪中帮助正犯者及教唆他人实施犯罪行为者,准正犯论(教唆或帮助从犯者,准从犯论)。这种规定,扩大了正犯的范围,处罚不当。本草案改为:"帮助正犯者,为从犯。教唆从犯者,以从犯论。从犯之刑,减正犯之刑二分之一。但于实施犯罪行为之际,为直接及重要之帮助者,处以正犯之刑。"既分清了正犯与从犯,又根据从犯在共同犯罪中的实际作用和危害大小,分别规定了处罚原则。

8. 关于刑罚,本草案废除有期徒刑等级制,采国际通行之年限制。在总则规定有期徒刑的最高和最低期限,①在分则各罪规定相应刑期幅度和加减标准。因等级制度虽然明确,但适用中如有轻重量刑情节,或必加一等,或必减一等,易造成畸重畸轻问题。例如,一等有期徒刑加一等变为无期徒刑,相去甚远。草案保留了拘役刑,作为短期自由刑,它与有期徒刑不仅法定刑期有所不同,犯人待遇和服刑后果也不同。

9. 对刑法禁止的行为进行重新梳理,将非必须由刑罚处罚之行为排除,体现了

---

① 有期徒刑之最长期为15年,加重不超过20年;最短期为2个月,可减轻降至2个月未满。

刑法的谦抑思想。例如,本草案缩小未遂犯、阴谋犯和预备犯之处罚范围,处罚未遂犯条文有79个,处罚预备犯和阴谋犯的条文分别为15个和12个,比《暂行新刑律》和《修正刑法草案》都大大减少;本草案删除“漏泄机密罪”,可处罚之漏泄机密行为仅限于有害于国家安全者,将该行为规定于“外患罪”,其余皆不为犯罪;草案认为贩卖私盐行为,虽然有害于国家财政,但还未达到需用刑罚处罚的程度。且各国刑法对于妨害国家专卖制度的行为,多通过制定特别法加以规范,所以,没有规定私盐罪。

10. 一些条文规定更为合理。例如,鸦片罪中根据《海牙禁止鸦片公约》规定,在鸦片外,增加与鸦片有相同危害的吗啡、高根、海洛因及其化合质料等为禁止之对象;贿赂罪,原区分事前受贿和事后受贿而定刑之轻重,有所不妥。因受贿是违背职务廉洁性的行为,无论事前受贿还是事后受贿,均相同。各国立法例多以违背职务与否定刑。本草案也改为以是否违背职务定刑之轻重。

这次刑法修正中,更多地移植了外国刑法的最新成果。首先,在体例上,采各国刑法普遍做法,将罪刑法定原则规定于第1条,以示其统领全部刑法的基本原则地位。草案还紧接其后,规定了刑法的溯及力问题,使有关罪刑法定原则的条文非常醒目;将关于刑法用语的意义和范围限制的“文例”,由原总则最后一章,提到总则第2章;将原仿日本1880年刑法规定的“俱发罪”,现仿日本1907年刑法“并合罪”的规定,考虑到将数罪合并处断,而改为“并合论罪”,放置于“刑名”之后;对有的分则类罪名加以概括和抽象,如仿荷兰、挪威、意大利等国刑法及奥地利、瑞士、德国等刑法准备草案,将原刑律中的放火决水及妨害水利罪、危险物罪、妨害交通罪、妨害饮料水罪和妨害卫生罪并为一章,统归于“公共危险罪”下。其次,在内容上,采国外立法例,对许多条文进行了修改,使之与当时世界刑法发展状况基本吻合。

但是,该草案在贯彻罪刑法定原则上仍存不足,除了刑法溯及力上从新兼从轻原则的不彻底外,本修正案仍沿袭《修正刑法草案》的一些倒退、保守规定,如在分则第1章规定了“侵犯大总统罪”;于妨害风化罪章内,增加无夫奸罪,只不过作了一定限制,以和奸未满20岁良家无夫妇女为对象。而上述内容,在《暂行新刑律》中均无规定;在设置刑法总则适用的例外规定中,仍未明确罪刑法定原则无例外。仍仿日本刑法及刑法改正案,在第9条规定:“本法总则,于其他法律之定有刑名者,适用之。但有特别规定者,不在此限。”

尽管如此,《刑法第二次修正案》,兼顾国情融合刑法新潮流,或弥补过去的缺点,或随世界新潮流而改进,被时者认为:“实较前有显著之进步,为民国以来最完备之刑法法典”,[1]“其修正内容,对于学说,法例,既概取其新,而习惯民情,则兼仍其

① 谢振民编著:《中华民国立法史》(下册),中国政法大学出版社2000年版,第903页。

旧,准酌至善,采择极精,诚为一代法典之大观也”。[①] 国际社会对此也有有良好评价。[②]

《刑法第二次修正案》编成后,于1922年略作修改,但未经国会议决。因为当时南北尚未统一,若径行颁布该修正案,废弃《暂行新刑律》,恐引起西南军政府非议,致使国家法律之适用不复统一。因此,终北洋时代,《刑法第二次修正案》未能成为正式法典,但这一草案由于吸收了当时西方国家先进的刑法理论和刑法制度,具有较高的立法水平,成为南京国民政府1928年制颁《中华民国刑法》的蓝本,为民国刑事立法开创了新局面。

三、中华民国刑法典:对罪刑法定原则形式上的肯定

(一)1928年刑法典[③](以下简称28年刑法)与罪刑法定原则

1927年4月南京国民政府成立,北京政府在全国范围内的统治宣告结束,以蒋介石为代表的大地主大资产阶级逐渐控制全国政权。新的统治阶级、新的社会环境需要新的法律工具,而此时的刑法,依然是民国元年颁布的《暂行新刑律》。一方面,《暂行新刑律》脱胎于《大清新刑律》,内容还带有一定的封建色彩,体例也受当时社会发展的制约,具有一定的落后性。另一方面,“《暂行新刑律》施行以来,颇多疑义,其最滋口实则刑名用等级制,而法定刑期又极广漠,法官援用时无一定标准,遂得自由裁量,任意出入,致有畸轻畸重之嫌。其他反乎各国法例,暨国内现情者亦颇不少。人类进化,犯罪事实亦日新月异,自非从新厘订,不足以示矜慎而昭明允”。[④] 所以,制定一部新刑法,已是历史发展的必然要求。

1927年12月,时任司法部长的王宠惠受命改订法律。他以《刑法第二次修正案》为蓝本,略加增删提出刑法草案,由国民党第二届中央执行委员会第四次全体会议于1928年2月5日议决,并由中央常务委员会审查通过,随即由中央常务委员会交于右任、徐元浩、魏道明、王世杰等人审查,并将伍朝枢、徐元浩、王宠惠三人审查刑法草案的意见及王世杰所提的修正刑法草案意见书一并审查。国民政府于1928年3月10日公布,并定于7月1日实施。因最高法院和司法部对于草案第10条第4

---

① 吴镇岳:“对于改定刑法第二次修正案之意见”,载《法律评论》1923年第8期。

② 1926年各国来华调查法权委员会在提交的《法权会汉报告书》中表示:“该案第一编内规定,较合乎科学精神及有较准确之条文。……本委员会会议时,对于《暂行新刑律》所评论之缺点,在该草案之规定,几不复见。”同时,该报告书在“建议”事项中,还力促早日颁行这一刑法修正案。参见“法权会议报告书”,载《东方杂志》1927年第24卷第2号。

③ 1928年刑法典及其审查决议案牍属稿文件的详细内容,可参见《中华民国刑法》,王宠惠属稿、郭元觉勘校、李秀清点校,中国方正出版社2006年版。

④ 谢振民编著:《中华民国立法史》(下册),中国政法大学出版社2000年版,第903页。

款及第16条第2项提出意见,国民政府议决展期两月,延至9月1日施行。

史学界及法学界为与1935年颁行的《中华民国刑法》相区别,称1928年刑法典为“旧刑法”或“二八刑法”,该法分为2编,共48章,387条。

从体例上看,其编次、章次、章名与《刑法第二次修正案》几乎完全相同,唯将第2编第1章侵犯大总统罪删除,其余各章依次递改;第18章妨害宗教罪,改为第17章亵渎祀典及侵害坟墓尸体罪;第19章妨害商务罪,改为第18章妨害农工商罪。

在内容上,该刑法也基本保留了《刑法第二次修正案》的大部分规定,尤其是其中直接规定罪刑法定原则的第1条和关于溯及力问题的第2条,第1条规定:“行为时之法律,无明文科以刑罚者,其行为不为罪。”第2条规定:“行为时之法律,与裁判时之法律有变更时,依裁判时之法律处断。但行为时法律之刑较轻者,适用较轻之刑。”在本刑法典中继续得到确立。刑法将刑事责任年龄的最低限由满14岁改为满13岁,并采用“三分法”规定未满13岁的人不负刑事责任,满13岁不满16岁的人对其行为负相对刑事责任,满16岁人犯罪负完全刑事责任;刑法减少对未遂犯的处罚范围;刑法基于男女平等思想,在亲属范围上规定:“夫于妻之父母及祖父母,以旁系亲属论。妻于夫之父母及祖父母同”;刑法注意到抢夺罪与强盗罪、海洋行劫和陆上强盗在危害上的不同,规定了不同的法定刑,以做到罪刑相应;刑法还考虑到原处罚工人同谋罢工者的规定与国民党政纲“保护劳工”之宗旨不符而取消该罪名。除上述内容外,《刑法第二次修正案》参酌各国立法例所确定的反映罪刑法定原则内容的原则和制度,都成为该刑法典中的正式条款得到实施。

尤其值得一提的是,为了配合28年刑法的施行,于1928年6月9日公布且与刑法同日施行的《中华民国刑法施行条例》,明定比较新旧法刑度重轻之方法,即最重主刑,或其刑期、金额不相等者,以最重主刑较轻,或其刑期较短、金额较少者为轻;最重主刑,或其刑期、金额不相等者,以最轻主刑较轻,或刑期较短、金额较少者为轻。以法令加重、减轻或有减、酌减时,应加重或减轻后,比较其刑之重轻。使如何遵循“从新兼从轻”原则选择适用新旧刑法更加明确。

但是,28年刑法仍有不符合罪刑法定原则要求之处。如关于拘役期限,总则规定为“1月以上,2月未满。但遇有加重时,得加至2月以上”,却未规定加重的最高限。与之相关的第82条规定:“拘役应加减者,止加减其最高度”,也未明确可加之最高度为何;在并合论罪中,刑法规定对宣告最重之刑为死刑或无期徒刑者,采吸收原则,只执行死刑或无期徒刑。对宣告之主刑为多个有期徒刑、拘役或罚金者,采限制加重原则。这一规定原本具有合理性,但拘役没有合并后最高刑期的限制,只是规定:"宣告多数之拘役者,依前款之例,[①]定其刑期",相当于并科原则。又如,在刑期折抵上,刑法规定不合理。第 64 条规定:"裁判确定前羁押之日数,得以 2 日抵有期徒刑或拘役 1 日……"先期羁押和无期徒刑及拘役,都是对人自由权的剥夺,从实质上并无差异,为什么判决前羁押 2 日才能折抵刑期 1 日？分则对有的罪刑规定有违适用法律人人平等原则,如第 256 条是对"有夫之妇与人通奸"行为的专门处罚规定,但刑法却无对"有妇之夫与人通奸"的处罚规定;该刑法仍然分别规定了一般杀人罪和杀害尊亲属罪,且对后者处罚重于前者;[②]尤其第 9 条规定:"本法总则,于其他法令之定有刑名者亦适用之。但有特别规定者,不再此限。"其后半段实际上是确定特别法有特别规定者,不受刑法典总则规定的限制,在法律上明确规定了"特别法优于普通法"原则,为大量颁行的违反罪刑法定原则的特别刑法之合法性提供依据。

总括而言,标榜坚持三民主义的南京国民政府,成立伊始,即采取种种举措,力图在各个方面给予世界各国和国内民众以新的形象,修订刑法亦成为众多举措中的一种。由于 28 年刑法颁行之时,南京国民党政府建立还不到 1 年,国民党内部派系斗争十分激烈,蒋介石集团为巩固自己的统治,争取公众的支持,在编制刑法时不敢抛弃体现民主、平等、自由思想的罪刑法定原则。28 年刑法继承《刑法第二次修正案》所确定的先进的原则、制度内容及体系,使刑法得以传承、发展。

(二)1935 年刑法典[③](以下简称 35 年刑法)与罪刑法定原则

35 年刑法是对 28 年刑法的修订。为什么 28 年刑法仅仅施行 3 年多即开始全面修订工作？关于修正之理由,除了当时中国政治社会形势外,主要有以下两点:

首先,28 年刑法实施后产生的问题。28 年刑法是 1927 年 4 月南京政府成立后编制的,虽有《刑法第二次修正案》的基础,但仍显仓促,加之条文繁复,施行后,遇到许多适用问题。最高法院和司法当局应各地法院要求做了大量的刑法解释,如关于刑法第 2 条"但书"的适用,最高法院仅在刑法生效后到 1928 年年底,就发布了 5 个司法解释。[④] 同时为适应形势变化,应刑事政策要求颁布了 17 个单行刑法,各单行刑法均有应时立法特点,它们虽然弥补了刑法典之不足,但不仅造成刑法典与特别刑法在立法上的一些矛盾和司法适用上的混乱,而且这些特别刑法刻意加重刑罚,

---

① 即"宣告多数之有期徒刑者,于各刑中之最长期以上,各刑合并之刑期以下,定其刑期。但不得逾 20 年"。

② 1928 年刑法第 282 条规定,一般杀人罪"处死刑、无期徒刑、或 10 年以上有期徒刑"。第 283 条规定:"杀直系尊亲属者,处死刑。杀旁系尊亲属者,处死刑或无期徒刑。"

③ 1935 年刑法典及其修订内容,详见 S-link 六法电子全书,载 http://www.6law.idv.tw/aa.htm 和黄荣坚等编纂:《月旦简明六法》,台湾元照出版有限公司 2004 年版。

④ 1928 年 7 月 11 日最高法院解字第 120 号、1928 年 9 月 25 日最高法院解字第 192 号、1928 年 11 月 5 日最高法院解字第 239 号和第 241 号、1928 年 11 月 9 日最高法院解字第 245 号。

随意出入人罪,使刑法典成为具文,与国民党所标榜的"法统"不相符合。由各省颁布的特别刑事法令则更多。这一立法状况"徒使国家大法、呈支离分裂之象,不独法官适用条文,时感困难,抑且予外人之觇国者以讥评之口实,于理无据,于势不便,诚非法治之国所宜出此"。[①] 此外,立法院成立后积极编纂各重要法典,至1931年,民法典、商法典等先后完成,28年刑法中的一些内容与这些新法典相矛盾,如刑法中体现传统重男轻女的宗族亲属制与民法规定的血亲和姻亲制就有矛盾,法律之间不协调问题必须解决。

其次,国际刑事立法的新趋势。19世纪末20世纪初,西方主要资本主义国家由自由资本主义过渡到垄断资本主义阶段,其刑事立法原则也根据形势变化由个人本位转向社会本位。刑法学者提出了防卫社会的主张,主要资本主义国家先后据此修订刑法。德国先后制定出1909年预备草案、1913年预备草案、1919年草案、1925年刑法草案、1927年及1930年刑法草案。1933年,希特勒建立法西斯政权,重新着手制定种族主义的全民国家刑法修正案,并于1934年和1936年两次公布刑法草案。瑞士制定出1918年草案,并以此为基础,颁布1937年刑法。意大利第一次世界大战后一度建立社会民主党政权,制定了1921年菲利草案。不久墨索里尼建立法西斯政权,于1927年制成洛科草案,并以此为蓝本颁行1930年意大利刑法。法国也于1932年制定出刑法修改草案。其他国家如丹麦于1930年、波兰于1932年也制定出新刑法。这些法典虽各有特点,但吸收新派观点,采用保安处分制度、由客观主义转向主观主义等是它们的共同趋势,这些对南京政府的刑事立法产生了一定的影响。

基于以上原因,1931年12月成立的刑法起草委员会历经3年,在广泛征求意见的基础上,四易其稿,于1934年10月完成《刑法修正案》。经审议获得通过,于1935年1月1日公布,同年7月1日起施行。

关于此次刑法修正之标准,刑法起草委员会有明确阐述,即"年来刑事学理,阐发益精,国际刑法会议,复年年举行,因之各国刑事立法政策,自不能不受其影响。变动较大者,为由客观主义而侧重主观主义,由报应主义而侧重于防卫社会主义。然各国社会环境不同,修改法典,自应按照实际需要,在可能范围内力求推进,绝不能好高骛远,标奇立异。现行法施行数年,既已于一般法官及民众心理之中,自不宜多事变动,故本会一方参酌最近外国立法例,如1932年《波兰刑法》,1931年之《日本刑法修正案》,1930年之《意大利刑法》,1928年之《西班牙刑法》,1927年之《德国刑法草案》,1926年之《苏俄刑法》等,以资借镜。一方复依据考察所得,按照我国现在法官程度、监狱设备、人民教育及社会环境等实在情形,就现在法原有条文,斟酌

---

① 1932年3月国民党第四届二中全会上刘守中委员等15人提出的"划一刑法案"。详见谢振民编著:《中华民国立法史》(下册),中国政法大学出版社2000年版,第916页。

损益,以期尽善”。[①] 可见,起草者试图修订出一部既趋附当时世界刑法潮流,又符合中国国情的刑法典。

35年刑法虽以28年刑法为蓝本,但除体例略作调整外,许多内容都作了删改、增补,共新增40条,删除73条,修改269条,未改而继续沿用的只有45条,[②]加之立法理论基础的转变,使35年刑法名为修正而实为重新制定。该刑法在中国大陆一直施行至1949年国民党政府退守台湾。其间1948年11月7日,修正了第5条,该条是关于“国外犯罪之适用”的规定。原刑法列举了刑法典在“中华民国”领域外所犯罪行的种类,共有7个罪名。修正后的条文增设“鸦片罪”。

35年刑法对28年刑法进行了较大改动,因已有前辈学者对此做了细致研究,[③]本书对此不作详述。就修正效果而言,孙科对35年刑法特点的总结可以说明,即“新刑法之特点,除文字上及细致的改革外,致有四端:第一为由客观的事实主义,转向主观的人格主义,由社会化的一般预防,转重在个别化之特种预防,尤于三民主义之立法原则,更形契合……第二为容纳各种特别刑事法规,稗国家之刑法政策之复归于完整而统一。第三为仿行最新之立法例,特设保安处分之规定。第四为兼采各国刑法之所长。新刑法所参照之外国法,有1932年波兰刑法,1930年日本之刑法修正案,1930年意大利刑法,1925年西班牙刑法,1927年德国刑法草案,1926年苏俄刑法”。[④] 由其所言可见,新刑法基本达到修正标准。

35年刑法中有关罪刑法定原则内容的变化主要有:

第一,保留了规定罪刑法定原则的条文,并改变了表述方式,不仅在立法技术上有所进步,而且含义表达更加完整准确。该法第1条规定:“行为之处罚,以行为时之法律有明文规定者,为限。”较之28年刑法“行为时之法律,无明文科以刑罚者,其行为不为罪”的规定,不仅表明“法无明文规定的行为不为罪”,而且强调“对即使规定为犯罪的行为的处罚也应以行为时法律的明文规定为准”,这样,就更完整地表达了罪刑法定原则应有之义。该法仍将罪刑法定原则的立法条文置于刑法典总则首章第1条,体现了罪刑法定原则对刑事立法与司法的统率性。

第二,关于刑法的溯及力,仍采从新兼从轻原则,但增加了“中间法”和解决判决后未执行或未执行完毕行为问题的内容,使刑法时间效力内容更加完善。35年刑法第2条规定:

---

① 谢振民编著:《中华民国立法史》(下册),中国政法大学出版社2000年版,第922页。

② 林山田等著:《刑法七十年之回顾与展望纪念论文集》(一),台湾元照出版有限公司2001年版,第14页。

③ 35年刑法体例和内容与28年刑法之区别的详细情况,可参见谢振民编著:《中华民国立法史》(下册),中国政法大学出版社2000年版,第930~943页。

④ 《孙科文集》(第1册),台湾“商务印书馆”1970年版,第391页。

行为后法律有变更者，适用裁判时之法律；但裁判前之法律有利于行为人者，适用最有利于行为人之法律。

保安处分，适用裁判时之法律。

处罚之裁判确定后未执行，或执行未完毕，而法律有变更不处罚其行为者，免其刑之执行。

这一修正不仅使有关刑法溯及力问题的规定更为具体，而且除有关保安处分内容外较28年刑法规定更合理。其一，这一修正表明，当行为后法律有变化时，一般采裁判时法律；在裁判前之法律有利于行为人时，采“最有利于行为人之法律”，包括犯罪及其关系事项，而不再如原刑法那样，仅仅是“适用较轻之刑”。其二，考虑到行为时法律和裁判时法律中间，会有其他相关法律，如28年刑法那样只规定或适用裁判时法律，或适用行为时法律，会出现法律适用的空白状态。所以，35年刑法规定或适用裁判时法律，或适用“最有利于行为人之法律”，有效地解决了法律适用空白问题。其三，35年刑法还规定，当新法不处罚某一行为时，新法的效力可溯及尚未执行的判决和未执行完毕的判决，即可免除已确定的刑罚的执行。这些都是世界各国现代刑事立法中普遍规定的内容。由此可见，35年刑法中的刑法时间效力制度，从形式到内容都已完全现代化。

为保证正确适用“最有利于行为人之法律”，35年刑法在第35条专门规定了主刑轻重之标准，即“主刑之轻重，依第33条规定之次序定之。① 同种之刑，以最高度之较长或较多者为重。最高度相等者，以最低度之较长或较多者为重。除前二项规定外，刑之重轻参酌前二项标准定之。不能依前二项标准定之者，依犯罪情节定之”。使刑法更具可操作性。

第三，关于刑事责任规定的合理化。除了保留28年刑法中关于刑事责任的条款外，35年刑法还修改、增加了一些内容：(1)根据犯罪行为形式的实际情况，增加了不作为行为法律责任的规定，即“对于一定结果之发生，法律上有防止之义务，能防止而不防止者，与因积极行为发生结果者相同。因自己行为致有发生一定结果之危险者，负防止其发生之义务”(第15条)。从而明确了不作为也是刑法意义上的行为，构成不作为犯的法定条件是：必须发生一定危害结果，行为人对该结果负有法律上之防止义务，行为人有能力防止而不履行义务加以防止。(2)对法律上认识的错误，28年刑法规定：“不得因不知法令而免除刑事责任。但因其情节，得减轻本刑二分之一”，这一规定不仅规定所有基于法律认识错误而行为者，都必须负刑事责任，不考虑有些错误认识影响到对行为性质的判断，还将具有可减轻处罚情节不知法之情况下的处罚，统一规定，无以区别。35年刑法第16条的规定弥补了这一疏漏，增

① 第33条规定主刑次序为：死刑、无期徒刑、有期徒刑、拘役、罚金。

加了"如自信其行为为法律所许可而有正当理由,得免其刑"的规定,还将一般情况下基于法律认识错误减轻处罚的程度,作为法官自由裁量的内容。(3)根据中国实际提高负刑事责任的最低年龄标准,为14岁,减轻刑事责任年龄则改为14岁以上不满18岁,减轻的幅度由确定的二分之一,改为自由裁量,更具有可适用性。(4)修改28年刑法只规定方法不能犯,且采得减免主义的处分方式,规定无论对象不能犯还是方法不能犯,只要没有危险,就应减轻或免除处罚。(5)关于教唆犯,28年刑法只注意到教唆犯对正犯的依赖关系,规定了共犯教唆犯。实际上教唆犯作为引起他人犯罪意图之人,恶性极大,新刑法注意到教唆犯的独立性,认为教唆行为本身具有可罚性,从而规定:"教唆犯,依其所教唆之罪处罚之。被教唆人虽未至犯罪,教唆犯仍以未遂犯论。但以所教唆之罪有处罚未遂犯之规定者,为限。"(第29条)35年刑法还规定从犯都得按正犯之刑减轻之,去除了原刑法中处以正犯之情形。

第四,关于刑罚规定的严密化。除了保留28年刑法关于刑罚规定的合理内容外,35年刑法规定拘役加重最长以4个月为限,弥补了28年刑法没有最高刑期限制的疏漏;35年刑法还系统规定了短期自由刑易科罚金、罚金易服劳役、拘役或罚金易以训诫制度,①以防范短期自由刑执行之弊端,保证判决的公信力和刑罚执行的效益。裁判前先行羁押以1日折抵1日,或折抵法定之罚金数,比较28年刑法只规定罚金易科监禁来说,35年刑法中的规定可以说是适应了世界刑事立法的潮流,使刑罚易科制度更为完整。

第五,对分则规定进行重新梳理,吸收一些特别刑法于其中,又废止了一些特别刑法,使刑法趋于划一;删除28年刑法中一些不需要处罚的罪名,如第162条"于犯罪可以预防之际,知有将犯下列各罪,而不向该管公务员或将被害之人报告者"的处罚规定,因为预防犯罪是国家的责任,不能为个人设置不当之义务;适时增加了法律所禁止的新行为,如盘剥重利罪;将分则所有关于褫夺公权规定的条款删除,总体规定于总则中,使条文更加简洁。

---

① 第41条规定:"犯最重本刑为5年以下有期徒刑以下之刑之罪,而受6个月以下有期徒刑或拘役之宣告,因身体、教育、职业、家庭之关系或其他正当事由,执行显有困难者,得以1元以上3元以下折算1日,易科罚金。但确因不执行所宣告之刑,难收矫正之效,或难以维持法秩序者,不在此限。并合处罚之数罪,均有前项情形,其应执行之刑逾6个月者,亦同。"

第42条规定:"罚金应于裁判确定后两个月内完纳。期满而不完纳者,强制执行。其无力完纳者,易服劳役。易服劳役以1元以上3元以下,折算1日。但劳役期限不得逾6个月。罚金总额折算逾6个月之日数者,以罚金总额与6个月之日数比例折算。科罚金之裁判,应依前二项之规定,载明折算1日之额数。易服劳役,不满1日之零数,不算。易服劳役期内纳罚金者,以所纳之数,依裁判所定之标准折算,扣除劳役之日期。"

第43条规定:"受拘役或罚金之宣告,而犯罪动机在公益或道义上显可宥恕者,得易以训诫。"

第44条规定:"易科罚金、易服劳役或易以训诫执行完毕者,其所受宣告之刑,以已执行论。"

第六,专门规定保安处分制度。35 年刑法并非最早规定保安处分内容的刑法典,晚清以来中国刑事立法中都有保安处分内容。《大清新刑律》规定未满 12 岁人得施以感化教育(第 11 条),精神病人得施以监禁处分(第 12 条)。两次刑法修正案均保留了上述相关内容。28 年刑法对类似保安处分的规定更为具体。例如,该刑法规定未满 13 岁人之行为不罚,但因其情节得施以感化教育,或令其监护人、保佐人缴纳相当之保证金,于 1 年以上 3 年以下期间内监督其品行;13 岁以上,未满 16 岁人,因其情节得施以感化教育,或令其监护人、保佐人缴纳相当之保证金,于 1 年以上 3 年以下之期间内,监督其品行(第 30 条);心神丧失人之行为不罚,但因其情节,得施以监禁处分,心神耗弱人之行为,减轻本刑,但因其情节,得于执行完毕或免除后,施以监禁处分(31 条)。但这些刑法规定的保安处分种类少,适用范围窄。

35 年刑法在总则第 12 章专门规定保安处分,建立起刑罚与保安处分二元处罚制度,使保安处分制度在我国近代刑法中体系化。引入保安处分制度是新刑法由客观主义转向主观主义的最重要的标志。

35 年刑法中保安处分的种类、适用对象和期限见下表:

表 1　35 年刑法中保安处分的种类、适用对象和期限表

序号	种类	适用对象	期限
1	感化教育处分	因不满 14 岁不处罚只未成年人,已满 14 岁未满 18 岁之人,得于刑之执行完毕或赦免后适用之。但宣告 3 年以下有期徒刑、拘役或罚金者,得于执行前适用之	3 年以下
2	监护处分	因心神丧失不处罚之人、精神耗弱之人和喑哑人得于刑之执行完毕或赦免后适用之	3 年以下
3	禁戒处分	烟毒犯犯罪者,得于刑之执行前适用之 酗酒犯犯罪者,得于刑之执行前适用之	6 个月以下 3 个月以下
4	强制工作处分	有犯罪之习惯或以犯罪为常业或因游荡或懒惰成习惯而犯罪者,得于刑之执行完毕或赦免后适用之	3 年以下
5	强制治疗处分	犯刑法第 285 条之罪者,于刑之执行前适用之	治疗痊愈
6	治疗处分	犯第 221 条至第 230 条、第 234 条之罪经鉴定需要者于刑之执行前适用之	治疗痊愈,但最长不得超过 3 年
7	保护管束处分	受感化教育、监护、禁戒、强制工作处分之人,均可成为保护管束的对象 受缓刑宣告与准许假释者	3 年以下 缓刑或假释期限内

由上可见,保安处分作为一种特别预防措施,通过一定的方式,对实施了犯罪行为的特殊对象进行相应的矫治,以达到防卫社会的目的,的确与刑罚有很大区别,在当时受到许多赞誉。有学者认为它是新刑法中"比较有价值的改变"。①

客观地说,35 年刑法专章规定保安处分,是符合当时世界刑事立法潮流的,不能据此将 35 年刑法简单评价为"法西斯刑法"。其内容虽有相当的模仿痕迹,但对法定对象在一定期限内在刑罚外进行一定教育、禁戒、保护管束、强制工作或治疗等处分,是有利于有关对象回归社会的,所以值得肯定。但是,保安处分为法西斯政府利用,成为国家对广大人民进行残酷镇压和迫害的重要法外制裁措施,在旧中国,也成为镇压共产党人、民主人士和人民群众的重要工具,起到负面作用,从而与罪刑法定原则背道而驰。

35 年刑法颁布后,南京政府在司法实务中的一些判例和解释例对罪刑法定原则也予以贯彻。例如,1948 年司法院解释例院解字第 3807 条认为:单纯贩运由枪拆出之各种零件,不成立犯罪,其零件自不得以违禁物论。唯贩运者如系为避免发觉或便于搬运,故将整个枪支拆开以为运输,仍应分别情形依刑法第 186 条、第 187 条论处。这是从立法原意来阐明条文含义,符合罪刑法定原则要求。又如,1936 年上字 932 号判例:上诉人因恋奸情,于 1935 年 6 月 8 日将某甲之妻某氏,和诱至某处藏匿,至同月 19 日始行觅回。此项事实,虽与 35 年刑法第 240 条第 3 项所定罪名相当,但刑法系同年 7 月 1 日施行,其行为时有效之旧刑法,对于和诱有夫之妇脱离家庭并无处罚之规定,自未便以行为后之刑法定有罪名。再如,被告于 1935 年 6 月间窃占某甲之地自行耕种,固为原判决所确定之事实,唯其行为时之旧刑法,即无窃占不动产处罚之明文,依刑法第 1 条之规定,自属不应处罚。② 这是以判例的形式在司法实践中对罪刑法定原则加以肯定。

35 年刑法规定罪刑法定原则具有别样的意义。当时刑事社会学派主张以保安处分等手段防卫社会,提倡刑罚的个别化,对罪刑法定原则存在的意义和必要提出质疑。这些理论影响了当时各国的刑事立法。前苏联 1926 年刑法允许适用类推,规定:"当某种危害社会的行为本法典未直接规定时,该行为的刑事责任的根据和范围,可以比照本法典所规定的同这种行为最相类似的犯罪的条款来决定。"1930 年《意大利刑法典》虽然在条文中虽保留了罪刑法定原则的相关规定,但法典第一次规定了保安处分,并在单行刑法和司法适用中则完全否定这一原则;纳粹德国为将国会纵火案的犯人处死刑,在 1933 年 3 月 29 日制定的《关于绞首以及死刑的法律》中的第 1 条已显示出对罪刑法定的否定。1935 年 6 月 28 日公布的纳粹刑法则废除了

① 梅汝璈:"对刑法修正案初稿之意见",载《中华法学杂志》1933 年第 4 卷第 9、10 合刊。

② 林山田著:《刑法通论》,台湾大学图书部 2002 年版,第 375 页。

罪刑法定原则，规定："依法律规定应予处罚的行为，或者依刑事法规的基本原则及国民健全的正义感应予处罚的行为，都须处罚。当某种行为无特定的刑事法规直接适用时，应依基本原则最适合于该行为的法律予以处罚。"日本1908年刑法也没有规定罪刑法定原则。① 此外，否定罪刑法定原则的还有丹麦刑法。客观地说，晚清以来中国的刑事立法一向与德日刑法亦步亦趋，此次在罪刑法定问题上未采取与之类似的立法例，在某种程度上说明中国刑法已具有了一定的独立性。

通过上述简单分析可见，同前几部刑法典相比，35年刑法从简单照搬一国法律发展到多方借鉴并加以适当取舍，并能够注意到新的世界刑事立法趋势，从而根据情况增减章节，增删罪名。因此，作为旧中国的最后一部刑法典，35年刑法标志着中国刑法近代化历程的基本完结，也代表着旧中国刑事立法的最高水平，从文本而言在立法技术方面已较为成熟。35年刑法在确立了罪刑法定、罪刑相应等近代资产阶级刑法原则的同时，对当时国际通行的刑法理论也多加留意，规定了保安处分等制度，是中国近代刑法史上较为完善和简明的刑法典。在半殖民地、半封建的社会背景下，这部刑法典既有传统家族主义下的刑法条文，又规定了近代化的刑法原则，而保安处分制度等方面的规定又使其具有了现代刑事立法的某些特征，成了一个不甚和谐的混合体。

对照罪刑法定原则要求，35年刑法存在以下缺陷：

首先，35年刑法虽然明文规定，"行为之处罚，以行为时之法律有明文规定者为限"，在表述上，"行为时"一词显示出刑法不溯及既往的意思，但在刑法溯及力问题上，仍采从新兼从轻原则。从结果上看，这与从旧兼从轻一样，均有利于保障被告人的权利，因而并无碍于罪刑法定的基本要求。但它至少在形式上是违背罪刑法定原则的。罪刑法定的要求禁止溯及既往，而从新兼从轻则相反，是以新法溯及既往为原则，以不溯及既往、适用旧法（轻法）为例外。尤其是其第2项规定，"保安处分适用裁判时之法律"，采取了彻底的从新原则。尽管保安处分与刑罚性质不同，它是刑罚以外防卫社会及矫治犯人的方法，应适用最新改善之规定，方能切合实际需要。但是保安处分措施毕竟涉及对人权利的限制。这种规定与罪刑法定原则内在要求的矛盾显而易见。更有甚者，该法第11条规定："本刑法总则于其他法令有刑罚之规定这，亦适用之。但其他法令有特别规定者，不在此限。"从法律上肯定特别法优于普通法原则，为特别法之泛滥且不受罪刑法定原则之限制提供立法上的依据。

其次，35年刑法的立法原则是以维护国家利益为要务，认为刑法应以确保国家社会之安全秩序为前提，倘个人利益与国家利益不能并存时，应舍弃个人利益而维护国家利益，法律的适用自然应视国家社会利益需要而定。因而有关罪与刑的规定

---

① 当然，其未规定的理由不是否定该原则。

要尽量宽泛,适用应尽量灵活,以最大限度地发挥刑法的社会保护功能。为达此目的,新刑法在条文上多采取概括规定和空白罪状等规定方式。概括规定是一种立法技术,是用来补罪刑法定之不足,以有限的文字,应对千变万化的情形。是否构成犯罪,由法官在审判中依具体事实加以认定。例如,第 111 条、第 122 条、第 123 条所称之"其他不当利益",第 146 条、第 153 条、第 221 条、第 224 条、第 288 条、第 302 条、第 328 条所称之"其他之方法或他法"等。但这种概括规定如毫无限制,则背离立法宗旨,为罪刑擅断打开了方便之门。空白罪状也是一种立法技术,为应对社会变化,同时保持法典的稳定性而设立,但也应有所限制。南京政府热衷于空白罪状的立法形式,标榜是为了维护所谓国家与社会利益,目的是实现自己的统治及时用行政命令补充刑法,贯彻政府的政策。例如,35 年刑法中的第 117 条战时违背局外中立命令罪,以"政府局外中立命令"为其补充规范;第 192 条违背预防传染病之法令及散布传染病菌罪,以"政府关于预防传染病所公布之检查或进口之法令"为其补充规范。行政机关以命令补充犯罪构成要件及法定刑。而一者行政机关的命令经常依形势而变,则犯罪之构成也在不断变化;二者南京政府有时还迟迟不公布相关命令,使犯罪构成要件处于残缺的状态。所以,35 年刑法中有些空白罪状,是对罪刑法定原则作用的极大削弱。

再次,在刑罚上,35 年刑法尚有赋予过大司法裁量权之处。例如,该法规定:宣告 6 个月以上有期徒刑,依犯罪之性质,认为有被褫夺公权之必要者,即可被褫夺公权 1 年以上 10 年以下。对于什么性质的犯罪有必要宣告被褫夺公权,该法并无规定,最高法院 1935 年曾解释:"刑法第 37 条第 2 项所谓犯罪之性质,系指丧失廉耻以及其他情形为有被夺公权之必要而言。"针对于此,我国台湾地区有学者认为,刑法规定之犯罪,除法定犯具有较低之伦理非难性外,其余之自然犯均具有较高之伦理非难性外,哪一个不是丧失廉耻呢?对何种性质的犯罪始得宣告被夺公权,总会的决议事实上并无法提供任何的帮助,具体案件是否科处此刑种仍由审判人员随心而定。

最后,南京政府国家本位主义的立法原则,直接影响到刑法分则相关条文内容。"所谓家族本位、个人本位、国社本位以及有人所主张的民族本位,实质是家族、个人、社会或民族在法律中谁占重要地位的问题。或者说,法律制度应首先维护谁的问题。""国家社会本位就是要求立法者在立法时要站在国家、社会的集体原则立场上,首先为整个国家谋利益;而不是站在个人的基点上,保护个人的生命、自由及财产。当个人与国家权利冲突时,法律应无条件地维护至高无上的国家权利,限制乃至牺牲个人的权利","牺牲个人的部分,以成就民族和国家",是国家社会本位的核心。① 35 年刑法中处罚最严厉的罪行是危害民国犯罪,包括内乱罪、外患罪、妨害国交罪、妨害公务罪、妨害秩序罪等。同 28 年刑法相比,35 年刑法对普通刑事犯罪维持或降低量刑幅度,而对上述危害民国犯罪则维持或提高了量刑幅度。下面(表 2)比较 28 年刑法与 35 年刑法关于内乱罪和外患罪的内容以说明之。

表 2　28 年刑法与 35 年刑法关于内乱罪和外患罪内容表

	28 年刑法	35 年刑法
普通内乱罪	7 年以上有期徒刑,首谋者处无期徒刑;预备犯或阴谋犯处 6 个月以上 5 年以下有期徒刑	相同
暴动内乱罪	无期徒刑或 7 年以上有期徒刑,首谋者处死刑或无期徒刑;预备犯或阴谋犯处 1 年以上 7 年以下有期徒刑	相同
帮助内乱罪	1 年以上 7 年以下有期徒刑	分则无此内容,总则规定从犯得按正犯之刑减轻之
	犯本章之罪(内乱罪)得依规定褫夺公权	符合刑法总则规定的得或可褫夺公权
	无该内容	预备犯或阴谋犯自首的,减轻或免除刑罚
通谋开战罪	无期徒刑或死刑;未遂犯罚之;预备或阴谋犯处 1 年以上 7 年以下有期徒刑	死刑或无期徒刑;未遂犯罚之;预备或阴谋犯处 3 年以上 10 年以下有期徒刑
通谋丧失领域罪	死刑、无期徒刑或 10 年以上有期徒刑;未遂犯罚之;预备或阴谋犯处 1 年以上 7 年以下有期徒刑	死刑或无期徒刑;未遂犯罚之;预备或阴谋犯处 3 年以上 10 年以下有期徒刑
械抗国家罪	死刑或无期徒刑;未遂犯罚之;预备或阴谋犯处 1 年以上 7 年以下有期徒刑	死刑或无期徒刑;未遂犯罚之;预备或阴谋犯处 3 年以上 10 年以下有期徒刑

① 武树臣著:《中国传统法律文化》,北京大学出版社 1994 年版,第 616 页。

续表

	28 年刑法	35 年刑法
单纯助敌罪	5 年以上 12 年以下有期徒刑；未遂犯罚之；预备或阴谋犯处 3 年以下有期徒刑	无期徒刑或 7 年以上有期徒刑；未遂犯罚之；预备或阴谋犯处 5 年以下有期徒刑
加重助敌罪	死刑或无期徒刑；未遂犯罚之；预备或阴谋犯处 1 年以上 7 年以下有期徒刑	死刑或无期徒刑；未遂犯罚之；预备或阴谋犯处 3 年以上 10 年以下有期徒刑
战时不履行军需契约罪	5 年以下有期徒刑，得并科 5000 元以下罚金；过失犯本罪者处 2 年以下有期徒刑、拘役或 1000 元以下罚金	1 年以上 7 年以下有期徒刑，得并科 5000 元以下罚金；过失犯本罪者处 2 年以下有期徒刑、拘役或 1000 元以下罚金
泄露或交付国防秘密罪	5 年以下有期徒刑；未遂犯罚之；预备或阴谋犯处 1 年以下有期徒刑	1 年以上 7 年以下有期徒刑；未遂犯罚之；预备或阴谋犯处 2 年以下有期徒刑
公务员过失泄露或交付国防秘密罪	处 2 年以下有期徒刑、拘役或 1000 元以下罚金	相同
刺探或收集国防秘密罪	5 年以下有期徒刑；未遂犯罚之；预备或阴谋犯处 1 年以下有期徒刑	相同
擅入军事处所罪	1 年以下有期徒刑	相同
违背委任损害民国利益罪	无期徒刑或 7 年以上有期徒刑	相同
伪造、变造、毁弃、隐匿国权证据罪	5 年以上 12 年以下有期徒刑	相同
	犯本章之罪（内乱罪）得依规定褫夺公权	符合刑法总则规定的得或可褫夺公权

同时，35 年刑法为了更好地贯彻国家本位的立法意图，还规定了许多保护传统

家族利益的条文。例如,第63条规定对老幼处刑之限制中规定未满18岁和满80岁之人不适用死刑和无期徒刑,但未满18岁人犯第272条杀害直系血亲尊亲属罪,则可适用死刑和无期徒刑;在"伤害罪"中规定伤害直系血亲尊亲属,要加重其刑至二分之一。还规定如对他人施以暴力未造成伤害者,不构成犯罪,但如对直系血亲尊亲属施用暴力,未成伤害,要处1年以下有期徒刑、拘役或5百元以下罚金。在"遗弃罪"中也规定对直系血亲尊亲属犯遗弃罪,应加重其刑至二分之一。同样,第250条对于侵害直系尊亲属尸体坟墓者,也要加重其刑至二分之一。这些规定,实质上仍是亲亲尊尊的封建伦理观念在刑事立法上的反映。

四、特别刑法①:对罪刑法定原则的背离

从1912年推翻帝制,颁布《暂行新刑律》,至1949年国民党战败退守台湾,民国政府为维护统治的需要,曾颁布了大量的特别刑法,以补充刑法典之不足。其中有的制定为刑事单行法,亦有以附属刑法之形态,分散规定于刑法以外之其他法律者。本书仅考察刑事单行法,附属刑法因种类繁杂,故未列入。以下对各时期颁布的单行刑法作简单介绍。②

(一)北洋政府颁布的单行刑法

《暂行新刑律》公布后,直到1927年4月南京国民政府成立前,为了强化刑事镇压功能,北洋政府颁布的单行刑法约有22部,作为新刑律的补充。主要是:1914年的《违令罚法》、《吗啡治罪法》、《官吏犯赃治罪条例》、《惩治盗匪法》、《惩治盗匪法施行法》、《徒刑改遣条例》、《易笞条例》、《缉私条例》和《私盐治罪法》,1915年的《陆军刑事条例》和《海军刑事条例》,1920年的《办赈犯罪治罪暂行条例》、《科刑标准条例》等。

《违令罚法》是袁世凯作为大总统于1914年发布的第1号法律,其内容主要是赋予大总统发布命令可设定刑罚之权,规定大总统于发布之命令中,可设1年半以下徒刑、拘役、200元以下罚金等,使大总统享有刑事立法权;《官吏犯赃治罪条例》和《办赈犯罪治罪暂行条例》,是为刷新吏治制定的关于处罚官吏贪赃枉法行为的特别刑法,规定了比《暂行新刑律》中侵占罪重的法定刑;《吗啡治罪法》和《禁烟条例》,是为彻底查禁烟毒制定的特别刑法,以补《暂行新刑律》相关规定之疏漏;《惩治盗匪法》和《私盐治罪法》是根据当时盗匪横行,私盐泛滥行为而制定的特别刑

---

① 根据谢振民编著:《中华民国立法史》(下册),中国政法大学出版社2000年版;赵秉志、于志刚:"中国台湾地区之单行刑法要论",载《湖南政法干部管理学院院报》第17卷第1期;S-link六法电子全书,载http://www.6law.idv.tw/aa.htm。各单行刑法颁布和废止的时间见书后附表。

② 由于南京临时政府存在时间短暂,亦无典型刑事立法,所以在此不予讨论。

法,规定了较重的法定刑;《徒刑改遣条例》和《易笞条例》是关于有关犯罪的自由刑改变执行内容的规定,凡是被判处无期徒刑和5年以上有期徒刑的犯“内乱”、“外患”、“妨害国交”、“强盗”等重罪折,一律改为发遣,遣送至云南、黑龙江、新疆、广西等边远地区,从而恢复了封建的发谴刑;《陆军刑事条例》和《海军刑事条例》是针对军人设置的各种犯罪和刑罚,并规定虽非军人,触犯该两条例分则之规定,也适用这两个条例;《科刑标准条例》是时任司法部长的董康针对当时量刑极不统一、出入很大、易生滥用之情况,参酌德国、瑞士等国刑法拟定的,主要提出量刑时应注意的九个主客观事项:犯罪原因、犯罪目的、犯罪时所受的刺激、犯人的心术、犯罪人和被害人平日的关系、犯人的品行、犯人的知识程度、犯罪结果和犯罪人罪后态度。

总体而言,北洋政府颁布的单行刑法,以袁世凯统治时期数量最多,范围最广,处罚也最重。处罚之重表现在:首先,于清末已废除笞刑、发遣两种封建刑罚,袁世凯“以济监狱执行之穷”、“可收疏通之效”为由予以恢复。其次,刑事特别法对某些犯罪的处刑较之《暂行新刑律》有所加重。例如,《惩治盗匪法》规定,凡强盗犯刑律有关条款规定之罪,一律处死刑;而原刑律最低处二等有期徒刑。《惩治盗匪法》还新增“匪徒罪”,凡是“意图扰乱公安而制造、收藏或携带爆裂物者、聚众掠夺公署之兵器、弹药、船舰、钱粮及其他军需品,或公然占据都市、城寨及其他军用之地者、掳人勒赎者”,皆构成本罪,均处死刑。最后,简化诉讼程序。北洋政府利用单行刑法简化应有之诉讼程序,赋予军事机关审判权,实际上是免除诉讼程序对刑罚权刑事的限制。例如,对成股盗匪,除了由军警临时格杀外,被拿获者,即由军事机关及一些高级军官审判执行,且强盗、匪徒罪皆为一审终审,被告人无上诉权。这些均表现了对罪刑法定原则的背离。

袁世凯不得不在《暂行新刑律》中保留资产阶级刑法原则的同时,为维护自己的专制统治,通过大总统令颁布特别刑法,并根据特别法优于普通法的适用原则,否定《暂行新刑律》中的先进内容,从立法程序到特别法的内容,突出反映了封建的人治色彩。另外,北洋政府还把判例和解释例作为重要的法律渊源。据不完全统计,北洋政府大理院汇编的判例有3900多件,公布的解释例有2000多件。① 这既补充了成文法之“未备”,又便于随时根据统治者的意志处理案件和解决法律问题。

与此同时,广州武汉国民政府虽然反对北洋军阀统治,但在刑法上仍基本沿用了《暂行新刑律》,并为国民革命所需,废除了其中与革命原则相抵触的条款,包括《暂行新刑律补充条例》,还应需要颁布了单行刑法,主要有:沿用1921年广东军政府的《贩运人口出国治罪条例》、1925年的《禁烟条例》和《陆军刑律》、1926年的《党

---

① 李光灿、宁汉林主编:《中国刑法通史》(第八分册),辽宁大学出版社1987年版,第172页。

员背誓罪条例》,1927年的《反革命罪条例》和《惩治贪官污吏条例》。[①] 由于广州、武汉国民政府是由以孙中山新三民主义为指导思想改组后的国民党领导的,又由于此时国共两党实行合作,所以,政府性质应是工人、农民、小资产阶级和民族资产阶级的联合政府,其刑事立法具有一定的革命性,对当时的民主运动起到积极作用。但是,由于该政府存在时间极短,控制范围有限,又处于战争时期,所以,其刑事立法对后世的影响不大。

(二)南京政府颁布的单行刑法

1927年至1949年国民党退守台湾,其间共颁布37部单行刑法,根据时期的不同分述如下:

1. 1927年4月南京国民政府成立后至抗日战争前颁布的单行刑法约21部,主要是:1927年的《惩治土豪劣绅条例》、《惩治盗匪暂行条例》、《暂行反革命治罪法》、《暂行特种刑事诬告治罪法》,1928年的《处理逆产条例》、《共产党人自首法》和《惩治绑匪条例》,1928年和1929年两部《禁烟法》,1929年的《陆海空军刑法》,1930年的《政治犯大赦条例》,1931年的《危害民国紧急治罪法》、《危害民国紧急治罪法施行条例》和《要塞堡垒地带法》,1932年的《军机防护法》和《大赦条例》,1934年的《徒刑人犯移垦暂行条例》,1935年的《妨害国币惩治暂行条例》、《禁烟治罪暂行条例》、《禁毒治罪暂行条例》及1936年的《惩治偷漏关税暂行条例》。

众多的单行刑法大致可分为:(1)关于维护政权稳定的单行刑法主要是:《危害民国紧急治罪法》和为配合该法公布的《危害民国紧急治罪法施行条例》,是对《暂行反革命治罪法》的替代,与《暂行反革命治罪法》基本相同,主要内容是严厉处罚针对民国政权的犯罪。它们与武汉国民政府颁布的《反革命条例》虽名称相近,但本质完全不同。前者是在"4·12"反革命政变后及第一次对红色政权发动围剿中制定的;后者是以维护工农利益为重点,为北伐服务的;《共产党人自首法》是专门针对共产党人自首制定的。(2)关于惩治危害社会治安的单行刑法主要是:《惩治盗匪暂行条例》和《惩治绑匪条例》,以及《禁烟法》、《惩治土豪劣绅条例》。《惩治盗匪暂行条例》和《惩治绑匪条例》根据1927年情形规定了极其严厉的刑罚,前者规定了16种应判处绝对死刑的盗匪行为;后者规定绑匪的正犯、从犯、教唆犯,无论既未遂,均处

① 《陆军刑律》适用于犯罪的陆军军人、与陆军共同作战的其他军队犯罪者,以及犯叛乱罪、暴行胁迫罪、强奸罪、掠夺罪等的非陆军军人。所规定各罪之刑罚均比普通人犯罪为重,目的是以军法维护国民政府及其统治区的秩序;《党员背誓罪条例》是专为任官职的国民党违背誓言犯反革命罪、渎职罪设置的刑法,其目的是督促国民党党员在国民革命中发挥积极作用;《反革命罪条例》是武汉国民政府对危害国民党、国民政府和三民主义以及革命运动和工农运动的各种行为的专门处罚规定,对保证北伐战争的进行起到一定积极作用;《惩治贪官污吏条例》是为整肃吏治,清除武汉国民政府中的腐化分子和旧官僚而规定的。条例在溯及力上采从新原则。

死刑。凡代绑匪向被绑之户通讯联说,或过付金钱取赎或窝藏包庇绑匪,投函恐吓设局诱禁勒赎的,均以绑匪论,凡是被绑者的户主而负责人秘而不报,或既报请官署侦缉后仍与绑匪秘密接洽以金钱取赎而不报告取赎经过情形的,也要予以处罚。《禁烟法》、《禁烟治罪暂行条例》、《禁毒治罪暂行条例》规定处罚吸食鸦片、吸打吗啡或使用鸦片代用品,为人施打吗啡,或以馆舍供人吸用鸦片或代用品,制造或贩卖专供吸食鸦片的器具等犯罪。《惩治土豪劣绅条例》对土豪劣绅为害乡里、欺压百姓、妨害地方建设等 11 种行为予以处罚。(3)关于危害经济秩序的单行刑法是:《妨害国币惩治暂行条例》和《惩治偷漏关税暂行条例》,前者规定对意图营利,销毁银币或中央造币厂厂条和私运银币、中央造币厂厂条或银类出口的行为,予以刑罚处罚;后者主要规定惩罚各种偷漏关税的行为。(4)涉及刑罚执行和赦免的单行刑法是:《政治犯大赦条例》和《大赦条例》规定对不同对象的赦免条件;《徒刑人犯移垦暂行条例》规定处无期徒刑和 3 年以上有期徒刑的人犯,执行满法定年限后,可以司法行政部命令,移送边远或荒旷地方从事垦殖。(5)涉及军人或军事地区、军事机密设置的特别刑法:《陆海空军刑法》、《要塞堡垒地带法》和《军机防护法》则是对军人或军事地区、军事机密设置的特别刑法。

2. 抗日战争期间颁布的单行刑法约 11 部,主要有:1937 年《违反兵役治罪条例》与 1940 年取代《违反兵役治罪条例》的《妨害兵役治罪条例》、1938 年的《惩治贪污暂行条例》(1943 年修正更名为《惩治贪污条例》)、1940 年的《戡乱时期检肃匪谍条例》、《战时军律》、1941 年的《禁烟禁毒治罪暂行条例》、1942 年的《妨害国家总动员惩罚暂行条例》、1943 年的《妨害国币惩治条例》、1944 年的《惩治盗匪条例》和《战时交通器材防护条例》。

抗战期间颁布的单行刑法,主要是针对战争时期有害于抗战的危害行为而设置,以弥补刑法典规定之不足。《违反兵役治罪条例》与《妨害兵役治罪条例》都是惩罚妨害兵役行为的规定;《戡乱时期检肃匪谍条例》是涉及有关匪谍行为的处罚规定;《战时军律》是专门为战时军人设置的刑罚规定;《妨害国家总动员惩罚暂行条例》对违反或妨害政府征购或征用“国家”总动员物资所发布的行政命令等 13 种行为规定了不同的刑罚;《战时交通器材防护条例》是战时加重处罚窃盗,毁损交通器材,收受、搬运、寄藏、放置、熔毁被盗交通器材的重要法律;即使《惩治贪污暂行条例》也与“战争时期”相联系,处罚克扣军饷、建筑军工或购办军用品从中舞弊、盗卖军用品、借势借端勒索勒征强占或强募财物、以军用舟车航空机等装运违禁或漏税物品等行为;《禁烟禁毒治罪暂行条例》、《妨害国币惩治条例》和《惩治盗匪条例》虽然所规定之行为并非战时专有,但在战时而为,危害极大,故都规定了较为严厉的处罚。

3. 1945 年抗日战争胜利后至 1949 年国民党退守台湾前颁布的单行刑法。该时期颁布的单行刑法主要有:1946年的《禁烟禁毒治罪条例》、1947年的《戡乱时期危害国家紧急治罪条例》、1948年的《惩治走私条例》和《违反粮食管理治罪条例》、1949年的《惩治叛乱条例》。

《禁烟禁毒治罪条例》是对1941年《禁烟禁毒治罪暂行条例》的替代,内容大同小异,主要是关于各种毒品犯罪及其处罚规定;《戡乱时期危害国家紧急治罪条例》主要是提高了刑法第100条普通内乱罪和101条暴动内乱罪的法定刑,为死刑或无期徒刑,两罪的预备犯和阴谋犯亦处以10年以上有期徒刑。增加对参加前两项犯罪为目的的团体集会、将军队交付匪徒或听其指挥训练、率队投降匪徒等行为,以及以文字图画、演说为匪徒宣传行为的处罚规定。《惩治叛乱条例》在《戡乱时期危害国家紧急治罪条例》的基础上,再次提高普通内乱罪和暴动内乱罪的法定刑,为单一死刑。对散布谣言、传播不实消息,足以妨害治安或动摇人心和以文字图画演说为叛徒宣传的,处7年以上有期徒刑。且上述犯罪一概由军事机关审判。《惩治走私条例》和《违反粮食管理治罪条例》主要规定对私运政府管制物品或应税物品行为和囤积居奇粮食行为及公务人员或军警不依法令擅行封闭民仓行为。

相对于刑法典而言,单行刑法具有立法程序简单,及时灵活适应性强的特点,因此在国民党政府时期,单行刑法被视为修改补充刑法典、惩治犯罪的有力工具,频频制定。自近代以来的历届政府,其单行刑法数量之多,适用时间之长,以南京国民政府为最,共37个,其中尤以南京国民政府成立到抗日战争爆发前为重,两部刑法典外,共颁布21个单行刑法。这些单行刑法主要针对各时期出现的严重危害国民党统治秩序的行为,对共产党领导的革命活动更是严重打击。《暂行反革命治罪法》的锋芒就公开指向共产党,司法院17年解字第16号解释公然宣称:"共产党案件应以反革命论罪。"具体规定为:凡举行暴动,推翻国民党统治者,首魁处死刑;执行重要事务者,处死刑或无期徒刑。凡组织革命团体进行集会并进行宣传者,处有期徒刑或拘役。到1931年,因嫌《暂行反革命治罪法》处刑太轻,又颁布了《危害民国紧急治罪法》。规定"以危害民国为目的"而"扰乱治安者",一律处死刑;以文字图画"危害民国"之宣传者,要处死刑或无期徒刑。《政治犯大赦条例》对"怙恶不悛之共产党人,不在赦免之列"。这些单行刑法重刑化倾向明显。对特定犯罪的处罚,比刑法典要严厉得多。突出表现在单行刑法中的死刑设置上。该时期颁布的37个特别刑法中,设置死刑的有29个。不仅如此,死刑条款设置中,有许多是绝对死刑。例如:在《惩治盗匪暂行条例》中,全文共有12条,其中列举了16个可以判处绝对死刑的行为;更有甚者,《惩治绑匪条例》直接规定:不论正犯、从犯、教唆犯,也不论既遂与未遂,均处绝对死刑。尤需指出的是,针对新民主主义革命运动,南京国民政府采全力镇压之策。总之,南京政府时期的单行刑法,大多是国民党政府进行统治的工具,而不是保护人权的"大宪章"。其刑法典形式上所追求的"民主、自由、平等"精神,在严刑峻罚的特别刑法牵制之下，早已荡然无存，刑法典中所确立的罪刑法定原则的实际作用受到极大冲击，使罪刑法定原则仍只能以形式表现在世人面前。

五、刑事判例与解释例：[①]对罪刑法定原则的贯彻与扩张

民国初年，由于政权建立之仓促和政治不稳定，新的刑法难以迅速出台；同时，经简单删改而沿用的《暂行新刑律》并不适应当时变化的社会状况。为弥补立法之不足，指导刑事司法，当时的最高司法机关——大理院作出并编制了大量的判例和司法解释例，供法官审判中参考。这种编制判例和解释例指导司法实践的做法一直在民国司法制度中延续。

（一）刑事判例和解释例的存在形式[②]

中国近代判例制度是在中国古代“例”的基础上，以大陆法系的判例制度为模式建立起来的。

中国近代类型的判例大概始于北洋政府大理院的判例。大约从 1912 年开始，大理院即编辑《大理院制决录》。对其所判案例中选取具有创新意义且具有抽象规范价值的案例，或为弥补法律之不足，或为阐明法律之意思，登载于《政府公报》和《大理院公报》的“例规”或“审判”栏目中，作为地方各级法院审判类似案件的参考；[③]自 1919 年起大理院对该院各类判决进行整理编辑《大理院判例要旨汇览》，1923 年又编制了《大理院判例要旨汇览续集》，两集共收入判例 3991 条，分列在《法览》、《民法览》、《刑法览》、《商法览》、《民事诉讼览》、《刑事诉讼览》中。这种汇编尽可能压缩案件事实，有的甚至干脆省去事实，仅将判决理由之精华汇集成书。这种被压缩、提炼留下的所谓“判决要旨”，大多在二百字以内，有的甚至仅几十字，如同法规条文相当抽象。这种存在形式，与英美法系的判例汇编大不相同，却与大陆法系的判例体制一致。“大陆国家的判决中不愿论及案件事实”，“当判决印刷于期刊或判例汇编中时，则有将其截短甚至删减的倾向”。[④]“依我们普通法的观点来看，

---

① 作为完整体系的一部分，应该讨论该问题，但笔者初步接触有关文献后发现工作量巨大，非一时可以完成。笔者将之作为继续研究的课题。在此，紧紧围绕“刑事法律规范”这个研究对象进行讨论，对有关判例和解释例问题不作详细阐述。

② 该部分内容参考了林纪东、蔡墩铭等编：《新编六法参照法令判解全书》，台湾五南图书出版有限公司 1986 年版；台湾双榜编辑委员会编著：《大法官会议解释汇编》，台湾双榜文化事业出版社有限公司 2000 年版；李春雷著：《中国近代刑事诉讼制度变革研究》（1895—1928），北京大学出版社 2004 年版；范忠信、叶峰：“中国法律近代化与大陆法系的影响”，载《河南省政法管理干部学院学报》2003 年第 1 期。

③ 李春雷著：《中国近代刑事诉讼制度变革研究》（1895—1928），北京大学出版社 2004 年版，第 228 页。

④ [美]约翰·亨利·梅利曼著：《大陆法系》，顾培东、禄正平译，法律出版社 2004 年版，第 95 页。

这些判例往往被斩头去尾而且还缺乏完整的事实说明。”[①]中国近代以来的判例体裁及存留方式正与此相似。南京国民政府时期，根据《法院组织法》的规定，最高法院的判决例经采纳为“判例”者，需报司法院核定。

司法解释例是由大理院对各个国家机关要求解释法律疑问的请求所作的答复，是大理院对有关成文法所作的司法解释，南京国民政府时期大量继承了北洋政府的解释例，司法院还根据司法实践需要颁布了许多新的内容。根据《司法院大法官会议法》的规定，司法院大法官会议享有解释宪法、法律的权力，其法律解释的作出必须依照法定程序。

（二）刑事判例和解释例的法律效力

民国时期的判例在法律上及理论上没有拘束力，但实践上有法律效力。在编辑判例汇编时，大理院长公开宣称是“备参考，供取资”，[②]判例在司法中只供法官参考。虽然1915年的《法院编制法》第37条规定：“大理院各庭审理上告案件，如解释法令之意见与本庭或他庭成案有异，由大理院长依法令之义类，开民事科或刑事科或民刑两科总会审判之。”但这仅要求大理院新判案件不要与自己的成案矛盾，只是间接承认判例的效力，并不是直接规定各级法院可以援引上级法院成例判案，但实际情形与此相反：“每遇讼争，则律师与审判官皆不约而同，以查大理院某年某字号某判决如何如何为争讼定谳之根据”，[③]各级法院都在适用判例，至少是将上级法院的判例作为法律解释与相关律文一起援用。司法判例汇编的不断编选、删废，不断依六法体例与成文法条一起分门别类出版，正反映了司法适用的频繁。

解释例则有法律上的效力。北洋政府时期《暂行法院编制法》第35条规定：“大理院长有统一解释法令、必应处置之权。”第45条规定：“大理院及分院答复下级审判庭之案件，下级审判庭对于该案不得违背该院法令上之意见。”而南京政府《司法院大法官会议法》则规定司法院享有解释法律的权力，其作出的解释例具有与法律相等的效力。

（三）刑事判例和解释例的作用

从民国历次编汇判例和解释例的内容看，其作用不外乎两者：一是解释法律，二是补充法律。它们既对法律的内涵作出详细解释以方便适用，又对新的问题作出快速反应，赋予不合时代要求的内容以新的含义；既维持了成文法的稳定性，保证法律适用上的一致性，又补充了成文法之疏漏，具有积极作用。同时，由于对判例和解释

---

① ［美］康纳德·威格特：“普通法和大陆法中发现法律的方法和诉讼程序”，高鸿均译，载《法学译丛》1991年第2期。

② 《大理院判例要旨汇编》（第1卷），转引自范忠信、叶峰：“中国法律近代化与大陆法系的影响”，载《河南省政法管理干部学院学报》2003年第1期。

③ 胡长清著：《中国民法总论》，中国政法大学出版社1997年版，第36页。

例创制主体的严格限制，司法院大法官、大理院或最高法院的院长、各庭庭长及广大推事、法官，具有深厚的法学修养，其作出的司法解释例和判例为法院树立了法律理论和司法经验的权威，有利于培养司法独立观念，并促进了法律的发展。例如，最高法院1930年上字第364号、第1174号判例对旧刑法第36条“正当防卫”的要件的解释说明①便是解释法律的例证，也是以判例补充法律的例证。民国这种判例制度的作用与中国封建时代“例”的情形虽有一定相似之处，却又有着显著的差异，即中国古代的“例”以皇帝御判的方式作出，有最高法律效力，其结果常常是“以例破律”、“因例废律”。不是解释补充律条，而是取代律文。近代中国的判例则不然，它是法官们的创作，没有绝对的效力，仅起解释补充之类作用。

六、民国时期刑事立法之检讨

（一）民国刑事立法之特点

在清末修律的基础之上，从《暂行新刑律》到1935年的《中华民国刑法》，民国刑法经历了启蒙、回复、发展到成熟的曲折过程。总结民国刑事立法的历史，它具有以下特点：

其一，罪刑法定——无论思想、理论还是规范——是从西方国家移植的，在相关内容上受西方近、现代刑法理论和立法的影响较大。民国刑事立法的起草者及一些有影响的当政者多是接受了西方先进刑法思想的法学家，②在立法原则、指导思想与立法技术等层面，用心汲取外国最新刑法立法成果和理论，努力与中国社会交融，期望实现法律移植与本土化之间的融合，为中国刑事法制现代化开辟新路。如留学欧美学习法律的王宠惠、留学日本学习法律的宋教仁、廖仲恺、章宗祥、胡汉民、居正等。刑事立法演进虽然曲折，但成果显著，具有重大意义和深远影响。

其二，罪刑法定原则在立法中确立之后，一直没有动摇其基本原则的地位，且随着时代的发展罪刑法定的内容不断发展完善，该支系罪刑法定原则演进过程的历史延续性较强，发展道路比较平缓。③

其三，普通刑法与特别刑法相辅相成。民国时期既学习大陆法系国家，重视对刑法典的建设，同时应形势和统治的需要制定大量特别刑法，共同构成刑法体系。在这一体系中刑法典的进步性与特别刑法的严厉性及一定的反动性充满矛盾，同时刑法典的稳定性和特别刑法的灵活性相结合，使民国时期刑事立法更具有实用性。

---

① 《最高法院判例要旨》（中册），大东书局1944年版，第393页；1946版第1辑，第236页。

② 具体可参见韩秀桃：“民国时期法律家群体的历史影响”，载《榆林学院学报》2004年第2期。

③ 笔者认为：中国近代以来刑法的发展有四个支系，即从清末改制、民国到1949年至今的我国台湾地区；从革命根据地、新中国到至今的中国大陆；从处于英国殖民统治下的香港到回归后的香港特区；从葡萄牙殖民统治下的澳门到回归后的澳门特区。

当然,这种实用性更主要地为国民党一党专政和蒋介石独裁专制所用。

其四,具有明显的混合性。民国时期,中国处于半殖民地半封建社会,由大官僚买办资产阶级主持制定的刑法反映了这个社会的基本面貌,封建性因素和资本主义因素共存于其刑法体系中,但封建因素逐渐减少。该时期刑法首先吸收了清末刑法改制的成果,以西方近代刑法原则和刑法理论为依据,同时保留了中国传统法律中的一些制度规定,并根据中国实际制定了相应内容。这种混合性反映了当时半殖民地半封建社会的特点。

(二)原因分析

第一,民国时期是中国社会的大变革时期,充满民主与专制的斗争。辛亥革命的成功实际上就是民主对专制的胜利,是宪政对皇权的胜利。一旦在中国开启了民主宪政的风气并建立了民主宪政的政权体制,任何变相地破坏宪政和复辟皇权的行为都是为社会所不能容忍的。孙中山的五权宪法理论是南京国民党政府政治制度的思想理论基础,也是刑事立法的思想基础。1912 年的《中华民国临时约法》,将孙中山自己的民主思想法律化,确立了资产阶级民主共和政体,民主共和思想深入人心,在其指导下确立的刑事法律的基本原则——罪刑法定成为民主共和制度中的当然内容而受到重视。无论是其后的袁世凯、曹琨还是蒋介石,即使复辟专权之意,亦不敢公然抛弃民主共和思想,在刑法典中始终承认罪刑法定原则。

民国时期,近代民权得到有限保障。《中华民国临时约法》、《训政时期临时约法》和《中华民国宪法》都有关于“人民之权利义务”规定:“中华民国国民,无男女、种族、宗教、阶级之区别,在法律上一律平等。”“人民非依法律不得逮捕、拘留、审问、处罚。”“人民之住所非依法律不得侵入搜索或封锢。”人民有居住、集会、结社、言论、通信、职业、信教等自由,非依法律不受限制。举凡近现代宪法应规定的公民权利都涵盖在其中。《中华民国宪法》更是不仅在平等上加入“无论党派”的内容,而且规定:“以上各条列举之自由权利,除为防止妨碍他人自由,避免紧急危难,维持社会秩序,或增进公共利益所必要者外,不得以法律限制之。”依照孙中山先生的宪政三阶段理论,形式上建立了立法院、行政院、司法院、考试院和监察院,近代刑法所要求的政治制度在形式上建立起来。但由于“国务会议”可以支配五院的一切活动,更由于党治制度从未动摇,党治之下,党权高于一切,约法实际上是用根本法的形式肯定了国民党一党专政和蒋介石个人独裁的合法性。①

第二,民国时期中国一直处于战争状态,无论是统治阶级,还是广大民众,战争意识一直占据思想的主导地位,用战争思想处理国事,成为统治阶级维护其统治的有效方法。而近代刑事立法也是在战争的大背景下展开的。众多刑事特别法的制

---

① 殷啸虎著:《近代中国宪政史》,上海人民出版社 1997 年版,第 232 页。

定与实施,便是战争意识形态下的产物。它便于统治阶级绕过正常的司法程序,采用酷刑,快捷、有效地打击政治异己。但是,刑事特别法的制定与实施,削弱了普通法的权威,成为民国刑事立法走向现代化的障碍。

第三,基于自给自足小农经济之上的封建礼治思想,成为民国刑法现代化不可逾越的思想障碍。所以民国时期刑法改革的理想与现代刑法的司法实践之间,还存在着很大的距离。

第四,立法起草者的法治理想与现实之间存在着巨大差距。立法者在刑事制定法中饱含的法治理想,在半殖民地半封建社会的中国,无法实现。究其原因,从主观上看,民国刑事立法本身存在着一些不足:一是对西方刑法思想的全盘引进,使民国刑事立法具有现代化特征,但一些立法原则并不符合当时的中国国情。最典型如罪刑法定原则,与中国一元的社会结构相冲突。罪刑法定原则以人权保障为宗旨,以存在独立于政治国家的市民社会为社会基础。而一元的政治社会则无市民社会存在的空间,政治权力充斥社会生活的各个方面,权利受制于权力。这使得民国时期的罪刑法定原则仅仅具有规范意义。又如,与罪刑法定原则密切相关的法律面前人人平等的原则,与中国社会宗法家族制及男尊女卑的社会实际也不吻合,因而在司法实践中,包括法律面前人人平等等刑事立法原则只能流于形式,所以"百年来中国法律制度的现代化尽管在制度层面上是相当激进的,但是,它从来没有真正彻底进入现代化的状态"。[①] 二是民国时期的刑事立法,外表上具有了现代化的形式,但在具体内容上,还有一些封建刑律的影子,如亲属相隐制度的延续,无夫奸的争议,等等。这些内容的存在,是西方刑法思想与中国封建刑律思想斗争妥协的结果。它既表现了刑法现代化演进的艰辛,又说明了民国时期刑事立法现代化的不彻底性。无疑,传统刑法内容的存在,为司法实践的封建性在一定的时空里存在,提供了法律依据。同时它也是对罪刑法定等先进刑法原则的否定。当然,法治观念的普及程度不够,整个社会缺乏刑法现代化司法实践的土壤也是重要因素。"法律移植,理想地来看,应当是一项系统的工程,从条文—法律理论—价值观念都转变了,才能说是成功了。"[②]"由于中国固有的传统法律文化已形成一种系统而稳定的心理定式,要想使来自异质的法律观念和价值在国人心中生根,实非一件容易的事情,在实现所移植法律中所蕴涵的这些价值的要求与客观法制实践之间,仍存在不小的距离。"[③]实际上,民国时期的统治者,绝大多数是从封建军阀转化过来的,旧有的专制独裁思想成

---

① 葛洪义著:《法律与理性——法的现代性问题解读》,法律出版社 2001 年版,第 448 页。

② 高尚:"清末修律变法与法律移植——移植与变法的具体分析",载何勤华主编:《法的移植与法的本化》,法律出版社 2001 年版,第 100 页。

③ 马小红:"法律移植中的观念因素——以中国近代以来的法制变革为例",载何勤华主编:《法的移植与法的本化》,法律出版社 2001 年版,第 91 页。

为排斥法治理想的思想根源。从袁世凯的洪宪帝制到国民党执政的“训政保姆论”，他们或者采用暴力直接践踏民主共和，或者运用西方的法治模式为其政治表象，而变相地实行专制统治。“平等、自由、博爱”只是一个政治口号而已，他们的内心深处，并没有接纳西方的法治思想。而对于广大的普通民众而言，由于依然生活在自给自足的小农经济社会里，封建的礼治思想仍然盛行，抹杀了个人的自由、尊严而服务于家族宗法的奴化思想，对追求民主、自由的法治思想具有强大的排斥性。所以，中上层的知识分子虽然通过翻译外国法学著作、创办报纸杂志等方式，大张旗鼓地宣传西方法律思想，但由于根植于人们思想深处的封建礼治思想的排他性影响，以倡导平等、民主、自由为核心的西方刑法理论很难进入他们的脑海之中。

第五，民国时期刑法理想与刑事司法实践的矛盾。民国时期的司法制度，和刑事立法一样，也是在法律改革的大潮中逐步走向现代化的。延续清末司法改革，民国司法制度改革从司法机构、诉讼法律、诉讼原则等方面展开。民国时期司法机构的演变过程，①体现了当时立法者的一个理想追求——司法独立。而民国时期司法机构的现代化，为这一时期刑法司法实践的现代化提供了组织上的保障。1935 年的刑事诉讼法采用西方先进的司法制度和原则，确立了审判公开原则、辩护原则、辩论原则、回避原则、一事不再理原则等，并结合当时中国的社会实际，体现了当时立法者立法思想的成熟。因此，诉讼法的制定，为民国时期刑法在现代司法体系下的实施提供了法律上的保障。但是民国时期司法改革并不彻底，导致司法制度不健全，尤其是广大的农村仍然是县知事兼理司法，行政干预司法的封建主义司法传统依然如故。而南京国民政府时期实施的“司法党化”②原则使得司法制度最大限度地政治化了，司法几乎成为国民党的党内事务。司法党化的确是百年来司法制度发展史

---

① 北洋政府时期，继续实行四级三审制，即大理院—高等审判厅—地方审判厅—初级审判厅，以及相应的总检察厅—高等检察厅—地方检察厅—初级检察厅四级检察厅体系。1927 年，武汉国民政府颁布了《新司法制度》，改正法院名称和设置。它废除了大理院与审判厅的名称，一律改称“法院”，并将审判机关分为中央法院和地方法院两级。中央法院又分为两级：最高法院和控诉法院（冠以省名）；地方法院也分为两级：县、市法院（冠以县、市名）和人民法院。同时废除独立的检察机构系统，各地设检察官，与法院合署。诉讼程序上采用二级二审制，死刑案件以三审为终审。1932 年，南京国民政府实施《法院组织法》，诉讼程序确立三级三审制，即首都设最高法院，省设高等法院，县市设地方法院。高等法院可视地域在辖区内设分院，最高法院设检察署，高等法院、地方法院仅设首席检察官、检察官。最高法院设于司法院之内，司法院按照“训政约法”是全国最高司法机关，还设有司法行政部（1932 年改隶于行政院，1934 年又回属司法院，1943 年再转隶行政院）、行政法院、公务员惩戒委员会。1947 年经过改组，除最高法院外，又设有行政法院、公务员惩戒委员会、大法官会议。大法官会议是新增的机构，由十七名法官组成，行使解释宪法及统一解释法律、命令的权力。

② 1935 年，国民政府最高法院院长居正对司法党化作了界定，认为党化的基本含义包括两个方面：“一是司法干部人员一律党员；二是适用法律之际必须注意党义之适用。”司法党化原则是孙中山“以党治国”方针的延续。

上的一段曲折，也可以说是一种倒退。因此司法独立在这些制度与原则面前，只是一种理想而已，而依附于这种司法体制下的近代刑事立法，也只能停留在制度层面上。

小结

1912～1949年民国时期，是中国近代刑法的形成期，也是由传统向现代转型的重要时期。这一短暂时期，随着政权更迭，刑法的发展起伏不定，但罪刑法定原则在立法上始终得到确认。

南京临时政府时期，由于政权初建，百废待兴，来不及制定新的法律。在南京临时政府存续的三个月内，尽管处在紧张的战争环境和南北议和的特殊条件下，孙中山以临时大总统令等行政法规方式，颁布了一些含有刑事处罚内容的法令，努力践行法治理想。

作为政权更迭时期临时适用的《中华民国暂行新刑律》，删除了与民国政体不相融之处，采用近代西方资产阶级刑法原则和制度，比之母本——《大清新刑律》更为进步，从而使清末开始的刑法近代化得以继续推进。但袁世凯为复辟帝制之需而颁布的《暂行新刑律补充条例》和大量单行刑法，虽在条文上未删除罪刑法定原则，其内容却反映了专制、人治和封建纲常礼教等思想，显示出立法上的复古与倒退。《暂行新刑律》虽名为暂行，但实际上它一直施行到1928年《中华民国刑法》的颁行为止。在此过程中，北洋政府还起草了两个修正案，它们分别是1915年的《刑法第一次修正案》和1919年的《刑法第二次修正案》。1915年的《刑法第一次修正案》，为迎合袁世凯专制独裁的要求而制定，载入补充条例的内容，以强调礼教，加重刑罚。1918年，由于袁世凯、张勋复辟先后失败，时势剧变，刑事政策的调整成为必要，于是有了董康、王宠惠主持拟就的《刑法第二次修正案》。这次修正案在批评《暂行新刑律》和《刑法第一次修正案》缺陷的基础上，着重参考各国刑法，特别是当时刚刚问世的《德国刑法准备案》，同时也继承了旧律中的优良部分。另外，北洋政府还把判例和解释例作为重要的法律渊源。

南京政府于1928年和1935年颁行的《中华民国刑法》，标志着中国刑事立法达到相当水准，在形式上与当时西方国家的刑法基本同步。1928年南京国民政府颁布《中华民国刑法》（旧刑法），以替代实施已久的《暂行新刑律》。这部刑法典在法典名称上首次不用律而用法，内容上亦有进步之处。作为南京国民政府的第一部刑法，它实际上是以北洋政府1919年的《刑法第二次修正案》为基础，稍加修改而颁布的。从体例看，其编次、章次、章名与《刑法第二次修正案》无大差异；从内容上看，旧刑法也基本保留了《刑法第二次修正案》的大部分规定。它的主要贡献是把《刑法第二次修正案》所确立的主要原则和制度确立为正式的刑法条款，从立法实践上肯定了《刑法第二次修正案》的时代性。所以,28 年刑法实际上是此前 10 多年民国刑事立法实践演变过程的持续和一个阶段性产物。[①] 1935 年《中华民国刑法》,时人称之为新刑法。这部刑法典是国民党六法全书之一。该刑法典在吸收晚清以来特别是 28 年刑法的立法经验的基础上,参照当时的国际上的立法趋势,在立法技术、体例、内容等方面都有了改进,是旧中国刑法近代化的最高形式,也是民国最后一部刑法典,标志着旧中国刑法近代化进程的基本完结。两部刑法都肯定了罪刑法定原则在刑法中的基本原则地位。但是,南京政府为确立地主买办阶级专政的"法统",镇压人民群众和革命运动,制定颁布许多特别刑法,如《惩治盗匪暂行条例》、《危害民国紧急治罪法》、《共产党人自首法》、《戡乱时期危害国家紧急治罪法》等,还秘密发布一些旨在"防共、限共、溶共"的法令,如《共产党问题处理办法》、《防止异党活动办法》等,使刑法典确定的罪刑法定原则仅仅成为一种形式。

综上所述,罪刑法定原则在民国时期各阶段的刑法典中得以延续,而且其内容也日渐完善。但是,在实际运行中,罪刑法定原则并没有得到彻底贯彻。北洋政府和南京国民政府在刑法典之外,不仅制定违反罪刑法定原则的单行刑法,而且大搞法外制裁,如 1914 年 12 月北京政府颁布的《惩治盗匪法》、《惩治盗匪法施行法》及 1928 年 3 月国民政府颁布的《暂行反革命治罪法》,在时间效力上规定了从新原则,1939 年国民党制定了"溶共、防共、限共、反共"的方针,秘密发布《限制异党活动办法》、《共产党问题处置办法》和《沦陷区防范共产党活动办法》,要求"宁可错杀一千,也不放过一个",将刑法典中标榜的罪刑法定原则抛之不顾。而在广大的农村和边远地区,更是没有得到罪刑法定原则光辉的照耀。在乡村地区,地主和乡绅依然是乡村社会的统治者,把持着乡村政权,靠着法律、传统习俗和村规民约等维持着地方秩序,"在中国的广大地区,帝制的结束并没有使上层地主阶级政治、经济地位发生根本性的变化。他们在国民党大员并不严格的统一控制下,继续扮演着军阀时代甚至是满清时代充当过的相同角色"。[②] 在边远的民族自治地区,如西藏、新疆、蒙古等,民国政府在坚持对其行使主权的前提下,认同各民族自治地区的民族法,并对民国前的王朝立法有选择地予以继承。以西藏的刑事法律为例,起实际作用的是西

① 何勤华、李秀清著:《外国法与中国法——20 世纪中国移植外国法反思》,中国政法大学出版社 2003 年版,第 405 页。

② [美]巴林顿·摩尔:《民主和专制的社会起源》,拓夫、张东东、杨念群、刘鸿辉译,华夏出版社 1987 年版,第 153 页。

藏地方法律——《十三法典》①中的《重罪肉刑律》、《警告罚锾律》、《杀人命价律》、《伤人赔偿律》、《盗窃追赔律》、《奸污罚锾律》，以及十三世达赖喇嘛的封文、训令、摄政文告、噶厦令、地方官员令、寺庙寺规等，②维护的是封建农奴等级制和宗教神权，与罪刑法定精神完全不相融。可以说，在民国时期，罪刑法定原则虽然在刑法典中予以体现，但是由于年代的动乱、人权保障观念的缺乏和专制的统治，先天不足的罪刑法定原则在许多区域及实际运作中没有得到全面遵守。在罪刑法定原则已被立法者破坏的情况下，南京政府在司法实践中亦常有违背罪刑法定原则之举。例如，南京政府在 1936 年 12 月 30 日，以“首谋伙党，对上官发暴行胁迫罪”，判处在西安事变中扣蒋的张学良将军有期徒刑 10 年，褫夺公权 5 年。在这一判决中的罪刑均为刑法典所未载；国民党特务秘密杀害西安事变中的另一主要人物杨虎城将军，更是对罪刑法定原则的完全背离。

---

① 《十三法典》由 1679 年五世达赖喇嘛任命的第五任主管西藏世俗事务的第悉桑结嘉措制定，该法典包括教法、王法和自法三种法律，是宗教戒律、道德和法律的混合体，同时也是诸法合体、民刑、实体程序不分的法律。参见孙镇平、王立艳著：《民国时期西藏法制研究》，知识出版社 2006 年版，第 273 ~ 275 页。

② 孙镇平、王立艳著：《民国时期西藏法制研究》，知识出版社 2006 年版，第 277 页。

第四章　中国近代区域性刑法与罪刑法定原则

中国近代在中央政府管辖区域外，还存在着对中国刑法发展具有举足轻重作用的区域性刑法，这些是中国近代刑法不可或缺的组成部分，即革命根据地刑法、台湾地区“刑法”、澳门地区刑法和香港地区刑法。罪刑法定原则在各区域性刑法中有着不同的历史命运。

一、革命根据地(解放区)刑法与罪刑法定原则

中国近代刑法的另一演变过程是从新民主主义革命时期根据地的法制建设开始的。第一次国内革命战争时期，由于共产党没有建立自己的政权，所以没有独立的刑事立法可供研究。从第二次国内革命战争开始，经过抗日战争到解放战争时期，在各根据地为了巩固革命政权，镇压反革命活动，保障农民、工人等劳动人民的权利，保证革命军队的军事活动，制定了刑事政策和相应的刑法规范，构成了革命根据地的刑法。

根据地刑法独具特色，在中国刑法发展史上具有重要地位，它是中国近代刑法的有机组成部分，不仅与历史上封建的刑法根本不同，而且与同时期在大陆广大地区普遍适用的官方主体刑法完全不同，并成为新中国刑事立法的历史渊源。可以说，革命根据地刑法是新中国刑事立法的开篇之作。这个时期刑法建设的传统和经验对新中国刑法建设具有重大作用并产生了深远的影响。

(一)土地革命战争时期根据地的刑法

1. 刑事立法概况

土地革命战争时期，共产党领导的革命政权处于初建阶

段，尚未巩固，欠缺立法经验，又由于革命根据地分散，所以，规定犯罪与刑罚的刑事法律也表现出其分散性，没有统一的立法，有关刑事立法多是专门针对某类犯罪或刑罚制度的单行规定，或是散见于各具有约束力的规范性文件中。①

土地革命战争时期主要刑事立法概况见表3：②

表3　土地革命战争时期主要刑事立法概况表

编号	名　　称	颁布时间
1	中国共产党红军第四军第9次代表大会决议案(废止肉刑问题)	1929年12月
2	信江地区肃反条例	1929年12月
3	鄂豫皖六安县第六区肃反条例	1930年4月
4	闽西苏维埃政府工作人员惩办条例	1930年3月
5	闽西苏维埃政府惩办罪犯办法	1930年3月
6	闽西苏维埃政府惩办反革命条例	1930年6月
7	闽西苏维埃政府布告:禁止私人收买金银首饰	1930年10月
8	闽西苏维埃政府反动政治犯自首条例	1931年2月
9	赣东北特区苏维埃暂行刑律	1931年5月
10	赣东北惩治反革命条例	1931年3月
11	湘赣省苏区惩治反革命犯暂行条例	1931年12月(1932年4月废止)
12	湘赣省苏维埃政府自首自新条例	1931年12月(1932年4月废止)
13	湘赣省苏维埃政府自首自新条例	1932年4月
14	湘赣省苏区惩治反革命犯暂行条例	1932年4月
15	中华苏维埃共和国临时中央人民委员会命令:为检查和取缔私人枪支禁止冒穿军服事	1933年4月

① 赣东北地区1931年制定的《赣东北特区苏维埃暂行刑律》，是当时革命根据地唯一的普通刑事法典。

② 根据韩延龙、常兆儒编：《中国新民主主义革命时期根据地法制文献选编》(第3卷)，中国社会科学出版社1981年版；张希坡、韩延龙主编：《中国革命法制史》(上)，中国社会科学出版社1987年版；年帆著：《中华苏维埃法制史》，江西高校出版社1992年版；西南政法学院函授部编：《中国新民主主义革命时期法制建设资料选编》(第二册)；曾维东、曾维才主编：《中华苏维埃共和国审判史》，人民法院出版社2004年版；四川大学等主编：《川陕革命根据地历史文献选编》(上)，四川人民出版社1982年版整理。

续表

编号	名称	颁布时间
16	中华苏维埃共和国中央执行委员会关于镇压内部反革命问题的训令	1933 年 3 月
17	中华苏维埃共和国中央执行委员会关于惩治贪污浪费行为的训令	1933 年 12 月
18	中华苏维埃共和国惩治反革命条例	1934 年 4 月
19	中华苏维埃共和国人民委员会关于地主富农编制劳役队与没收征发问题的训令	未查到日期
20	川陕省没收条例	1934 年 1 月
21	川陕省没收条例说明书	1934 年 5 月
22	川陕省苏维埃政府肃反执行条例	未查到日期
23	川陕省苏维埃政府关于反革命自首的条例	未查到日期,但由于该文件选自1935 年版的《苏维埃中国》故应在1935 年以前颁布

其中最完备而有特色的是《赣东北特区苏维埃暂行刑律》;对当时及后世影响较大的则是《中华苏维埃共和国惩治反革命条例》。以下分而述之。

2.《赣东北特区苏维埃暂行刑律》(以下简称刑律)①

《赣东北特区苏维埃暂行刑律》是整个新民主主义革命时期根据地唯一一部刑法典,在根据地刑法中独具特色。该刑律分总则编 14 章、分则编 22 章,共 149 条。该刑律的主要内容包括:

第一,明确规定刑律的效力。就空间效力而言,刑律对赣东北特区内的犯罪者同等适用;就时间效力而言,刑律规定:“本律于凡犯罪在本律颁行以后者,适用之。”即对颁行前实施的行为无溯及力。

第二,明确规定犯罪的界限。刑律在总则第二章“不为罪”中,规定 12 岁为负刑

① 1927 年 12 月方志敏、邵式平等领导农民起义,建立赣东北革命根据地,1930 年 11 月成立赣东北省苏维埃政府,方志敏任省委书记。1931 年 5 月制定《赣东北特区苏维埃暂行刑律》。但 1932 年 3 月,中央指责赣东北特区学习鄂豫皖肃反经验不力,肃反不力。《赣东北特区苏维埃暂行刑律》被弃置一旁。参见曾维东、曾维才主编:《中华苏维埃共和国审判史》,人民法院出版社 2004 年版,第 95 页。

张希坡在《中华人民共和国刑法史》中对《赣东北特区苏维埃暂行刑律》做了专门研究,包括该刑律是否颁布以及颁布的时间,基本内容与特征、校正稿及其说明等问题。见张希坡著:《中华人民共和国刑法史》,中国人民公安大学出版社 1998 年版。

事责任的最低年龄界限,同时规定精神病人、非故意之行为和法定过失之外之行为、正当防卫行为和紧急避险行为不为罪;总则还在第十三章"时效"中,对起诉权行使之时间进行限制,超过法定期限,刑罚权消灭。① 刑律在分则各罪都以罪状对具体犯罪成立的条件进行了描述,其中大部分为叙明罪状,与前条内容相似的采引证罪状方式,容易理解的犯罪采简单罪状。② 刑律对犯罪的具体规定没有采空白罪状方式。

第三,明确规定刑罚的种类、刑罚适用制度和具体罪的法定刑。刑律在总则第七章"刑名"中规定死刑、有期徒刑和拘役三种主刑,以及褫夺公权、没收财产两种附加刑。并对五个等级有期徒刑和拘役的刑期、褫夺公权的内容和死刑在执行上的限制作了明确规定。刑律在总则还对未遂、从犯、自首等减轻处罚,累犯、主犯等的加重处罚的原则、加减方式和程度作了规定。在分则还为各罪设置了确定的法定刑。③

该刑律的特点表现在:

第一,实行轻刑省罚。④ 该刑律非如本时期颁行的刑事法律那样实行重罚政策,而是轻刑省罚。该刑律主刑刑种有死刑、有期徒刑和拘役。有期徒刑作为分则规定适用最广的刑种,其最高刑只有5年,数罪并罚不得超过10年。分则105条条文,规定死刑的条文只有21条。较之于其母本《中华民国暂行新刑律》和1928年民国刑法典,以及根据地本时期的其他刑法规范要轻得多。⑤

第二,主张适用刑法平等。该刑律不仅删除了体现长幼、尊卑不平等的封建礼教内容,而且也区别于同时期其他根据地刑法规范,无工农与地主、富农等在适用刑法上的区别规定,而是规定,"本律于凡在赣东北区内犯罪者,不问何人适用之",否定身份的区别,讲求法律条件下的平等。

第三,犯罪种类多样,涉及社会关系的多个方面。该刑律分则规定了藏匿罪人及湮没证据罪、伪证及诬告罪、放火、决水及妨害水利罪、危险物罪、妨害交通罪、伪造货币罪、伪造文书及印文罪、伪造度量衡罪、鸦片烟罪、赌博罪、奸非罪、妨害饮料

---

① 如该律规定四等有期徒刑的时效为1年,三等有期徒刑的时效为3年,二等有期徒刑的时效为7年,而死刑的时效为15年。

② 如该律第四章"危险物罪"第57条规定:"意图为犯罪之用,而制造收藏炸药火药,及此类之爆裂物,处二等或三等有期徒刑。"第十八章"窃盗及强盗罪"第127条规定:"意图为自己或第三人之所有而窃取他人所有物者为窃盗罪,处五等有期徒刑或拘役。"第十四章"杀伤罪"第103条规定:"杀人者处死刑,或一等有期徒刑。"

③ 大多数为相对确定的法定刑,个别为绝对确定的法定刑。如该律第六章"伪造货币罪"第60条规定:"伪造通用货币者处死刑或一等有期徒刑,行使自己伪造之通用货币或意图行使而交付于人者,亦同。"第61条规定:"意图行使而收受他人伪造之通用货币者处死刑,其收受后行使或意图行使而交付于人或自苏区外贩运者,亦同。"

④ 华友根:"新民主主义革命时期的刑事法规简析",载《政治与法律》1995年第6期。

⑤ 如《暂行新刑律》规定的主刑刑种除死刑、有期徒刑、拘役外,还有无期徒刑,有期徒刑的最高刑期为15年。

水罪、妨害卫生罪、杀伤罪、堕胎罪、遗弃罪、略诱及和诱罪、窃盗及强盗罪、诈欺取财罪、毁弃损坏罪、私擅逮捕监禁罪、骚扰罪,都是普通刑事犯罪。对反革命行为则以特别刑法加以规定。

值得注意的是,该刑律与《中华民国暂行新刑律》在体例和内容上非常相似,以总则体例为例(表4):

表4 《赣东北特区苏维埃暂行刑律》与《中华民国暂行新刑律》体例和内容对照表

《赣东北特区苏维埃暂行刑律》	《中华民国暂行新刑律》
第一编 总则	第一编 总 则
第一章 本法的效力	第一章 法 例
第二章 不为罪	第二章 不为罪
第三章 未遂罪	第三章 未遂罪
第四章 累犯罪	第四章 累犯罪
第五章 俱发罪	第五章 俱发罪
第六章 共犯罪	第六章 共犯罪
第七章 刑 名	第七章 刑 名
第八章 宥 减	第八章 宥 减
第九章 自 首	第九章 自 首
第十章 酌 减	第十章 酌 减
第十一章 加减例	第十一章 加减例
第十二章 假 释	第十二章 缓 刑
第十三章 时 效	第十三章 假 释
第十四章 时 例	第十四章 赦 免
	第十五章 时 效 第十六章 时 例 第十七章 文 例

当然,该刑律虽然在体例上模仿《中华民国暂行新刑律》,在累犯、自首、共犯等制度上与《中华民国暂行新刑律》也有相似之处,但并不是对《中华民国暂行新刑律》的全盘接受。该刑律删除了《中华民国暂行新刑律》中有关维护封建家族制度、旧礼教、旧习俗的内容。例如,在总则中删除了关于正当防卫于尊亲属不适用之规定;在分则中删除了亵渎祀典及毁掘坟墓章,奸非罪章去除"和奸良家无夫妇女者,处五等有期徒刑或拘役"的内容,杀伤罪删去杀、伤尊亲属较凡人加重罪和尊亲属轻

伤卑幼免刑的内容等。表现了该刑律的反封建性。

《赣东北特区苏维埃暂行刑律》与《中华民国暂行新刑律》的相似性，是否可以说明根据地刑法与民国时期官方刑法有所联系？

笔者认为，《赣东北特区苏维埃暂行刑律》模仿《中华民国暂行新刑律》的主要原因是：

第一，赣东北特区苏维埃政府建立后，为巩固民主政权，必须制定法律对危害根据地秩序的极端行为进行处罚。而当时根据地没有立法经验，亦无立法蓝本可供借鉴。

第二，时任赣东北特区苏维埃的主要领导是方志敏（1899～1939年）、邵式平（1900～1965年）和黄道（1900～1939年）。三人的成长背景中均有在大学学习的经历，如方志敏曾就学于江西省立甲种工业学校和九江南伟烈大学（教会学校）；邵式平曾就学于北京师范大学并任学生会主席；黄道也曾就学于北京师范大学。这种学习经历，使他们能够对政权建设中所需要模仿借鉴的东西采取更理智的态度。

第三，《中华民国暂行新刑律》作为辛亥革命后适用的体现诸多进步思想的刑法，曾为当时广州、武汉国民政府所用，赣东北特区苏维埃政权的主要创立者方志敏在第一次国内革命中曾参与国民党江西省党部的工作，对广州、武汉国民政府适用的《中华民国暂行新刑律》有所了解，也易于接受为参考的蓝本。

当然，《赣东北特区苏维埃暂行刑律》是根据赣东北地区的实际情况，在体系和内容上对《暂行新刑律》加以增删后，以革命原则为基础，独立自主地制定的新刑法典，虽然从旧刑法典中吸取某些有用的条款，但不乏独立性。例如，都对羁押及其刑期折抵作了规定，关于羁押折抵刑期的数量，两者一致，都是“未决期内，羁押之日，得以2日抵徒刑、拘役1日”；而关于羁押折抵刑期的刑种，《暂行新刑律》规定羁押可折抵徒刑、拘役和罚金；《赣东北特区苏维埃暂行刑律》规定羁押可折抵徒刑和拘役。

3.《中华苏维埃共和国惩治反革命条例》

《中华苏维埃共和国惩治反革命条例》是中华苏维埃共和国成立后，中央执行委员会颁行的适用中央苏维埃地区，并对其他各革命根据地产生巨大影响的刑法法规。该条例共41条，主要内容为：

第一，明确规定了适用范围。该条例第1条规定：“凡犯本条例所列举各罪者，不论是中国人外国人，不论在中央苏维埃共和国领土内或领土外，均适用本条例以惩罚之。”

第二，确定了反革命行为的概念和主要罪行。该条例第2条规定了反革命行为的概念，即“凡一切图谋推翻或破坏苏维埃政府及工农民主革命所得到的权利，意图保持或恢复豪绅地主资产阶级的统治者，不论用何种方式，都是反革命行为”。并自第3条至第29条列举了28种反革命罪行。考虑到这些具体罪行不能穷尽所有危害工农民主政权的反革命行为，为堵塞漏洞，条例第38条规定："凡本条例未包括的反革命犯罪行为，得按照本条例相似的条文处罚之"，首次设立了刑事类推制度。

第三，为各反革命罪行规定了确定的法定刑。对条例规定的反革命罪行，一般规定死刑为法定刑，个别情形较轻者，分别规定了6个月以上10年以下不等的有期徒刑；所有的罪行均可附加没收财产和剥夺公民权。

第四，规定了对反革命罪的处罚原则，即惩办与宽大相结合。条例区分"首要与附和"、"再犯与初犯"，严惩反革命首犯、主犯，而对未遂犯、附和参与者可减轻刑罚，非本人愿意而被他人胁迫犯罪者得减轻或免除处罚。条例还规定工农分子、对苏维埃有功绩者、14岁至16岁的未成年人、自首及立功者可以减轻处罚。

4. 该时期刑事立法的特点

第一，立法形式多样，极不统一。中共中央指示、红军党委或前敌委员会、各根据地苏维埃政权机关、地方党政机关等有关机关发布的布告、纪律、训令、命令、条例、说明书、办法、决议案和刑律等，都有对具体犯罪与刑罚问题的规定。① 只有《赣东北特区苏维埃暂行刑律》在总则与分则中，系统规定了犯罪与刑罚的一般原则、制度，以及具体的罪与刑。此外，该时期还有为数不少的非刑事法律法规等规范性文件中规定了犯罪与刑罚的内容。如中华苏维埃共和国《土地法》、《婚姻法》、《工商业投资暂行条例》、《借贷暂行条例》、《保护山林条例》等规定中，都有对严重违法行为追究刑事责任的实质内容。②

第二，具有地域性。各根据地颁布的所有刑事规定，只在革命根据地适用，而且除了中华苏维埃共和国颁布的规定外，其余由各根据地政府颁布的刑事规定只在各自地区适用，效力范围有限。例如，《赣东北特区苏维埃暂行刑律》第3条明确规定该刑律适用于"赣东北"区内的犯罪。

第三，具有暂时性。各根据地颁布的有关刑事内容的规范，其内容受革命形势变化的影响而不断变动，法规立改废频率快。例如，湘赣省苏区于1931年12月颁布了《惩治反革命犯暂行条例》和《湘赣省苏维埃政府自首自新条例》，1932年4月即分别以同一名称的两个条例代替，生效期仅仅5个月左右。

---

① 如1929年9月28日中共中央给红四军前委的指示信中，在关于红军的纪律与处罚方面规定，"应做到使士兵自动守纪律，以群众的力量与影响来裁制违犯纪律的人，坚决地废止肉刑"。载江西省档案馆、中共江西省委党校党史教研室编：《中央革命根据地史料选编》（中），江西人民出版社1982年版，第145页。1929年9月1日陈毅在《关于朱毛军的历史及其状况的报告》中，为红四军制定了严格的纪律，其中规定，"通敌、叛变、拐枪潜逃开小差、强奸、乱烧乱杀、毁坏人民财物均处死刑；赌博则没收其所有金钱并决定一月内不发零用钱；嫖妓则处以夜不归营之罪，因嫖妓而滋事者，量其大小或处死刑或罚勤务或大屁股或大手心，其余比较细小之错误则按其轻重处罚之"。载曾维东、曾维才主编：《中华苏维埃共和国审判史》，人民法院出版社2004年版，第34页。

② 如《保护山林条例》规定："如因砍伐树木而发生严重的情形者，处以8年以上3年以下监禁。"

第四,刑事立法重点突出。土地革命时期,国民党政府为了破坏工农民主政权,除了向革命根据地进行军事进攻外,还派遣特务与地主豪绅中的反动分子相勾结,组织反革命团体,进行破坏活动。因此,根据地刑事立法的主要任务是镇压一切反革命活动,惩办各种反革命分子,以巩固工农民主政权,保障人民生命财产安全。为此,各根据地制定的刑事规定均以惩治反革命为主,并且规定了极其严厉的法定刑。在本书所列23个刑事规定中,有17个是直接针对反革命行为而制定。

第五,具有身份性。虽然根据地颁布的宪法性文件都规定苏维埃公民在法律面前人人平等原则,享有管理国家、选举与被选举、言论、出版、集会、结社的自由和权利,但是,这些权利是只给予苏维埃政权领域内的工人、农民、红色战士、一切劳苦民众及他们的家属的,这种平等仅是上述群体内的平等。军阀、官僚、地主、豪绅、资本家、富农、僧侣及一切剥削人的人和反革命分子是专政的对象,没有政治上自由的权利。在刑法规范中也体现了这一精神。例如,《中华苏维埃共和国惩治反革命条例》第34条规定:"工农分子犯罪而不是领导的或重要的犯罪行为者,得依照本条例各项条文的规定,比较地主资产阶级分子有同等犯罪行为者,酌情减轻其处罚。"《川陕省苏维埃政府关于反革命自首的条例》区分出身于地主、富农、资产阶级的反革命分子、出身于知识分子、小商、小贩的反革命分子及出身于工农穷人的反革命分子,规定自首后的不同法律后果,表现出刑法的身份性。

第六,刑罚严厉性。[①] 本时期刑法规定的犯罪可分为两种:反革命罪和一般刑事犯罪。由于打击的重点在反革命罪,相应对反革命罪的处罚也特别严厉。对这些行为的处罚绝大多数是死刑,并没收财产。例如,《鄂豫皖六安县第六区肃反条例》共20条,其中具体规定反革命行为及其处罚的13条,以死刑为处罚方式的8条,其中6条为唯一处罚方式。即使是一般刑事犯罪,有的规定亦十分严厉,如《闽西苏维埃政府惩办反革命条例》规定:土豪劣绅恃势欺压贫民者枪决;强权租息捐税者枪决。

第七,立法水平较低。刑事法律规范欠缺抽象性、概括性,文字语言随意,规定不严密。[②] 有的规定只有罪而无刑。例如,中华苏维埃共和国临时中央人民委员会《为检查和取缔私人枪支禁止冒穿军服事》命令就规定:以后凡无证书之私人枪支,一经查出,即以私藏军火论罪。但如何处罚,没有规定。实体法与程序法相互渗透,区分不严格。

土地革命时期的刑事立法为革命根据地处理反革命和一般刑事犯罪提供法律依据,也为后来的革命政权提供立法经验。对于巩固红色政权、保护工农权利方面

---

① 《赣东北特区苏维埃暂行刑律》除外。

② 如规定中有"军服是红军穿的,不是红军的人员就不能随便穿红军的制服,以免混淆不清"的词句。

确实起到了很大的作用。它与历史上封建的、同时期民国政府施行的刑事法律完全不同，是新中国刑事法律的历史渊源。① 但是由于处在紧张激烈的战争中，且缺乏立法经验，法律与政治斗争紧密结合并成为政治斗争的工具。许多针对反革命行为的规定都受“左”倾机会主义路线的影响，存在定罪量刑过于严酷、定罪量刑上“唯成分论”的问题。适用中也存在肃反扩大化的倾向。

该时期刑法对罪刑法定表现出何种态度？有学者认为，“实行罪刑法定主义和刑事类推相结合的原则”，②笔者对此持有异议，理由在下文中将集中阐述。

（二）抗日战争时期根据地的刑法

抗日战争时期，为挽救民族的危亡，中国共产党领导的抗日民主政权实行抗日民主统一战线政策，团结一切可以团结的力量共同抗日。刑事立法方面，确定了坚持共产党的领导、正确区分敌我界限、镇压与宽大相结合、法律面前人人平等的系列方针，规定了刑事立法的主要任务是运用法律手段同汉奸、反动派、日本侵略者作斗争，保卫边区的发展，保证抗战的胜利。各抗日根据地根据这样的指导思想和立法原则，各抗日民主根据地制定了各自的刑事单行法律和附属刑法，较为重要的如表5所示：③

表5　各抗日民主根据地制定的较为重要的刑事单行刑法和附属刑法

编号	名称	颁布时间	备注
1	陕甘宁边区抗战时期惩治汉奸条例（草案）	1939年	
2	陕甘宁边区抗战时期惩治盗匪条例（草案）	1939年	
3	陕甘宁边区惩治贪污条例	1939年	
4	陕甘宁边区政府禁止仇货取缔伪币条例	1939年6月14日	
5	陕甘宁边区破坏金融法令惩罚条例	1941年12月18日	
6	陕甘宁边区查获鸦片毒品暂行办法	1942年1月	
7	陕甘宁边区贩卖纸烟惩治办法	1942年1月	
8	陕甘宁边区自卫武器登记给照暂行条例	1942年4月25日	

① 杨木生著：《中央苏区法制建设》，中共党史出版社2000年版，第74页。

② 张希坡主编：《中国法制通史》（第10卷），法律出版社1999年版，第228页。此外，杨一凡、陈寒枫也认为，革命根据地实行“罪刑法定有类推相结合”是该时期刑法的一个特点。见杨一凡、陈寒枫主编：《中华人民共和国法制史》，黑龙江人民出版社1996年版，第322页。

③ 根据韩延龙、常兆儒编：《中国新民主主义革命时期根据地法制文献选编》（第3卷），中国社会科学出版社1981年版；西南政法学院编：《中国新民主主义革命时期法制建设资料选编》（第二册），西南政法学院函授部1982年编印整理。

续表

编号	名称	颁布时间	备注
9	陕甘宁边区禁止粮食出境修正暂时条例	1941年11月25日	
10	陕甘宁边区禁烟禁毒条例(草案)	未查到时间	应为1942年前[1]
11	晋察冀边区行政委员会修正处理汉奸财产办法	1938年公布 1939年修正公布	
12	晋察冀边区汉奸自首单行条例	1938年11月17日	
13	晋察冀边区行政委员会关于严禁播种罂粟的命令	1939年2月19日	
14	晋察冀边区行政委员会关于堕胎溺婴案件均须依法科刑的命令	1942年3月13日	
15	晋察冀边区破坏坚壁财物惩治办法	1942年4月1日	
16	晋察冀边区惩治贪污条例	1942年10月15日	
17	晋察冀边区行政委员会关于严厉禁止粮食资敌规定六项紧急措施的命令	1943年1月7日	
18	晋察冀边区处理伪军伪组织人员办法	1943年4月12日	
19	晋察冀边区行政委员会关于法令中凡规定罚金之条文准依原定数额增加十倍的通知	1944年6月12日	
20	晋冀鲁豫边区禁止敌伪钞票暂行办法	1941年5月10日公布 1942年9月1日修正	
21	晋冀鲁豫边区保护法币暂行办法	1941年7月5日公布 1942年9月1日修正	
22	晋冀鲁豫边区惩治盗毁空室清野财物办法	1941年10月20日	
23	晋冀鲁豫边区惩治贪污暂行办法	1942年2月11日	
24	晋冀鲁豫边区司法罚金及没收赃款保管解缴处理暂行办法	1942年3月25日	

① 因该条例选自1942年版的《抗日根据地政策条例汇集——陕甘宁之部上册》。

续表

编号	名称	颁布时间	备注
25	晋冀鲁豫边区汉奸财产没收处理暂行办法	1942年8月1日	
26	晋冀鲁豫边区惩治盗毁空室清野财物补充办法	1942年8月9日	
27	晋冀鲁豫边区危害军队及妨害军事工作治罪暂行条例	1942年10月31日	
28	晋冀鲁豫边区妨害公务违抗法令暂行治罪条例	1942年12月10日	
29	晋冀鲁豫边区妨害婚姻治罪暂行条例	1943年1月5日	
30	晋冀鲁豫边区毒品治罪暂行条例	1941年7月15日	
31	晋冀鲁豫边区冀鲁豫行署关于处理因灾荒买卖人口纠纷的规定	1944年10月14日	
32	晋西北没收汉奸财产单行条例	1940年3月13日	
33	晋西北惩治贪污暂行条例	1941年9月	
34	晋西北禁烟治罪暂行条例	1941年11月1日	
35	晋西北修正扰乱金融惩治暂行条例	1941年11月1日	
36	山东省惩治贪污暂行条例	1940年12月3日	
37	山东省处理汉奸财产条例	1941年4月18日	
38	山东省惩治盗匪暂行条例	1942年9月6日	
39	山东省禁毒治罪暂行条例	1943年4月2日	
40	山东省战时锄奸条例	1943年4月2日	
41	山东省战时锄奸纪律	1943年4月2日	
42	山东省惩治贪污公粮暂行条例	1943年8月1日	
43	修正山东省惩治贪污暂行条例	1945年3月10日	
44	山东省惩治战争罪犯及汉奸暂行条例	1945年8月	
45	山东省汉奸自首自新暂行条例	1945年8月	
46	山东省处理汉奸财产暂行办法	1945年8月	
47	渤海区惩治贪污暂行办法	1943年7月2日	

续表

编号	名称	颁布时间	备注
48	渤海区处理敌人扫荡期间窃盗案件暂行办法	1943 年 7 月 2 日	
49	胶东区惩治窃取空舍清野财物暂行办法	1943 年 11 月 25 日	
50	苏中行政公署、苏中军区司令部联合公布处理汉奸军事间谍办法	1944 年 2 月 8 日	
51	苏中行政公署、新四军苏中军区政治部调查叛国汉奸罪行暂行条例	1945 年 7 月	
52	苏中区伪政权伪组织人员悔过自新暂行办法	1945 年 7 月	
53	华北区金银管理暂行办法	1939 年 4 月 27 日	
54	华北区枪支管理暂行办法	1938 年 11 月 18 日	

该时期刑事立法的特点是：

1. 承认国民党政府，也在形式上有选择地承认民国刑法的效力。例如，《陕甘宁边区禁烟禁毒条例》第 1 条规定："本条例依据民国政府颁布禁烟禁毒各种法令并参酌边区特殊情形制定之。"《晋察冀边区行政委员会修正处理汉奸财产办法》第 2 条规定："凡通谋敌国而有国民政府公布之修正惩治汉奸条例第二条所列各款行为之一者均属汉奸，得由政府没收其财产之全部或一部。"《晋察冀边区惩治贪污条例》第 1 条规定："本条例依据中华民国刑法及中华民国惩治贪污条例之立法精神，并参照边区实际情况制定之。"《晋冀鲁豫边区妨害婚姻治罪暂行条例》第 1 条规定："本条例依据中华民国刑法妨害婚姻罪之原则制定之。"《晋西北没收汉奸财产单行条例》第 2 条规定："凡适合民国 27 年 8 月 15 日国民政府公布之修正惩治汉奸条例第 2 条各款及 3、4 两条规定之一者，其财产得由政府没收其全部或一部。"《山东省禁毒治罪暂行条例》第 1 条规定："本条例根据国民政府禁毒治罪条例，参照山东省实际情况制定之。"等等。更有个别规范规定可适用民国刑法，如《晋察冀边区惩治贪污条例》第 7 条规定，"诬告或陷害他人犯本条例之罪者，依刑法之规定从重处断"；第 10 条规定，"刑法总则、刑事诉讼法之规定与本条例不相抵触者适用之"。因抗日战争期间根据地没有统一适用的刑法，晋察冀边区也未制定独立的刑法，所以，该处"刑法"应指民国政府颁布的刑法。①《晋冀鲁豫边区惩治贪污暂行办法》第 15 条、《晋冀鲁豫边区危害军队及妨害军事工作治罪暂行条例》第 4 条、《山东省惩治盗

① 《晋察冀边区惩治贪污条例》施行于 1942 年 10 月 15 日，所以，其规定中所谓"刑法"，应指民国 35 年施行之刑法典。

匪暂行条例》第10条、《渤海区处理敌人扫荡期间窃盗案件暂行办法》第11条也有类似规定。

2. 没有规定类推制度。陕甘宁边区制定的刑法规范,对规范未规定之行为如何处理,大都无规定,仅《禁止粮食出境修正暂行条例》第17条规定:"本条例如有未尽事宜得由财政厅呈请边区政府随时修改之",表现出对类推定罪的否定;《晋冀鲁豫边区汉奸财产没收处理暂行办法》第14条、《晋冀鲁豫边区冀鲁豫行署查禁假鲁钞暂行办法》第8条、《苏中区伪政权组织人员悔过自新暂行办法》第14条、《苏中行政公署调查叛国汉奸罪行暂行条例》第11条、《山东省惩治贪污公粮暂行条例》第9条也有类似规定。此外,还有规范规定,"本条例所未规定者,依其他法令之规定",如《晋西北修正扰乱金融惩治暂行条例》第20条、《晋西北禁烟治罪暂行条例》第13条、《晋西北惩治贪污暂行条例》第10条、《晋冀鲁豫边区毒品治罪暂行条例》第15条均有类似内容。

3. 消灭刑法的身份性,贯彻法律面前人人平等原则。与土地革命时期刑法较强的阶级性、身份性不同,该时期各根据地政府制定的刑事法律以"实行抗日民主统一战线,团结一切可以团结的力量共同抗日"的政策为指导,淡化了法律中的阶级界限,不再因被告人的出身和成分等加重或减轻处罚,也不以战功减免处罚,表现了同等条件下的平等。例如,《陕甘宁边区抗战时期惩治汉奸条例(草案)》第2条规定:"本条例所列举之犯罪行为,无论任何人民,凡在边区以内者,均适用之。"《晋冀鲁豫边区惩治贪污暂行办法》第2条规定:"凡边区一切政民人员,如有贪污情事,以本办法处理之。"对"唯成分论"和"唯功绩论"偏向纠正的典型事例是边区政府对黄克功案件的审判。① 法律面前人人平等的立法方针,推动了新民主主义刑事立法的健康发展。

4. 立法主体集中,立法形式统一,主要是经由根据地参议会通过、边区政府颁布的"条例"或"办法",或由边区政府颁布的规定。例如,陕甘宁边区制定的几个条例,都有"本条例经过边区参议会通过后,由边区政府颁布施行"的字眼。

5. 立法内容丰富,立法技术有所提高。各抗日民主政权制定的刑事法律,基本实现了实体法与程序法的分离,且立法内容非常丰富。各实体法律均有总则性和分则性条文。在总则性条文中主要包括规定制定改法的目的、法律适用的空间效力、刑罚之种类、刑罚适用原则、共同犯罪、未完成罪、自首、生效时间等,有许多法律还

---

① 黄克功作为一个老红军、共产党员干部,因逼婚未遂枪杀陕北公学女学生刘茜。该案经以雷经天为审判长的合议庭的详细调查审讯,决定判处黄克功死刑。由于此案影响太大,在按照法定程序呈边区政府审核后,又转报中共中央审批。中共中央和中央军委在毛泽东主持下,经过慎重讨论,最后批准了边区高等法院对黄克功处以极刑的判决。

规定了修改、解释权的归属。[①] 关于具体犯罪的规定涉及危害根据地政权的反革命罪、汉奸罪、间谍罪等犯罪，危害公共安全犯罪、侵犯财产犯罪、贪污犯罪、破坏经济秩序犯罪、妨害婚姻家庭犯罪、妨害社会管理秩序的犯罪、渎职犯罪，等等。该时期立法技术比土地革命时期有所提高。关于具体罪行的规定多采叙名罪状，有较为细致的描述，以此确定犯罪成立的条件。例如，《陕甘宁边区抗战时期惩治盗匪条例（草案）》第2条规定：

凡以抢劫为目的，有下列行为之一者即以盗匪论罪。

（一）聚众持械抢劫者。

（二）以暴力强夺他人财物者。

（三）掳人勒赎者。

（四）藏匿贩运及买卖军火者。

……

此时期关于法定刑的规定，均采较为合理的相对确定的法定刑的规定方式，且法定刑幅度划分细致。如《陕甘宁边区惩治贪污条例》第3条规定：

犯第2条之罪者以其数目之多少及发生影响之大小依下列之规定惩治之：

（一）贪污数目在一千元以上者，处死刑。

（二）贪污数目在五百元以上者，处以5年以上之有期徒刑或死刑。

（三）贪污数目在三百元以上五百元以下者，处3年以上5年以下之有期徒刑。

（四）贪污数目在一百元以上三百元以下者，处1年以上3年以下之有期徒刑。

（五）贪污数目在一百元以下者，处1年以下之有期徒刑或苦役。

6. 重视人权的保障。各根据地政府非常重视人权保障问题，如《陕甘宁边区施政纲领》和《陕甘宁边区保障人权财权条例》不仅在法律上使用了“人权”，而且规定了较为详细的权利内容和保障措施。[②] 表现在刑法上，对犯罪有较严格的界定，刑罚相对轻缓，对犯罪的处理强调必须由法定机关依据法定程序进行。对犯罪成立条件有较严格的规定，如上述《陕甘宁边区抗战时期惩治盗匪条例（草案）》第2条的规定，构成盗匪罪主观上须有抢劫的目的，客观上须至少实施了法定行为之一种。但此时期刑事立法均未对犯罪主体资格加以规定，是个缺憾；[③]刑罚上虽然保留了死刑，但只适用于罪行极其严重的犯罪分子，适用范围大大缩小。陕甘宁等许多边区

① 如《陕甘宁边区抗战时期惩治汉奸条例（草案）》、《陕甘宁边区抗战时期惩治盗匪条例（草案）》、《陕甘宁边区惩治贪污条例》都规定解释权属于边区政府，修改权属于边区参议会。

② 刘文娟：“抗战时期陕甘宁边区保障人权的特点和经验”，载《湖北大学学报》（哲学社会科学版）2002年3月第29卷第2期。

③ 只有个别条例规定了“年龄在14岁以下80岁以上”减免刑罚的内容。如《陕甘宁边区抗战时期惩治汉奸条例（草案）》、《陕甘宁边区抗战时期惩治盗匪条例（草案）》、《陕甘宁边区惩治贪污条例》。

还废止了无期徒刑。以有期徒刑为主要刑种的刑罚体系,其严厉性大大降低。在对犯罪的处理程序上,该时期根据地的司法机关和司法制度较为健全,在刑事诉讼中实行公开审判、审判合议、陪审、回避、上诉、辩护等现代司法制度,严格禁止刑讯逼供,采取重证据不轻信口供的证据原则。① 这是人权保障观念在诉讼中的体现。

7. 仍然具有地域性。此时期抗日民主政权制定的刑事法律,都以本区为适用的地域界限,在法律适用的空间效力上采属地原则。如陕甘宁边区制定的相关规定,均以"凡在边区以内者适用之"。《晋西北修正扰乱金融惩治暂行条例》第2条规定:"凡在本区域而犯本条例之罪者,不论机关、部队、团体、民商一律依本条例处理。"

总体而言,尽管抗战时期的刑事法制建设,从内容到形式无不带有战争的特点,但其主旨明确,原则清晰,特色鲜明,内容丰富,构造协调,体系科学。其所形成的实事求是的法制思想、依靠群众的法制路线、保障民主的法制原则、依据政策的法制方针、求实创新的法制作风和反帝反封建的法制内容,对于后世影响很大。该时期立法,虽然没有直接在立法中明文规定罪刑法定原则,但是,没有肯定类推制度,在犯罪成立条件和法定刑适用上的严格规定,对人权保障的重视等表明该时期对罪刑法定原则的态度似与土地革命时期有所不同。

(三)解放战争时期解放区的刑法

解放战争时期是中国共产党同国民党反动派及其支持者帝国主义进行决战的时期。革命的主要任务是彻底摧毁国民党反动政权的统治,肃清土匪恶霸等反动的社会基础,建立和巩固人民民主政权。这一时期刑法的任务是镇压一切反革命分子,取缔一切反动党团、特务组织、反动会道门组织,肃匪反霸,惩治战犯,保障解放战争的顺利进行和解放区的治安秩序。由于历时三年的解放战争时期形势变化迅速,中央及各边区针对实际情况颁布的一系列刑法规范,具有与土地革命时期、抗日战争时期不同的特点。

1. 立法形式多样,且无系统、细致化的刑事法律。该时期始终处于战争状态,从战略防御、相持到反攻仅仅用了三年时间,快速变化的形势使得当时的解放区政府无法制定系统的刑事法律。刑事原则和政策通过指示、宣言、命令、条例、办法等形式表现出来,均有法律效力。例如,《辽北省惩治土匪暂行办法(草案)》、《破坏土地改革治罪暂行条例》、《中国人民解放军宣言》、《惩处战争罪犯的命令》、《中共中央关于军事管制问题的指示》、《解散所有会门道门封建迷信组织布告》等。就规范化的单行刑法而言,延续了抗日战争时期的立法风格和立法技术,如均有总则性规定和分则性规定;总则性规定包括立法目的和依据、共同犯罪、未完成犯罪、刑种、量刑

---

① 王立民主编:《中国刑法史》,上海人民出版社2003年版,第530~532页。

原则、生效日期、适用范围等。

2. 立法重点突出,刑事立法打击的锋芒是各种反革命行为。这一时期,为了建立和巩固政权仍将反革命罪作为重点打击的对象。但这时的反革命罪内容大为扩展,把汉奸、内乱、破坏土地改革、国民党战争罪犯、反动党团、会道门及特务活动都视为反革命,而且对于反革命罪惩罚采取区别对待,鼓励自首的政策。

3. 形成新罪行和刑种。普通的刑事犯罪,除了已有的破坏金融、贪污、烟毒、强盗、盗窃、妨害婚姻家庭、杀人、伤害、破坏公共财产罪外,还规定了交通肇事罪。1948 年 11 月 1 日东北行政委员会颁布《东北解放区交通肇事犯罪处罚暂行条例》,将车辆驾驶员因过失发生交通肇事致人于死或伤害的行为规定为犯罪进行刑罚处罚。

解放区的刑罚制度继承了抗日政权时期的法律制度,并获得较大发展,主要表现为创立了新刑种——管制。将某些反动分子交由群众监督改造的方法,在革命初期曾经使用过,但没有制度化。1948 年 11 月 15 日《中共中央关于军事管制问题的指示》最早对其做出规定:各反动党团各级负责人员进行登记后,对少数反动分子实行管制,即每日或每星期须向指定的机关报告其行动。1949 年 1 月 27 日《中共中央关于国民党、三青团及特务机关的处理办法的决定》中了做了类似的规定。可见,管制即对某些反动分子,向政府登记后不实行关押,而是在一定时期内由政府和群众组织进行监督和改造,同时剥夺政治权利、限制行动自由,并责令其每隔一定时间必须向指定机关报告行踪,根据改造后的表现决定解除或延长管制的期限。这种形式特别适合解放战争后期及解放初期的形势需要,因而得到发展。另外,这一时期,对被夺公权和没收财产两种刑罚作了详细的规定,趋于制度化。① 此外,缓刑、减刑、假释制度也在一些法律文件中出现。

4. 逐渐与民国刑法决裂。抗日战争胜利后初期(1945 年年底至 1946 年年初),边区政府颁布的刑事规范中仍形式上承认民国刑法,如《晋察冀边区鸦片缉私暂行办法》(1945 年 11 月 21 日公布)第 2 条规定:“凡鸦片一律禁止私买、私卖、私自贩运或制造,违者依禁烟法(民国 18 年 7 月 25 日国民政府公布,民国 22 年 3 月 16 日修正公布施行)第 6 条罚办。”《晋冀鲁豫边区高等法院关于特种案犯运用刑法的指示》(1946 年 6 月 2 日施行)也规定:“近来,某些不法之徒,到处横行,无孔不入地大施其破坏和平民主之能事,各级司法部门处理此种案件苦于没有现成法条可以援

① 1947 年 4 月 29 日山东省胶东区行政公署司法处公布的《关于“褫夺公权”的几个问题》中,对褫夺公权的性质、适用对象、公权内容、期限、程序等都作了规定。辽西区行署 1946 年 2 月 10 日发布的《关于没收财产问题之决定》对没收财产的性质、内容、财产范围、没收程序、限制、与第三人权利之关系、救济措施等都做了规定。

引,后经我们研究,此种案犯横行的目的主要是在于破坏和平民主建设事业,尽管他们的犯罪手段千变万化,其性质上与刑法分则中内乱罪之罪质相同,对于此种犯罪一般即应依照刑法分则第一章内乱罪之条文治罪……"其后引用的为民国 35 年刑法关于内乱罪之规定。在国共彻底决裂后,刑法立刻作出反应,彻底与民国刑法决裂。华北人民政府在《关于重大案件量刑标准的通报》中,明确规定,"不得援用国民党的法律"。在一些规定的立法依据中,也明确规定:"为了保卫解放区人民的利益,巩固革命秩序……"

5. 基本否定类推制度。该时期各区刑事立法中都未明文规定类推制度,相反,从对未规定事宜的态度看,基本上对类推制度持否定态度。笔者所阅读的该时期 33 个刑事规定,有实质意义的 26 个,其中有 12 个规定了对"未规定事宜"的处理原则,有 11 个规定有"本法如有未尽事宜,由相关政府修正之"的内容;只有 1 个规定类似于类推,即《辽北省惩治窃盗犯暂行办法(草案)》第 14 条规定:"骗取财物,与本办法有类似情形者,按窃盗论罪。"

6. 有了对法律、犯罪与刑罚等法律概念的清楚认识。作为新中国雏形的华北人民政府在《关于重大案件量刑标准的通报》中,明确解释了"法律是什么"、"什么行为是犯罪"、"犯罪应当怎样处罚"等问题,提出:"法律是政权的一部分,是当权的阶级用以保护本阶级的利益并统治敌对阶级的工具……""凡危害新民主主义国家及由国家所制定的法律秩序,或危害个人利益致对社会有严重影响者,即为犯罪。犯罪之所处罚,以危害国家社会人民之利益的严重与否,而为科刑之标准。首要的严重的反革命犯,及首要的严重的反施政秩序犯,应处重刑。一般的反革命及反施政秩序犯,可依其危害程度的大小、主动被动而分别处以徒刑,其他犯罪之处罚亦宜视其行为对社会人民危害程度的大小而分别论处,处罚犯罪不以报复、损毁人格及使人身体痛苦为目的,而以教育改造为目的。"

(四)根据地刑法对罪刑法定原则的态度

许多学者认为革命根据地刑法实行的是"罪刑法定主义和刑事类推相结合的原则",①笔者对此不敢苟同。

就笔者查阅的各时期根据地 117 个有关规定看,根据地的刑法都没有直接规定罪刑法定原则,但也没有明确完全排斥罪刑法定原则。从形式上看,各规定都以成文立法形式排斥习惯法的适用;在内容上,大多数规定还明确了具体罪的规格与法定刑尺度,甚至在个别刑事立法中规定了与罪刑法定原则相关的溯及力问题,如 1931 年的《赣东北特区苏维埃暂行刑律》、1941 年的《晋西北惩治贪污暂行条例》、

---

① 如张希坡主编:《中国法制通史》(第 10 卷),法律出版社 1999 年版,第 228、409 页。杨一凡、陈寒枫主编:《中华人民共和国法制史》,黑龙江人民出版社 1996 年版,第 322 页。

1942年的《陕甘宁边区违警罚暂行条例》、1943年的《晋冀鲁豫边区妨害婚姻治罪暂行条例》和1949年的《华北区禁烟禁毒暂行办法》。这些规定无一例外都"不溯及既往";关于"未规定事宜"的处理原则,在抗日战争和解放战争时期的刑事法律中,并未规定适用类推,相反,有一些法律规定有"本法如有未尽事宜,由相关政府修正之"的内容。即使在土地革命时期,也只在1934年的《中华苏维埃共和国惩治反革命条例》中规定了与罪刑法定原则相矛盾的类推制度,①这表明,在根据地的刑事立法中,并未普遍采纳刑事类推。在立法上,类推只是个别时期、个别地域适用于个别情形,作为"依法处罚"的补充而存在。当然,在根据地的刑事立法形式多样,除了较为正式的规定外,命令、布告、通知、政策都是刑法的渊源,具有较大的随意性。司法实践中,由于"左"倾错误,在肃反等政治事件中,有任意执法问题;或由于法律知识的欠缺,有错误执法现象。这成为根据地时期立法、司法否定罪刑法定原则的例证。

因而,笔者认为不能凭借一个规定中的类推内容就得出"排斥罪刑法定"的结论,也不能就此断定根据地刑法是"罪刑法定与类推制度相结合",因为毕竟罪刑法定与类推互不相容。笔者认为当时立法者对罪刑法定原则还没有清楚的认识,不了解其对刑法的重大意义,也不清楚罪刑法定与类推之间的关系,对苏联相关法律的借鉴具有一定的政治色彩。一些法律中对新法"不溯及既往"的规定,不是为贯彻罪刑法定原则而在该原则指导下自觉而为的。个别法律中的刑事类推规定,更显示出当时立法者对罪刑法定原则的模糊态度。

二、台湾地区"刑法"与罪刑法定原则

台湾自古是中国领土,是中国的有机组成部分,受同时期中国法制的支配。在历史发展过程中,虽荷兰殖民者一度占领台湾,但很快为郑成功收复,回归于中国大家庭。清光绪十一年(1885年)在台湾建省,对台湾实行强有力的统治。这一时期在刑事法上台湾地区与中国大陆并无二致,适用《大清律例》。

从1895年中日甲午战争以中国战败告终,台湾被日本占据,至1945年光复,日本对台湾的殖民统治长达51年之久。而这期间正是中国法制从古代到近代的转型时期。台湾虽因被日本占领,没有参与中国政府主导下的法制转型变革,但由于日本当时已经通过明治维新,建立了资本主义的"六法"体系,基本完成从古代法制到近代法制的转型,其对台湾的殖民统治不可避免地对台湾法制产生影响,台湾地区刑法打上殖民法制烙印的同时,也被动地实现了近代化。

1945年日本投降后,台湾地区摒弃日治时期在台适用的日本刑法及只在台湾适

① 还有一个类似于类推制度的规定,即《辽北省惩治窃盗犯暂行办法(草案)》第14条规定:"骗取财物,与本办法有类似情形者,按窃盗论罪。"

用的特别刑法，开始适用民国刑法(1935 年刑法典和当时有效的特别刑法)。日本 1907 年颁布的新刑法是仿德国 1870 年刑法制定的，民国三十五年刑法是在《大清新刑律》的基础上发展演变而来，也是通过模仿日本刑法间接接受了德国 1870 年刑法。所以，虽然形式上台湾地区适用的刑法于 1945 年 10 月由日本刑法转为民国刑法，而实质上，两者之间具有内在的一致性，因而表现出一种历史的延续。

(一)日本殖民统治下的台湾地区刑法发展轨迹

我国台湾地区学者黄静嘉以 1922 年 1 月 1 日为界，将日本殖民统治下的台湾历史划分为两个时期：1895 ~ 1921 年为殖民统治前期。这是在武官总督专制统治下，立法上采取以总督律令立法为原则的时期；1922 ~ 1945 年为殖民统治后期。自 1919 年起，台湾实行文官总督制，并于 1922 年 1 月 1 日起在台实行"内地延长主义"，以日本帝国法律延长适用于台湾的敕令立法为原则。[①] 该分类并不是单纯以台湾殖民地时期的法制发展状况为背景来划分的，而是综合考虑了殖民地政治、经济、社会发展的各方面因素。台湾学者王升泰根据该时期法制发展状况，也划分了两个时期，即 1895 ~ 1922 年特别统治法制时期；1923 ~ 1945 年内地延长法制时期。[②] 主要分歧在两个时期分界时间的界定。据笔者查到的大正十年(1921 年)第 3 号《有关施行于台湾之法令之法律》，其第 1 条为："法律之全部或一部，如有施行于台湾之必要者，以敕令定之。"其附则规定："本法自大正 11 年 1 月 1 日施行之。"[③]所以，黄静嘉的划分方式具有一定的事实依据。

就台湾在殖民统治时期刑法的发展轨迹而言，虽整体上与台湾殖民统治时期法制发展的轨迹具有一致性，但又有其特殊之处，即虽整体上，台湾自 1922 年 1 月 1 日进入敕令立法时期，但刑事实体法除个别特别刑法外，仍继续适用律令刑法，构成了敕令立法的例外。本书以刑法适用原则和适用的日本刑法的变化为界来论述台湾殖民地时期刑法的发展状况，这种变化以 1908 年 8 月公布的刑事令为界限。

1. 日本殖民统治前期的台湾刑法(1895 ~ 1908 年)

本时期，日本殖民者对台在刑法适用上的政策有三次变化：

第一次，1895 年 5 月 10 日日本内阁总理大臣伊藤博文给予接收台湾及施政方针之训令，规定接收后须在"军令之下施行诸般政治"，[④]即在接收台湾到台湾政治基本建立期间(1895 年 6 月 ~ 1896 年 3 月)，基准法源应是台湾总督的军令，所有法

---

① 黄静嘉著：《春帆楼下晚涛急——日本对台湾的殖民统治及其影响》，商务印书馆 2003 年版，第 2 页。

② 王泰升著：《台湾法律史概论》，台湾元照出版有限公司 2001 年版，第 57 页。

③ 黄静嘉著：《春帆楼下晚涛急——日本对台湾的殖民统治及其影响》，商务印书馆 2003 年版，第 102 页。

④ 同上，第 77 页。

律事项应由台湾总督以“军令”形式规定之。台湾总督有权就台湾此时期的实际情况通过军令制定刑事法律，既不用日本法律，也不用清朝刑律。台湾总督于1895年11月17日公布了《台湾住民刑罚令》和《台湾住民治罪令》，前者是有关犯罪和刑罚的实体规定，后者是追究犯罪的程序规定。

第二次，1896年8月14日公布律令第4号，即《在台湾之犯罪依帝国刑法处断之律令》，规定：“在台湾之犯罪依帝国刑法处断之，但其条项中对于住民难以适用者，依据其他规定。”①由此可见，日本占据台湾之初，对台犯罪适用刑法问题采取的是原则加例外的政策，原则上在台湾之犯罪都适用日本当时的刑法，即1880年公布、1882年施行的旧刑法；在日本刑法对台湾住民难以适用时，依据其他规定。

第三次，1897年7月16日公布律令第8号，即《有关民事、商事及刑事之律令》，其中有关刑事的规定有：②

第一条：有关……刑事事项，依……刑法、刑事诉讼法及其附属法律，但左列所揭事项，除将来另有规定外，依现行之例：

一、(略)

二、有关本岛及清国人之刑事事项；

第二条：特别为台湾制定之规定，关于就第一条所列之法律所规定事项，不受影响；

第三条：第一条所列举之附属法律以府令指定之；

第四条：明治二十九年(1896年)律令第4号废止之。

可见，该律令采属人主义，对本岛人、清国人、日本人及清国以外之外国人适用刑法采不同政策：(1)日本人和清国以外的外国人的刑事事项，适用日本刑法及所指定的附属法律；(2)本岛人和清国人的刑事事项，除将来有规定的以外，依现行之例，既原则上适用日本刑法，日本刑法难以适用的，依据其他规定。此时期适用之日本刑法仍为1880年公布，1882年施行的旧刑法，而此期间在台湾颁布实施的特别法有1898年的《台湾鸦片令》、1898年的《匪徒刑罚令》和1904年的《罚金及笞刑处分例》。

2. 日本殖民统治后期的台湾刑法(1908~1945年)

本时期日本殖民者对台在刑法适用上的政策主要变化是：

---

① 黄静嘉：“20世纪两岸法制之殊途及今后之归趋——百年来台湾地区法制之回顾与前瞻”，载张晋藩主编：《20世纪中国法制的回顾与前瞻》，中国政法大学出版社2002年版，第89页。

② 黄静嘉著：《春帆楼下晚涛急——日本对台湾的殖民统治及其影响》，商务印书馆2003年版，第172页。

第一,1908年8月以律令第9号公布的刑事令,该律令中有关刑法的规定有:[①]

第一条:关于刑事事项,依刑法、刑法施行法及刑事诉讼法。

第二条:于本令施行前所公布之"律令"及具有与律令同一效力之"日令",视为刑法施行法第一条所谓其他法律。

第三条:就记载于刑法施行法第26条之罪,以律令规定者,准用刑法第2条之规定。

……

第六条:除本令所定者外,必要之事项由台湾总督定之。

第七条:匪徒刑罚令、台湾鸦片令、罚金及笞刑处分例、犯罪即决例……仍有效。

附则:本律令自明四十年(1908年)十月一日起施行之。

可见,该律令摒弃原属人原则而采属地原则规定日本刑法适用于台湾,此时期及以后适用于台湾的日本刑法是1907年颁布,1908年10月1日生效的新刑法。但仍然有效的《台湾鸦片令》、《匪徒刑罚令》和《罚金及笞刑处分例》仍具有属人性,只适用于本岛人和清国人。该律令还对"其他法律"作了解释,并保留了台湾总督制定刑事令的权力。

第二,1921年法律第3号《有关施行于台湾之法令之法律》,有关法律适用的规定有:

第一条:法律之全部或一部,如有施行于台湾之必要者,以敕令定之。

第二条:在台湾须以法律规定之事项,如该法律尚未制定,或虽有法律而不适合台湾情形者,以因台湾特殊情形有设特例之必要者为限,得以台湾总督之命令规定之。

……

第五条:依本法台湾总督所发之命令,不得违反施行台湾之法律及敕令。[②]

从上述规定看,其改变以前关于台湾有关法律事项,由总督根据殖民地之特殊情形自行发布律令为原则,例外地以敕令施行日本本土法律一部或全部的做法,而以敕令施行日本本土之法律的全部或一部为原则,以台湾总督发布律令为例外,且律令不能与在台施行之法律和敕令相抵触。表现出台湾作为殖民地与日本本土人民相同的法律地位的意向。但在实际运行中,日本仅通过相关敕令规定日本民法、民事诉讼法及其附属法律、刑事诉讼法及个别刑法特别法适用于台湾,其余刑事实体法仍适用律令刑法,即1908年的台湾刑事令仍有效,只是于1923年以律令第8号

---

① 黄静嘉著:《春帆楼下晚涛急——日本对台湾的殖民统治及其影响》,商务印书馆2003年版,第175页。

② 同上,第102页。

修改了第1条为:“关于刑事事项,依用刑法及刑法施行法。”(因原条文所载的刑事诉讼法以由敕令规定施行于台湾)原第7条删除了“罚金及笞刑处分例”。所以,就刑法适用政策而言,除了有一定的和缓以外,与1908年以来的政策基本一致。

自1922年至1945年适用于台湾的刑法主要是:(1)日本1907年新刑法;(2)仅适用于本岛人和清国人的《台湾鸦片令》(1928年修订,1945年4月废止)、《匪徒刑罚令》(1945年废止)、《盗犯等防止及处分法》(1930年);(3)以敕令施行于台湾的日本刑事特别法,主要有《治安维持法》(1925年施行于台)、《有关暴力行为等处罚法》(1926年施行于台)、《言论、出版集会、结社等临时取缔法》(1942年施行于台)、《战时刑事特别法》(1943年施行于台)和《有关战时犯罪处罚特例之法律》(1942年施行于台)。①

(二)日本殖民统治时期施行于台湾的刑法

1. 日本1880年刑法典②

日本明治维新初期曾制定了《假刑律》、《新律纲领》和《改定律例》,但这些刑事立法从形式到内容,都是对封建法律的初步改良,保留了与近代刑法格格不入的封建刑法内容。例如,仍规定“身份刑法”,身份不同在法律上的地位也不同,积极提倡类推否认罪刑法定、刑罚较严酷,等等。所以,明治政府邀请法国法学家保阿索那特主持起草,以深受刑事古典学派影响的1810年《法国刑法典》为蓝本,于1880年7月7日公布,1882年1月1日施行的刑法典就成为日本第一部近代刑法典。这部刑法典的近代性表现在:

(1)体例上采四编制。全法典共430条,分为4编,第1编总则,规定了刑法的一般问题;第2编关于公益的重罪轻罪;第3编对于身体、财产的重罪轻罪;第4编违警罪。

(2)法典确立了近代刑法原则。首先,法典明确规定了罪刑法定原则,禁止类推适用。法典第2条规定:“不论何种行为,法律上没有正式条文规定的,不得处罚。”其次,法典规定了不溯及既往的适用原则。最后,法典还注重罪与刑相适应,以及刑罚的人道。据罪的危害的不同设立了轻重不同的法定刑,刑罚种类较多,主要有死刑、徒刑、流刑、罚金、科料、禁治产等主刑和附加刑。

(3)法典完全排斥了不同身份的差别待遇,摒弃了封建的身份刑法。

(4)法典确定了个人责任原则,罪责自负,反对株连。

(5)法典将犯罪分为重罪、轻罪和违警罪,紧随当时近代大陆法系刑法典关于罪

---

① 黄静嘉著:《春帆楼下晚涛急——日本对台湾的殖民统治及其影响》,商务印书馆2003年版,第191~192页。

② 何勤华、李秀清等著:《日本法律发达史》,上海人民出版社1999年版,第343~346页。

的划分的潮流。

(6)法典对罪的规定比较细致,如关于杀人行为就规定了预谋杀人、毒物杀人、诈称诱导杀人等,这些罪都分别被规定在独立的条文中。法典对每罪的构成特征都有较为详细的描述,并规定了相对确定的法定刑。

2. 日本1907年刑法典①

1907年4月颁布,1908年10月1日起施行的刑法典,是日本明治维新后实施的第二部近代刑法典。法典既采纳了刑事古典学派的主张,又吸收了刑事实证学派的观点。1907年刑法的主要变化有:

(1)体例上采总则、分则制。法典共264条,分为总则、分则两编。总则编规定了刑法的适用范围、刑罚种类、缓刑、假释、未遂罪、并合罪、累犯、共犯等方面的问题;分则编规定了各种犯罪及其刑罚。

(2)法典没有明文规定罪刑法定原则。法典删除了旧刑法中"不论何种行为,法律上没有正式条文规定的,不得处罚"的内容,但这并不代表法典对罪刑法定原则的排斥。不在法典中规定罪刑法定原则,是因为法律没有明文规定的不构成犯罪和不受到处罚,是尽人皆知的普通道理,而且明治宪法第23条已作类似规定,②使罪刑法定原则成为一个宪法原则,因此没必要在法典中重复规定。

(3)对刑法的溯及力采从轻原则。法典第6条规定:"犯罪后的法律使刑罚有变更时,适用处罚较轻的法律。"

(4)犯罪类型的概括性和法定刑的宽泛性。法典采用抽象、概括的方式规定罪名,对一些犯罪罪状的表述也比较简单。例如,将旧刑法中的预谋杀人、毒物杀人、诈称诱导杀人、故杀等概括在199条予以规定:"杀人的,处死刑、无期徒刑或3年以上惩役。"刑种由旧刑法的5种重罪之刑、2种轻罪之刑、2种违警罪之刑和6种附加刑,减为死刑、惩役、监禁、罚金、拘留和科料6种主刑及没收1种附加刑,废除了停止公民权、剥夺公民权等刑罚。

(5)法典受刑事实证学派思想影响,规定了缓刑和假释制度。刑罚的目的不是为了单纯地惩罚,而是要教育改造犯罪人,使之回归于社会。

日本1907年刑法典在1945年前修改了两次,1921年修改,提高了业务上侵占罪的法定刑;1941年修改,将贿赂犯罪类型具体化并提高了法定刑,还适应战争要求增加了对安宁秩序的犯罪

3. 仅在台湾适用的特别刑法

仅在台湾适用的特别刑法,主要有《台湾住民刑罚令》、《台湾鸦片令》、《匪徒刑

---

① 该内容主要根据《日本刑法典》,张明楷译,法律出版社1998年版分析。

② 《明治宪法》第23条规定:"日本臣民非依法律不受逮捕、监禁、审问和处罚。"

罚令》、《罚金及笞刑处分例》和《盗犯等防止及处分法》,均采属人原则,[①]只对台湾本岛人和清国人适用,其处罚较之适用于台湾的日本刑法要严厉得多,[②]且并不受刑法基本原则的限制。以作为《台湾住民刑罚令》之延续的《匪徒刑罚令》为例,其严厉性表现在:

(1)对"匪徒罪"构成要件规定得极其宽泛,"不问其目的为何,凡以暴行或胁迫,以达其目的而聚众者",即构成该罪。

(2)除该令第5条规定的"藏匿或隐蔽'匪徒',或图免'匪徒'之罪者,处有期徒刑或重惩役",及第4条"资给兵器、弹药、船舶、金谷或其他物件,或供给会合之场所或以其他行为帮助'匪徒'者,处死刑或无期徒刑"外,其余十余种行为皆规定了单一死刑。

(3)对未遂犯的处罚与既遂相同。

(4)规定该令效力溯及既往,即依本令处罚之行为,如于本令施行前发生者,仍依本令处断之。

这些特别刑法的严厉性,到殖民统治后期稍有缓和,如1923年废止《罚金及笞刑处分例》,降低私吸鸦片罪的法定刑等。但作为最严厉的特别刑法的《匪徒刑罚令》仍未修改并继续有效。

4. 由日本延伸到台湾适用的特别刑法

由日本延伸到台湾适用的特别刑法,主要有1925年的《治安维持法》、1926年的《有关暴力行为等处罚法》、1941年的《言论、出版集会、结社等临时取缔法》、1942年的《战时刑事特别法》和《有关战时犯罪处罚特例之法律》。[③] 这些法律基本涉及政治性犯罪和战争期间的特别时期,故都采威吓的刑事政策。例如,《治安维持法》对以颠覆国体或否定私有财产为目的的结社等有关行为,处以死刑、无期徒刑、惩役、禁锢等刑罚,[④]对未遂犯也要处罚。《言论、出版集会、结社等临时取缔法》、《战时刑事特别法》和《有关战时犯罪处罚特例之法律》都是法西斯时期颁布的特别刑法,主

---

① 虽然《台湾住民刑罚令》是以"住民"一词规定的,从词的本义而言应包括当时在台居住的本岛人、清国人、日本人和外国人。但实际上,该"令"内容极其粗疏,处罚极其严酷,公布实施于1895年11月的本"令",不可能适用于在台外国人和在台居住之日本人(在台居住的日本人主要是前往进行殖民统治管理的军政人员)。

② 《台湾鸦片令》除外,比较日本刑法典中"鸦片烟罪"与本令规定的相同行为的处罚看,本令的处罚相对较轻。且当时的台湾经特许可经营和吸食鸦片,这与日本国内严禁鸦片经营和吸食的政策是不同的。

③ 《有关战时犯罪处罚特例之法律》是1941年颁布的,但1942年才施行于台湾。

④ 如该法规定对"凡组织以改变国体和推翻私有财产为目的的团体,或知情参加此种团体者",即处死刑、10年以下惩役或监禁。参见何勤华、李秀清等著:《日本法律发达史》,上海人民出版社1999年版,第353页。

要为镇压反法西斯思想和行为，是日本政府对内压制民主，对外侵略扩张的政治手段。所以，上述特别刑法表现出与刑法典不同的指导思想，即限制、剥夺公民基本权利。

（三）日本殖民统治对我国台湾地区刑法发展的影响

1. 对台湾地区刑法近代化的消极影响。日本殖民统治时期在台湾适用的刑法表现出对罪刑法定原则的背离。

首先，对我国台湾地区民众基本权利的模糊态度，表现出对罪刑法定原则的背离。1895年日本占领台湾后，并未就1889年《明治宪法》是否适用于台湾有明确态度，本岛人和清国人是否享有宪法所规定的"臣民的权利"也呈模糊状态。虽然1919年起日本实行"内地延长主义"，日本国法律延长适用于殖民地，但是，帝国议会可以排除我国台湾地区民众享有宪法上的权利。例如，选举法并未规定在台湾办理选举事宜，从而排除我国台湾地区民众享有选举权。① 台湾本身无独立的议会可代表民意，日本议会中没有台湾代表，就谈不上所制定的法律代表了我国台湾地区民众的利益。况且，1896年帝国议会就制定法律，规定台湾总督有权制定与帝国议会法律有同等效力的律令，使台湾总督有独立的制定刑事法律的权力，不受日本刑法基本原则的约束。

其次，由台湾总督制定的仅在台湾适用的特别刑法，集中表现了对罪刑法定原则的背离。1898年台湾总督府制定的《匪徒刑罚令》，不仅规定了宽泛的构成要件，使许多行为可纳入其中予以制裁，而且刑罚极其严厉，动辄死刑，并且规定溯及既往。1904年颁布施行的《罚金及笞刑处分例》在台湾恢复适用在日本已经被废除的笞刑，其规定：应科处3个月以下自由刑，或100元以下财产刑之木岛人和清国人犯罪，得处以笞刑；若先前被处财产刑而未能缴清者，得经折算执行笞刑。这些都是对近代刑法罪刑法定原则、罪刑相适应原则和刑罚人道的违反。

再次，法律适用上的地域差异和民族差异，表现了对罪刑法定原则的背离。在日本，对殖民地称为"外地"，以区别于日本本土，而"外地"是施行特别统治的异法地域，原则上，日本本国法并不当然施行于外地，殖民地首先适用特别的殖民地法。所以，日本近代刑法典，是在特别法优于普通法的前提下适用于台湾的，刑法的基本原则对特别法并无约束力；即使是在台湾，日本人、本岛人、清国人和其他外国人的法律地位也有所区别。特别刑法的属人性，也表现了对近代刑法原则的背离。近代刑法的基本原则之一，是讲求法律面前人人平等。而在殖民统治下的我国台湾地区，日本近代刑法的适用始终存有例外规定，即适用于我国台湾地区的特别刑法。这些特别刑法只适用于台湾本岛人和在台清国人。同行为而不同罪，同罪而不同

① 王泰升："台湾法的近代性与日本殖民统治"，载《月旦法学》2003年第1期。

罚,表现出封建身份刑法的痕迹。

最后,如前所述,整体上台湾自1922年1月1日进入敕令立法时期,但刑事实体法仍继续适用律令刑法,构成了敕令立法的例外。这是因为要保证以前以律令颁布的特别刑法的效力。尤其是《匪徒刑罚令》。如果以敕令施行刑法(指日本刑法),则特别刑法无所附着。

所以,有学者称:"日本殖民统治引进了西方法制及现代司法制度,从而使原受中国传统法支配的台湾法制,得以走向现代化。"并认为日本是台湾法制的改革者,①未免有些言过其实。实际上,日本作为台湾殖民地的统治者,在统治台湾的各项事务中始终处于主导地位,由他们根据需要决定推行什么样的法制,台湾人民对这一切只有被迫接受。台湾不过是日本国家统治权支配的对象,日本无意主动帮助台湾走向现代。

那么,为什么日本为台湾主要选择本土业已近代化的刑事法律制度,而不是维持其原有的法律制度呢?有学者研究认为基于以下原因:首先,明治维新后的日本自主选择西方化的法律制度,并成功完成了由传统向近代的转变,此时的日本自认为已成为东亚文化的中心,试图通过"教化"将本土先进的法律制度传播给周围落后的民族;其次,"内台统一"的法律制度也便于殖民统治和殖民同化政策的推行;最后,台湾与日本曾同属中华法系,在地理、血缘、文化上有近似性,日本有相当的自信和经验将西方法推行于其首块殖民地——我国台湾地区。②

2. 对我国台湾地区刑法近代化的积极影响。尽管日本对台湾法律的适用,采取地域差别和民族差别政策,但客观地说,日本两部近代刑法典在台湾的适用,仍对台湾地区刑法由古代转向近代起到一定的积极作用。法律近代化虽作为日本殖民统治的副产品出现,但毕竟是不同于古代法制的内容。就刑法而言,总则、分则的新的体例,严酷刑罚种类的废除而代之以近代生命刑、自由刑、财产刑和资格刑,罪刑法定原则及其派生原则——法不溯及既往的出现,严格实行个人责任,等等,给台湾带来了原中国古代刑法所没有的全新内容。这些刑法先进内容的影响,并不随着殖民统治的结束而消散,而是对后来的法制发生着作用。并且,由于台湾地区适用的日本刑法典与民国刑法具有历史渊源关系,使得台湾光复后,民国刑法可以顺利地在台湾地区适用,并继续发展。

3. 由台湾地理位置和历史发展的特殊性决定,其刑法近代化道路是特殊的,表现出与中国主体刑法的不同之处,它是西化、内地化与台湾本土的结合。

---

① Tay-sheng Wang: *Legal Reform in Taiwan under Japanese Colonial Rule* (1895—1945), The Reception of Western Law, PH. D., dissertation University of Washington, Seatle, Wa., U. S. A., 1992. p. 236.

② 王泰升著:《台湾法律史的建立》,台湾三民书局1997年版,第122页。

三、澳门地区刑法与罪刑法定原则

(一)澳门地区近代刑法的演变轨迹

1. 早期澳门刑法(1849年前的澳门)

澳门是中国领土,1849年澳门总督亚马留强行关闭中国海关并拒绝向中国清政府交纳赋税之前,中国政府始终全面掌握着澳门的行政司法管辖权。① 据《澳门纪略》记载,明代自嘉靖年间起,澳门即由广东香山县管辖,清雍正和乾隆时期,分别将香山县丞和肇庆府同知改为"分防澳门县丞"和"澳门海防军民同知",专门管理澳门事务、统辖澳门驻军。香山知县同时又是主管澳门司法事务的官员。②

此时期,《大明律》和《大清律例》是澳门适用的主要法律。由于两律皆以刑为主,所以,也是此时期澳门刑法的主要渊源。除此之外,广东、香山地方政府也制定了一些专门适用于澳门的法规,③其中有的涉及刑事法律内容,如1614年(明神宗万历四十二年)海道副使俞安性专门针对居澳葡人制定了五条禁令:禁蓄养倭奴;禁买人口;禁兵船编饷;禁接买私货;禁擅自兴作。④ 1749年(乾隆十四年)制定的《澳夷善后事宜条议》规定:"驱逐匪类;稽查船艇;禁赊物收货;犯夜解究;夷犯分别解讯;禁私擅凌虐;禁擅兴土木;禁贩卖子女;禁黑奴行窃;禁夷匪夷娼窝藏匪类;禁夷人出澳;禁设教从教。"⑤《大明律》、《大清律例》和有刑事内容的地方法规,构成此时期澳门刑法的主体,适用于澳门所有居民。由于中国古代刑法的共性,此时期澳门刑法的主体中没有罪刑法定原则内容。

除此之外,由于自16世纪葡萄牙商人即已入居澳门,且定居人口不断增多,虽然明、清政府对居澳葡萄牙人适用法律遵循有关外化人的规则,但居澳葡萄牙人于1583年设立了内部自治机构——议事会,适用葡萄牙法律管理内部事务。1583年议事会获葡萄牙政府的正式承认。议事会以源自葡萄牙中世纪的市政传统为模式,由葡国居民在每3年选出3名议员、2名普通法官和1名检察官组成。普通法官负

---

① 有学者研究认为公元前214年秦始皇即派兵平定了岭南(今福建、广东和广西),设置桂林、象郡、南海三郡,当时的澳门地区属于南海郡管辖。以后各朝代行政管理均及于澳门。尤其自南宋建立香山县后,澳门从此专属香山,有关澳门的早期历史记载多见于《香山县志》。参见李蓓蓓编著:《台港澳史稿》,华东师范大学出版社2003年版,第524~529页。

② (清)印光任、张汝霖:"澳门纪略",载《明清时期澳门问题档案文献汇编》(五),人民出版社1999年版。

③ 如1608年的《制澳十则》、1613年的《海道禁约》、1744年的《管理夷澳章程》、1749年的《澳夷善后事宜条例》、1750年的《制澳三策》、1759年的《防范澳夷章程五条》、1809年的《华夷交易章程》等。

④ 《香山县志》(第22卷)"纪事"。

⑤ 《澳门纪略》(上卷)"官守篇"。

责处理较轻微的民、刑事案件,其余的民、刑事案件则由葡萄牙委派的王室法官管辖。[①] 1623 年,首个澳门总督由印度总督任命,但当时总督只有军事权力。1783 年葡萄牙女王玛利亚一世颁布《皇室制诰》,将一切必要的权力授予澳门总督。总督开始全面介入澳门事务,包括否决议事会决定。1818 年葡萄牙国内君主立宪革命取得胜利,于 1822 年颁布第一部宪法,以宪法形式把葡萄牙在国外的全部属地当作其领土的组成部分,澳门是其中之一;1838 年葡萄牙政府修改宪法,将包括澳门在内的国外全部属地作为"海外省",单独列在一章,并规定:"海外省"可以根据当地情况的需要,由特别法律来进行特殊的管理。但 1842 年葡萄牙又恢复使用 1822 年宪法,所以,海外属地"特殊立法"没有贯彻实施。[②]

此时期,葡萄牙本土仍适用中世纪的封建制刑法,至 1852 年才根据法国 1810 年刑法典制定了资本主义性质的刑法,所以,针对居澳葡萄牙人适用的刑法中,也无罪刑法定的内容。

可见,这一时期的澳门刑法,中国封建法律从形式到内容占据着主导地位,不仅适用于在澳门的中国人,而且适用于居澳的所有外国人,葡萄牙封建制刑法只对居澳葡萄牙人适用,范围非常有限。但无论中国封建制法律,还是葡萄牙封建制刑法,都没有罪刑法定原则的一席之地。

2. 殖民化时期的澳门刑法(1849 ~ 1976 年)

葡萄牙政府自 1822 年以宪法形式将澳门作为自己的海外属地后,采取各种方式,强行改变澳门的管制现状,排除中国对澳门的管理,对澳门实行殖民统治。1844 年 9 月葡萄牙女王颁布命令,澳门脱离葡属印度总督管辖,而与帝汶和梭罗一起组成了一个独立的海外自治省,省会设在澳门,葡萄牙政府派遣总督代表葡国政府对澳门进行管治,澳门总督下有完整的政务机构。葡萄牙对澳门的管理大为加强。1845 年 11 月葡萄牙女王再次颁布法令,宣布澳门为"自由港",指示新任澳门总督要"维护这个殖民地的绝对主权"。[③] 1849 年澳门总督亚马留强行关闭中国海关并驱逐清政府在澳门的海关官员。中国无法对澳门直接行使主权。1887 年《中葡和好通商条约》又强迫清政府将澳门永久交由葡萄牙管理,澳门实际上沦为葡萄牙的海外殖民地,直至 1976 年葡萄牙宪法确认澳门为葡萄牙管理的中国领土。但是,由于中国历代政府从未承认澳门的殖民地位,所以,称此时期为澳门殖民化时期。

此时期,由于葡萄牙对澳门的殖民化统治,澳门主权、治权相分离,中国封建刑法在澳门基本不再适用。又由于澳门本身无立法权,客观上不可能就刑事领域制定

---

① 万明著:《中葡早期关系史》,社会科学文献出版社 2001 年版,第 129 页。

② 陈东林著:《澳门旋风》,世界图书出版公司 1998 年版,第 56 页。

③ 同上,第 57 ~ 58 页。

相应的法律，因此，这一时期的所有刑法（刑法典、单行刑法和附属刑法）均来自葡萄牙本土的法律，施行于澳门的刑事法律主要是：1886年《葡萄牙刑法典》及其修改和补充法规，葡萄牙立法机构制定且在《澳门政府公报》上公布而被延伸适用于澳门的单行刑法。① 其中最主要的是1886年的《葡萄牙刑法典》（1886年《葡萄牙刑法典》是在1852年刑法典的基础上，经过1866年修订、1867年以单行刑法废止死刑，代之以无期徒刑，1886年又加以修改和补充而形成的）。1982年葡萄牙颁布了新的刑法典，1886年刑法典随即失效。但葡萄牙议会为了使澳门逐步实行立法和司法的自治，决定不将新刑法典适用于澳门。因此，1886年《葡萄牙刑法典》在澳门仍然有效，当然，此时的1886年刑法典已进行了多次修改和补充，涉及100多个条文。自1982年后，因葡萄牙有新的刑法典，就没有对1886年刑法典进行补充修改。名义上的1886年刑法典一直适用至1996年1月1日《澳门刑法典》生效。

作为启蒙思想家反对封建司法擅断的有力武器，罪刑法定原则在欧陆国家早就根深蒂固。1886年葡萄牙刑法的基础——1852年刑法以1810年法国刑法典为蓝本，所以在葡萄牙刑法规定罪刑法定原则是应有之义。1886年《葡萄牙刑法典》第15条明确规定了罪刑法定原则，第18条则用明确的规定禁止类推。所以，从法律文本上，澳门地区早在1852年就确立了罪刑法定原则在刑法中的地位。

---

① 葡萄牙本土法律在澳门的适用，在程序上需要由《澳门政府公报》刊登。据赵国强教授研究，经其查阅有关《政府公报》，1976年之前在澳门生效的葡萄牙本土法律，在刑事领域，除1886年的《葡萄牙刑法典》外，很少有其他刑事法律延伸至澳门适用。从单行刑事法律来说，葡萄牙本土对《刑法典》进行修改的法律，只有很少会延伸到澳门适用，个中道理，很难说清，有的可能是对澳门无太大的实际意义，无须延伸；有的也可能是管理混乱所致。至于其他作为对刑法典进行补充的葡萄牙单行刑事法律，更是罕见。这种状况，从某种程度上也说明了葡萄牙对澳门的殖民统治主要是侧重于从政治上进行管治，作为法律架构，只要有几部主要的法典就可以了。因此，这一时期澳门的法律几乎没有单行刑事法律。据其所掌握的资料显示，在该时期，唯一对刑法典进行补充的单行刑事法律只有一个，即1973年颁布葡萄牙海外省第21/73号关于《武器及弹药章程》的立法条例。就附属刑法来说，由于澳门地区本身尚无法权，总督主要是行使行政方面的管理权，故缺乏在本地法律中创制刑法规范的前提条件。至于葡萄牙延伸至澳门适用的非刑事法律，主要是民商事方面的法典，因而也基本上无附属刑法可言。参见赵国强："澳门特别刑法之评析与完善"，载《华东政法学院学报》2004年第5期（总第36期）。但笔者又查阅到同样由赵国强教授撰写的关于澳门刑法的内容，对葡萄牙制定的单行刑法延伸到澳门适用的法律认为有：1916年颁布的《关于遏止颠覆宣传之罪行的法律》、1935年颁布的《关于禁止外国彩票之引入的法令》、1957年颁布的《关于处罚妨害公共卫生及国家经济之违法行为的法令》、1963年颁布的《关于处罚在特定地点引起恐慌之行为的法令》、1963年颁布的《关于处罚盗窃汽车之行为的法令》，等等。参见朱华荣主编：《各国刑法比较研究》，武汉出版社1995年版，第439页。笔者尚无法对上述矛盾的说法予以鉴别，只能列出以供参考。

(二)葡萄牙控制下澳门刑法的基本渊源

葡萄牙控制下澳门刑事立法权限行使者具有多样性特点,[①]这决定了葡萄牙控制下的澳门,其刑法渊源也表现出多样性特点。主要渊源有:

1. 适用于澳门的葡萄牙法

(1)葡萄牙宪法。澳门的法律地位是由葡萄牙各时期宪法确定的,而且,葡萄牙宪法还在"权利、自由和保障"一编中直接就刑法的适用作原则性规定,如:任何人如无当时法律规定应予惩罚的作为和不作为,均不得处以刑罚和保安处分,凡当时法律没有规定的刑罚和保安处分,均不得适用;如果某一作为或不作为在其实施时已被当时国际法原则认为构成犯罪的,则上述罪刑法定原则不妨碍在本国法律范围内对其予以惩处;对任何人处以刑罚或保安处分,均不得重于行为实施时法律所规定的刑罚和保安处分,但处以行为实施后的法律规定刑罚或保安处分对被告更有利的,则应从新适用;在任何情况下均不设死刑,也不得对犯罪人处以残忍、屈辱或非人道的刑罚;剥夺或限制自由的刑罚或保安处分不得具有永久性,其执行时间不得没有限制或具有不确定性;罪责自负,刑罚不得转嫁他人;任何刑罚对不具有使当事人丧失任何民事权利、职业权利和政治权利的必然效力。除判决本身含有固有的及执行时被当然要求的限制以外,被判刑或处分剥夺自由的保安处分的人仍然享有多项基本权利;任何人均不得因同一罪行受到超过一次的审判;等等。[②] 可见澳门刑法中许多基本原则,包括罪刑法定原则在该时期都是宪法性原则。

(2)葡萄牙刑法。葡国管制时期,葡萄牙刑法一直延伸适用于澳门。因此,葡萄牙刑法是澳门刑法的主要渊源,包括:葡萄牙国会颁布的刑法典及其修订条文,以及关于该刑法典修订的法令;葡萄牙的单行刑法和附属刑法;葡萄牙为其海外殖民地或海外省制定的有关刑事法律;等等。

2. 澳门自身立法

澳门政府自身立法,是澳门刑法重要渊源,虽然出现较晚,但以其只对澳门适用的针对性而有强大的生命力。包括:1996 年澳门刑法典,澳门政府立法机构制定的单行刑法和附属刑法,澳门总督颁布的刑事法令。

---

① 澳门地区的立法权由澳门总督和立法会共同行使,澳门总督行使立法权制定的法律文件为"法令",澳门立法会行使立法权制定的法律文件为"法律"。在刑法领域,对犯罪、刑罚及有关前提的制定,属于立法会和总督的竞合立法权限,立法会和总督都有权就此进行立法,但涉及相对不定期刑和保安处分及有关前提的内容,则属于立法会的专属立法权限,只有立法会通过立法许可,总督方可就此内容进行立法。这一时期的澳门特别刑法,从总量来说,由立法会以"法律"形式制定的特别刑法要多于总督以"法令"形式制定的特别刑法。王仲兴:"论澳门刑法典之特色",载《中山大学学报》(社会科学版)1999 年第 3 期。

② 谢望原主编:《台、港、澳刑法与大陆刑法比较研究》,中国人民公安大学出版社 1998 年版,第 52 页。

就单行刑法和附属刑法而言，自 1987 年中、葡两国就澳门问题签订中葡联合声明，使澳门的政治前途明朗化，葡萄牙政府为了在澳门多留下葡萄牙管治的痕迹，加快了立法的步伐。一方面，补充刑法典的单行刑事法律应运而生。另一方面，由于澳门地区享有了一定的自治权，本地事务的管理逐步通过本地立法解决，因此澳门本地法律从无到有，从少到多，发展迅猛，各种领域的法律相继产生，尤其是进入 20 世纪 90 年代以后，立法步伐加快，形成了特别刑法的繁荣期。

在单行刑事法律方面，绝大多数都是作为刑法典补充的单行刑事法律，而非直接对刑法典进行修改的单行刑事法律。这些补充刑法典的单行刑事法律，[①]包括：关于管制色情及淫夜物品的法律（第 10/ 78/ M 号法律）；关于关于处罚黑社会组织的法律（第 1/78/M 号）；关于惩治非法移民的法律（第 2/ 90/ M 号法律）；关于惩治妨害公共卫生及经济违法行为的法律（第 6/ 96/ M 号法律）；关于惩治非法赌博的法律（第 8/ 96/ M 号法律）；关于惩治扰乱动物竞跑刑事违法行为的法律（第 9/ 96/ M 号法律）；关于惩治有组织犯罪的法律（第 6/ 97/ M 号法律）；关于规范对暴力罪行受害人实行保障的法律（第 6/ 98/ M 号法律）；关于惩治毒品犯罪的法律（第 5/91/ M 号法令）；关于管制倒卖运输凭证的法律（第 30/ 92/ M 号法令）；关于剥夺自由处分执行制度的法律（第 40/ 94/ M 号法令）；关于惩治非法堕胎的法律（第 59/ 95/ M 号法令）；关于刑事记录制度的法律（第 27/ 96/ M 号法令）；关于未成年人司法保护制度的法律（第 65/ 99/ M 号法令）；关于管制武器及弹药的法律（第 77/ 99/ M 号法令）；关于徒刑及收容保安处分之司法介入制度的法律（第 86/ 99/ M 号法令）。

在附属刑法方面，则因澳门法律长期没有得到妥善的清理，故难以概全。从整体看，这些附属刑法分散在各个领域的相关法律之中，比较重要或比较多的是基本权利法领域，如立法会选举法、选民登记法、集会权及示威权法；交通管理法领域，如道路法典；知识产权保护法领域，如著作权法、工业产权法。除此之外，在其他相关领域，如文化出版、人体器官移植、财产申报制度、金融外贸等法律中，也存在相应的附属刑法，如第 8/89/M 号法律《视听广播业法律制度》，第 10/88/M 号法律《选民登记法》，第 7/90/M 号法律《出版法》，第 4/91/M 号法律《澳门立法会选举法》，第 46980 号法令《著作权法典》，第 21/73 号立法规章《武器及弹药规章》，第 706/75 号法令《地区治安服务法》，第 4/85/M 号法律《防止录音带及录像带非法翻版法》，第 7/89/M 号法律《广告法》，第 31/91/M 号法令《律师通则》，第 11/93/M 号法令《非

① 这些单行刑法是笔者根据赵国强："澳门特别刑法之评析与完善"，载《华东政法学院学报》2004 年第 5 期与 www. macaudata/macau web/Encyclopedia/htm 所载"澳门刑法"一文相关内容总结得出的。这些规定除了重新颁布的以外，只注明最初颁布的法律或法令号，其中不少法律或法令某些内容已被修改。

法持有武器罚则》,第2/93/M号法律《集会及游行示威法》,第56/95/M号法令《商标法》,第16/95/M号法令《工业产权法》,等等。这些众多的非刑事法律中的刑事条款亦是澳门刑法的组成部分。

3. 葡国签订或参与的对澳门适用的国际公约和双边条约

根据葡萄牙宪法的规定,葡国签订的国际公约和双边条约,可以直接适用,其中延伸至澳门适用的刑事规定,成为澳门刑法的当然渊源。

(三)1886年《葡萄牙刑法典》中罪刑法定原则的体现①

1886年《葡萄牙刑法典》(以下简称1886年刑法)在澳门一直延续适用至1996年澳门刑法典生效。在1982年之前,葡国有关机构通过颁布法律、命令、法令等形式分别于1892年、1893年、1927年、1931年、1954年、1957年、1961年、1969年和1981年对该法典进行修改和补充,涉及100多个条文。② 但1982年后,葡国对之未作过任何改动。澳门政府通过颁布法令,对之作过补充修改。如1993年发布的第11/93/M号法令,修改关于藏有、使用及携带武器罪的法定刑;1995年发布的第59/95/M号法令,规范自愿中断怀孕行为;等等。

1886年刑法典是至今在澳门适用最久的刑法,对澳门地区影响很大。但由于该刑法典是以葡文公布,始终没有中译本,给本书的研究造成困难。本书只能以收集的间接资料为基础,对1886年刑法有关罪刑法定原则的基本规定进行粗浅研究。③

1886年刑法以1810年《法国刑法典》为蓝本,采近代刑法之体例,分总则和分则两编,共486个条文,结构严谨,内容全面,具有典型的大陆法系国家刑法的特点。该刑法罪刑法定原则主要体现在:

第一,明确规定犯罪概念。1886年刑法第1条首先就犯罪的一般概念作了规定,即所谓犯罪,是指根据刑事法律规定应受惩罚的具有明显自由意志的行为;对同样具有自由意志的过失行为,必须在法律有特别规定的情况下才以犯罪论处。此外,为了同刑事诉讼法典相关内容相呼应,该刑法还对违反秩序行为也作了规定。这种行为违反或不遵守法律和规章中的预防性规定,且不具有有害目的,但仍是应受惩罚的具有自由意志的行为。根据规定,犯罪是基于行为人自由意志实施的根据刑事法律规定应受惩罚的行为。犯罪必须是行为人在自由意志下的选择,犯罪是根

---

① 相关研究表明,1852年葡萄牙刑法典生效后即延伸至殖民统治下的澳门,而该刑法典以1810年法国刑法典为蓝本,罪刑法定原则应是其立法遵循的基本原则,在刑法典中有所体现。但是,由于无1852年葡萄牙刑法典可供研究,本书对澳门刑法中的罪刑法定的研究只能从1886年葡萄牙刑法典开始。

② 米健等著:《澳门法律》,中国友谊出版公司1996年版,第140页。

③ 这些资料主要有:朱华荣主编:《各国刑法比较研究》,武汉出版社1995年版;赵国强著:《澳门刑法总论》,澳门基金会1998年版;赵秉志主编:《中国内地与澳门刑法总则之比较研究》,澳门基金会2000年版;谢望原主编:《台、港、澳刑法与大陆刑法比较研究》,中国人民公安大学出版社1998年版,等等。

据刑事法律规定应受惩罚的行为。这样,就通过抽象的犯罪概念对罪与非罪作了法律上的界定。

第二,明确规定了罪刑法定原则。该法第15条规定:“不具有本法典规定的罪行性质的行为不属犯罪”,同时,还规定了两种“例外”,即由特别法律规定的犯罪和军事罪行例外。虽然条文本身反映的是“法无明文规定不为罪”,但“法无明文规定不处罚”是其应有之义,因为无罪则无刑。两种例外规定并不是否定罪刑法定原则,而是指刑法典以外的其他法律也可以规定犯罪及刑罚,其例外,是对刑法典规定的罪行的例外。

第三,明确禁止类推适用。1886年刑法制定时受规范学派影响较大,规范学派承认类推是定罪的一种方法。[①] 该法典为表示在这一问题上立法的态度与规范学派有所不同,于第18条规定,“不容许以类推,推论情况相等或以有更充分理由将一事实定为犯罪;必须以该事实符合法律明文规定的犯罪构成要件方可视为犯罪”,从而以明确的规定禁止类推定罪。在规定罪刑法定原则的各国立法中,极少有明确禁止类推的。[②] 有极少数国家甚至在刑法典中设立类推制度,如1930年《丹麦刑法》第1条、1945年《格陵兰刑法》第1条均有类推适用的规定。显然,类推适用是一种不按正常程序的“司法立法”,与罪刑法定原则的本质和基本要求背道而驰的。无论是立法明文规定类推制度,还是仅仅在司法中适用类推解释,都是对罪刑法定原则的破坏。1886年刑法的这种规定方式,更加确定了罪刑法定原则禁止类推的内涵,为贯彻和捍卫罪刑法定原则提供了有力保障。

第四,刑法的时间效力上采从旧兼从轻原则。在一般情况下,新法对在其生效前实施的违法行为不适用,即刑法不溯及既往。但是,如果新法认为在其生效前实施的违法行为已不属于违法犯罪范畴,或按新法进行处罚要轻于旧法,或新法有利于被告的,新法有溯及力。

第五,明确规定了阻却违法事由。葡萄牙刑法深受大陆法系刑法理论影响,将正当防卫和紧急避险作为违法阻却事由予以规定。构成正当防卫必须符合以下条件:不法侵害已经发生或迫在眉睫;不法侵害并非起于防卫人的挑唆、攻击或即时作出的任何犯罪行为;在当时情况下不可能依靠公权力避免不法侵害;预防或制止不法侵害的手段具有合理性;防卫不能超过必要的限度。构成紧急避险必须符合以下条件:合法权益受到确实存在的危难的威胁,且这种危难迫在眉睫或已经发生;在当

---

① 赵秉志、高德志主编:《澳门法律问题》,中国人民公安大学出版社1997年版,第207页。

② 就笔者查阅到的同时期颁布的刑法典看,没有一部明文规定禁止类推条文的,如1810年《法国刑法典》、1852年《奥地利刑法典》、1865年《瑞典刑法典》、1866年《丹麦刑法典》、1871年《德国刑法典》、1880年《日本刑法典》、1890年《意大利刑法典》等。

时情况下无其他方法避免或减少可能造成的危害;为了避免或减少可能造成的危害,实施确实有效的方法;避难行为所造成的损害等于或小于可能造成的危害。符合上述条件的行为是不具有违法性的行为,因而也不构成犯罪。

第六,在刑事责任上规定得较严密。刑法总则关于刑事责任主要规定了四个方面的内容,即免除刑事责任的情形、不免除刑事责任的情形、加重或减轻刑事责任的情形和刑事责任的消灭。作为出罪或减责的免除刑事责任情形、减轻刑事责任情形和刑事责任的消灭情形都规定得非常细致,有利于保障个人权利免遭刑罚权的任意侵害。例如,刑法规定最低刑事责任年龄为 10 岁,不满 10 岁的人实施的任何行为都不构成犯罪;年满 10 岁不满 14 周岁的人,只要对自己行为缺乏辨别能力的,也不以犯罪论处。这是因年龄引起的不可归责性。刑法还规定了因精神因素引起的不可归责,基于被暴力或不可抗拒的力量威胁、服从合法上级命令、在法律许可的道德范围内行使权利或履行义务、无认识等情况实施的行为,均是不可归责。刑法分则 90 多个罪名,都有罪状描述和相对确定的法定刑。

第七,刑法总则规定了刑罚和保安处分的种类、适用原则和条件。1886 年刑法规定了监禁、剥夺政治权利、流放、罚金、申诫和只适用于公务人员的开除公职、停职和检查,以及只适用于外国人和非法入境者的驱逐出境。该法在刑种上最突出的特色是没有死刑和无期徒刑,这在当时刑法中少见的。在量刑的原则上,刑法规定法官应当在法律规定的法定刑幅度内考虑犯罪的性质、危害程度、造成的结果、罪过程度、犯罪原因以及犯罪人的品行等因素决定刑罚。刑法还对刑罚适用中罚金替代监禁、监禁替代剥夺政治权利,刑罚执行中以劳动替代监禁、以劳动替代罚金、以监禁替代罚金刑的条件及折抵方式予以明确规定。

(四)对 1886 年刑法典的检讨

以 1810 年《法国刑法典》为蓝本的 1886 年刑法,构筑了澳门刑法体系的基本框架,它结构完整,内容全面,有许多地方值得称道,尤其是其关于罪刑法定原则的立法形式。从大陆法系各国刑法典看,罪刑法定原则的立法化是通例,但在规定"法无明文规定不罪"的同时,明文规定禁止类推适用的立法例唯有 1886 年刑法典。其他国家刑法典均是简单载明"法无明文规定不为罪、不处罚",或"行为之定罪科刑以法有明文规定为限",将禁止类推作为罪刑法定原则的派生原则或应有之义,由刑法理论及司法实践加以解释和运用,在刑法典中并不加以明确化。因而在司法实践中总是有类推解释是否适当、是否被允许的争论,也时常发生在扩大解释的名义下的类推适用现象。1886 年刑法的这种关于罪刑法定原则的规定方式,则杜绝了类推适用的可能。

当然,1886 年刑法关于罪刑法定原则的规定在立法技术上还存在问题。首先,将罪刑法定、禁止类推适用分别规定于第 15 条和第 18 条,不仅影响了两者联系的紧密性，而且在顺序上甚至置于犯罪的概念、刑事责任年龄等规定之后，削弱了罪刑法定原则作为刑法基本原则的纲领性作用；其次，刑法在规定“不具有本法典规定的罪行性质的行为不属犯罪”的同时，规定了两种例外。诚然，这种规定实际上是指刑法典以外其他法律也可规定犯罪及刑罚，并不否定罪刑法定原则在其他特别刑法中的适用。但作“例外”的规定，在一定程度上容易导致人们产生对罪刑法定原则适用例外的误解。①

此外，以刑法典规定的方式，不能明确罪刑法定原则同样对保安处分适用，虽然葡萄牙宪法规定了保安处分，其第 29 条规定：“任何人如非因其作为或不作为而被之前之法律规定应以处罚，不得受刑事判决；如之前之法律未定其前提，亦不得遭受任何保安处分……此外不得科处之前之法律无明文规定之刑罚或保安处分。”因为根据 1886 年刑法的规定，保安处分作为刑罚补充措施，并不必须以行为构成犯罪为适用前提，更注重的是行为人的危险性。保安处分主要适用于：(1)已满 16 岁未满 60 岁，既无维持生活的收入，又不能从事某种有效维持生活的职业，并且无应付意外事件能力的流浪汉；(2)有劳动维生能力，却无正当理由地行乞或靠别人行乞维生的人；(3)生活的全部或部分靠女人卖淫收入维持的无赖；(4)惯于作出违背道德之恶行的人；(5)引起公愤或连续违反管制规则的娼妓；(6)惯于帮助或煽动青少年堕落，或引诱未成年人卖淫，且尚未因此被定罪的人；(7)惯于在获得或出卖盗窃物品或其他犯罪所得物中做中间人，且尚未因窝赃被定罪的可疑人；(8)所有因非法组织黑社会的犯罪或因黑社会组织实施的犯罪而被判决的人。②

1886 年刑法在分则各章次序设置上，也表现了对罪刑法定原则贯彻的不彻底。1886 年刑法分则将犯罪分为：反宗教的犯罪、危害国家安全的犯罪、危害公共秩序的犯罪、侵犯人身的犯罪和侵犯财产的犯罪。将与个人法益密切相关的侵犯人身的犯罪和侵犯财产的犯罪置于最后，表现出立法者对国家利益、公共利益的重视超过个人利益。

1886 年刑法在文本语言上也有缺陷，它以葡文作为文本语言，为绝大多数澳门居民所不了解，事实上使刑法典仅仅为少数人所掌握。贝卡利亚早就对法律语言问题提出意见，他认为：“法律是用一种人民所不了解的语言写成的，这就使人民处于对少数法律解释者的依赖地位，而无从掌握自己的自由，或处置自己的命运。这种语言把一部庄重的公共典籍简直变成了一本家用私书。”③这种状况削弱了罪刑法定原则人权保障的实际效用。

---

① 赵秉志主编：《中国内地与澳门刑法总则之比较研究》，澳门基金会 2000 年版，第 38 页。

② 朱华荣主编：《各国刑法比较研究》，武汉出版社 1995 年版，第 453～454 页。

③ [意]贝卡利亚著：《论犯罪与刑罚》，黄风译，中国大百科全书出版社 1993 年版，第 15 页。

四、香港地区刑法与罪刑法定原则

（一）香港地区近代刑法的发展轨迹

香港是中国的领土，在清朝由当时的广东省新安县管辖，适用中国的法律，主要是1647年（顺治四年）制定的，后进一步补充完善的《大清律例》。[①] 由于《大清律例》以刑为主，所以，也是当时适用的主要刑法。由中国古代刑法的共性决定，《大清律例》无罪刑法定可言。

从1841年《义律公告》公布到1843年港英政府成立，是中国清朝刑律、习惯与英国刑法并存的时期。1840年6月英国发动第一次鸦片战争，并于1841年1月20日宣布占领香港岛。1842年8月29日签订的《中英南京条约》第3条规定："将香港一岛给予大英国君主及嗣后世袭王位者常远据守主掌，任便立法治理。"使香港岛成为殖民地，并赋予英国在香港岛享有立法权。在此之前，英国在占领香港岛后，即1841年2月2日，由英国驻华全权钦使兼商务总监查理士·义律在香港发布《义律公告》（*Captain. Elliots proclamation*），宣布设立香港的统治机构和行使法律的准则，即"按照中国之法律和习惯统治香港岛原居民和此间所有中国人，废除严刑拷打。香港英国籍罪犯及外港岛原居民和非中国人犯，将按现时在中国施行之'刑事暨海军法'审判，香港岛所有英籍人和外国人均受英国法律保护"。[②] 可见，《义律公告》以属人、属地混合原则设立准据法，即对香港岛原居民及中国人适用中国法律，对在香港的英国人和其他外国人适用英国法律。这种准据法原则在1844年香港《最高法院条例》中再次得到确认。[③] 由于英国当时已经完成工业革命进入近代资本主义时期，其国内法带有资本主义法性质，资本主义时期倡导的人权保障在刑法中已得到一定确定，所以，在香港对英国人和外国人适用的英国刑法带有这种人权保障因素。虽然适用的对象有限，但作为当时香港法的组成部分，使此时香港刑法区别于当时清朝政府实行的《大清律例》等封建制法律（区分对象，有限度地实行罪刑法定）。

1843年4月5日，英国以"英皇制诰（*letters patent*）"形式发布《香港宪章》

---

① 清王朝建立后，于顺治四年（1647年）、雍正三年（1725年）和乾隆五年（1740年）先后颁布了《大清律集解附例》、《大清律集解》和《大清律例》三部正式的成文法典。自乾隆五年定本后，律文不再增损，例则不断增补。参见何勤华："清代法律渊源考"，载《中国社会科学》2001年第2期。

② 杨春洗、刘生荣、王新建编著：《香港刑法与罪案》，人民法院出版社1996年版，第3页。转引自史深良著：《香港政制纵横谈》，三联书店（香港）有限公司1992年版，第237页。

③ 其第5条规定："1843年4月5日香港成立本地之立法机构后，现行之英国法律将在英国实施，但不适合本地情况或本地居民及上述立法机构另行立法取代者除外。"参见李宗锷主编：《香港日用法律大全》，商务印书馆（香港）有限公司1995年版，第71页。

(*Hong Kong Charter*),正式宣布香港为英国殖民地。① 英国政府据此授予港督制定法律的权力。同年 6 月 26 日,港英政府正式成立,并设立了辅助港督立法的机构——立法局,开始制定香港本地法律,包括刑法。这是香港独立立法的开始。受英国近、现代刑法思想和刑事立法的影响,香港刑法与英国刑法基本同步发展。

(二)香港地区近代刑法的渊源

香港割让之初,一度因人口增多、人员复杂、规则不健全等原因出现了秩序混乱的局面,杀人越货、纠党打劫、偷窃诈骗等十分猖獗,为维护殖民统治,香港政府制定了大量刑事法律。并且为弥补香港立法之不足,在 1844 年制定的《最高法院条例》规定,香港可以直接适用英国法律。由于香港在此期间由英国统治,属于普通法系的成员,所以,判例法是香港刑法中的当然部分。

此时期香港刑法渊源复杂多样,主要包括:香港立法机构制定的刑事法律、适用于香港的英国刑事法律(制定法)、适用于香港的英国及其他英联邦国家刑事判例法、香港本地的刑事判例法、中国清朝的刑律和习惯以及对香港有约束力的国际条约中的刑事法律条款。上述众多渊源基本可分为:制定法(香港政府制定的刑法、适用于香港的英国刑事制定法、清朝刑律)、普通法(香港、英国及其他英属地区普通法判例)、习惯法和国际公约。

1. 制定法

第一,香港立法机构制定的刑事法律。② 香港立法局是依据《英皇制诰》设立的协助港督制定法律的机构,从其成立时起至香港回归前,制定了大量的刑事条例。这些刑事条例以英国刑法为蓝本,遵循英国刑事立法的原则和精神,基本上包括了香港的刑事法律关系中所要解决的全部问题,是香港刑法的主干,如《刑事罪行条例》、《侵害人身条例》、《杀人罪条例》、《公安条例》、《盗窃罪条例》、《防止贪污条例》、《赌博条例》、《偷渡条例》、《复杂商业罪行条例》、《防止贿赂条例》、《舞弊及非法行为条例》、《简易程序治罪条例》、《刑事诉讼条例》、《监狱条例》等。除了专门的刑事条例外,还有一些非刑事条例中关于犯罪和刑罚的规定,以及专门针对特定对象规定的条例。前者如《危险药物条例》、《保护妇孺条例》、《道路交通条例》、《武器条例》、《不良刊物条例》、《吸烟条例》、《社团条例》等;后者如《少年犯条例》、《逃犯条例》等。香港回归前颁布的这些条例许多内容沿袭的是英国的同类法令,也有些是根据香港本地的具体情况制定的,具有本土化的趋势。由于香港刑法追随英国刑

---

① 1856 年 10 月和 1898 年 6 月,英国又强迫清政府签订了《中英北京条约》和《展拓香港界址专条》,将九龙半岛南端割让给英国;将九龙半岛的其余大片土地,直至深圳河以南,以及附近 230 多个岛屿(以上地区后称为"新界")租给英国,期限为 99 年。从此,整个香港成为英国的殖民地。

② 包括刑事条例和含有犯罪与及其处罚内容的附属立法。

法，接受英国刑法特有的概念、术语和历史传统，因此，香港刑法的原则和犯罪概念、犯罪要素、刑事责任、犯罪分类、刑罚种类等，与英国刑法这些概念惊人地相同、相通和相似。

第二，适用于香港的英国刑事法律。香港是英国的殖民地，原则上英国的法律都可适用于香港。但自 1844 年香港《最高法院条例》规定英国法律可直接适用于香港后，哪些法律、如何适用始终是个问题，毕竟香港与英国有诸多不同，香港在此期间虽然是英国殖民地，但居民大多是华人，中国传统法律观念和法律制度的对其影响根深蒂固。1865 年英国议会制定的《殖民地法律效力法例》对英国成文法在殖民地的适用作出规定：凡英国议会或枢密院制定或作出的有关殖民地事务的法例、命令，在殖民地均可适用；殖民地的条例如果与适用于该殖民地的英国议会立法相抵触时，应属无效。① 1873 年的香港《最高法院条例》第 5 条对香港适用英国法律的基本原则作了明确规定："自本港获取立法权之时即自 1843 年 4 月 5 日，所有英国现行法律均适用于本港，但各该法律不适合本港地方环境或其人民或经由该立法机关明令修订者不在此列。"②1894 年香港《最高法院条例》第 5 条也规定："1843 年 4 月 5 日香港成立本地立法机构后，既有之英国法律将在香港执行，但不包括不适合本地情况或本地居民的英国法律，亦不包括上述立法机构另立新法取代之的英国法律。"③这样，使英国法律在香港的适用与香港地方具体情况相结合。1965 年香港政府制定的《英国法律适用条例》进一步明确规定，对 1843 年香港政府成立前的英国法律，香港立法局可以根据社会环境和居民的需要进行修改和删节；对 1843 年后英国制定的限于香港适用的法律，香港政府无权选择，只能由英国枢密院命令或英国议会通过法律去决定。④ 该条例还明确规定在香港适用的英国法律包括：(1)英国政府颁发的直接适用于香港的法律；(2)英国国会立法；(3)英国的普通法和衡平法。上述规定均是英国刑事法律适用于香港的法律依据。

在此期间，在香港适用的英国刑事法律主要有：1689 年《殖民地囚犯转移法例》、1792 年《诽谤法令》、1849 年和 1860 年《海事法庭罪犯(殖民地)法例》、1850 年《海盗法》、1857 年《引渡条例》、1890 年《殖民地海事法庭法例》、1907 年和 1918 年《殖民地囚犯遣解命令》等。可见，英国刑法对香港刑法的影响，随着香港本地刑法的完善而逐渐减少，其影响主要是刑法精神、原则和制度，而不是条文本身的直接适用。

---

① 赵秉志主编：《香港法律制度》，中国人民公安大学出版社 1997 年版，第 36 页。
② 转引自杨春洗、刘生荣、王新建编著：《香港刑法与罪案》，人民法院出版社 1996 年版，第 10 页。
③ 赵秉志主编：《香港刑法学》，河南人民出版社 1997 年版，第 12 页。
④ 杨春洗、刘生荣、王新建编著：《香港刑法与罪案》，人民法院出版社 1996 年版，第 8 页。

第三,清朝刑事法律。由香港特定的历史条件所决定,清朝刑事法律(包括习惯)在香港刑法的形成发展中有重大影响,甚至一直作为有效的法律形式存在。尤其香港立法机构成立之初,本地法律没有建立起来,英国法律又不完全能够适用时,清朝刑事法律成为对当地居民适用的当然法律。当然,清朝刑事法律对香港刑法的影响随着香港刑法的发展更趋向文明与科学而越来越小,只是一个补充性渊源。

大清刑律在此时期对香港刑法的影响主要表现为:(1)直接引用,作为处理刑事案件的法律依据。1990 年一名中国内地 14 岁少年在香港被以非法入境罪起诉,其辩护律师引用 1898 年中英《展拓香港界址专条》中的条文,说明被告人不属于非法入境,得到法庭支持,裁定被告人无罪,成为最好例证。① (2)在处理刑事案件时考虑大清刑律相关内容对人们刑法观念的影响。1934 年香港法院以谋杀罪判处将正在通奸的其妻与奸夫杀死的被告人死刑,引起香港华人不满,根据《大清律例》,杀死奸夫淫妇,罪不至死。最后由港督签发赦免令赦免被告人死刑。② (3)将大清刑律的规定通过立法或判例确定下来,成为香港刑法的内容。历次《最高法院条例》规定英国法适用于香港时"不适合本地情况和本地居民的除外"的规定,就包含允许大清刑律适用的意思。中国传统的法律意识和刑法观念更是深植于香港的中国人思想中,如对少年犯重教养轻刑罚、对老年犯从宽处刑、刑罚上的报应观念等,这些观念不会轻易被同化掉。因此,在适用刑法上不能不考虑中国固有的法律和习俗,在刑法中保留一些中国法律的内容,它成为香港刑法的必要补充。

2. 判例法

判例法是香港刑事法律的重要组成部分,尤其在早期,由于制定法不足,有关犯罪和处罚基本上是由判例法调整的。法官在审理案件时,按照"遵循先例"原则,从英国、英属殖民地和香港本身的先前判例中寻找定罪量刑的标准和依据。随着香港刑事制定法的增多与完备,判例法中许多刑事规范已经为成文法代替,但是,成文法并未完全取代判例法,判例法仍然是香港刑法的重要组成部分,有些自然犯罪如谋杀罪,仍由判例法确定,涉及成文法适用时,对某些概念的理解常常借助于判例法。(1)适用于香港的英国及英联邦刑事判例法。在香港刑法发展早期,英国刑事判例法是主要的刑法渊源,除去不适宜香港地区情况及其居民者外,其余均适用于香港。《英国法律适用条例》第 3 条也规定:"普通法和衡平法的原则均在香港有效。"虽然在一规定中对英国哪一级法院的判决可以作为先例适用于香港没有规定,但根据英国司法体制,通常认为英国上议院和枢密院司法委员会的判例才对香港法院有约束力。此外,作为英联邦成员,香港对英联邦其他成员国和地区的判例,给予充分的尊

---

① 杨春洗、刘生荣、王新建编著:《香港刑法与罪案》,人民法院出版社 1996 年版,第 8 页。

② 陈文敏:"论香港应否恢复死刑",载《明报月刊》1989 年第 3 期。

重和参考,如在普通法的解释上与香港法院采取相同方法,也对香港法院有约束力。(2)香港本地的刑事判例法。香港自1905年起才开始建立自己的案例记录制度,由香港最高法院上诉法庭的一位法官和律师、法律学者组成专门编辑部,将有价值的重要案例收集到《判例汇报》(HKLR)中,以补充英国及其他普通法国家的判例,其中刑事判例占有相当比例。该部分判例与其他可适用于香港的刑事判例一起在香港刑事司法实践中发挥着重要作用。

由判例确定的刑法基本内容包括:

第一,关于违法性认识。首席大法官罗伯特说:虽然事实上一般公民通常不知道法律,结果亦不明知其行为是错误的,但他被推定知道法律,因而也就被推定知道其客观上已经触犯刑事法律的行为是错误的。①

第二,刑事不作为积极作为义务的来源。由被告人与被害人之间关系而产生(父母和监护人有义务保护他们照顾下的孩子的生命和健康;夫妻有义务保护其不能自立的配偶或伴侣);被告人的职业产生作为义务;自愿承担帮助某人的责任产生作为义务;对危险物的控制产生要采取合理措施之作为义务。②

第三,确定判断非被告人的行为介入并促使结果发生之情况是否中断了被告人的行为,而成为结果发生的原因的规则。介入行为不是自然事件、介入行为是被告人犯罪时可合理预见的、被告人必须针对被害人的实际情况而承担相应的责任。

第四,作为合法辩护理由的防卫人身行为,没有规定在成文法里,而是由普通法调整的。要以防卫人身作为影响刑事责任的因素,必须具备的条件是:从攻击行为看,必须是真实的,或是被告人以为是明显的,且攻击行为必须无正当理由;从防卫行为看,对攻击的回击必须是为了防卫本人或他人所必须且是合理的回击。至于何为必须,何为合理,香港判例法均有确定。

第五,作为合法辩护理由中的婚姻强制,是普通法中设立的对妻子有利的特别辩护理由,妻子在丈夫在场或受丈夫强制下犯罪,可以减轻或免除刑事责任。法律推定妻子在丈夫在场时犯罪,是在丈夫强制下实施的。1993年《刑事诉讼程序条例》第100条规定废除了该推定。

第六,教唆、共谋、未遂等不完整罪的规定及处罚原则,移植了英国普通法中的相应内容。如关于未遂罪的构成条件之一的"企图实施犯罪行为",其判断标准是由判例法确定的:最后行为标准和排除歧义标准。前者是指被告人实施了"直接联系"或者"实际接近"既遂的行为;后者是指如果被告人实施的行为是实施特定犯罪的一个步骤,与该犯罪直接紧密联系,且实施这一行为不能被合理地认为是为了其他目

① [英]罗德立主编:《香港刑法》(英文版),北京大学出版社1995年版,第10页。

② 同上,第82~83页。

的，而是为了实施特定犯罪之目的。

第七，谋杀罪“谋杀”的含义，是由判例确定的。根据普通法的定义，所谓谋杀，是指“一个人在头脑清醒，到了有能力明辨是非的年纪，心存恶意，非法杀害一个活生生而有权受英皇保护的人，而受害人在事后一年零一日内死亡。”这一定义是17世纪初由爱德华·柯克勋爵提出的，至今仍沿用。①

在香港刑法中，成文法与判例法并存，但并非并重，在实际的操作和法律效力上，刑事条例高于刑事判例。

3. 国际公约

对香港适用的国际公约大致可分为两类：一类是香港以自己的名义参加签订的多边条约或双边协定。另一类是香港未以自己名义参加但相关条约或协定适用于香港，如英国缔结和批准的多边条约，在附加特别领土适用条款后适用于香港；英国与其他国家签订的双边协定适用于香港；英国以香港名义缔结的只适用于香港的条约。这些国际公约中的刑事条款也是香港刑法的渊源。1997 年回归前已有超过200 项国际条约和协议适用于香港，其中约有 59 个条约含有刑事条款，多个多边协议涉及刑事司法协助。国际条约并不当然在香港直接适用，在香港立法施行之前，不算是香港本地法律的一部分，但仍可影响普通法的发展，如法庭可引用某条约，以助解释法例。

总之，香港地区刑法一百多年的发展中构建成一个多元化、多层次、比较严密的庞大独立体系。它以英国刑法为立法蓝本，遵循英国刑法的原则和精神，在一定程度上受英国刑法的制约和支配，因英国刑法的变化而改变；但又是一个比较完备的独立体系，立法局根据香港本地特点在保留有英国刑法内容的基础上，增加了许多本地法的内容，较好地解决了外来法律本土化问题。

（三）香港地区刑法中的罪刑法定原则

作为罪刑法定原则发源地的英国有其独特的罪刑法定模式，“它既不是以法典作为罪刑的载体为法官提供简单、明了的判决依据，也不是法官凭主观想象、感情偏好肆意定罪。判例法中的先例原则和遵循先例原则保证自身内部生长出一套完整的法律技术，保证法律的稳定性和灵活性相统一，在顾全罪刑法定的明确性和安全价值要求之外，保证法律与社会生活相合拍”。② 英国刑法中的罪刑法定原则模式，也充分移植到香港刑法中。香港实行的也不是大陆法系严格意义上的罪刑法定原则，它在制定法中严格执行“法无明文规定不为罪”，“法无明文规定不处罚”，在法

① 第 3 ~ 7 项内容分别参见赵秉志主编：《香港刑法学》，河南人民出版社 1997 年版，第 39、71、77、104、157 页。

② 宗建文：“论英美法系中的罪刑法定”，载《现代法学》1996 年第 1 期。

律颁布并明文规定之前施行的造成社会危害的行为,不受刑事处罚。同时,香港刑法并不排斥判例的作用,而是把遵循先例原则放在香港刑法的重要位置。罪刑法定原则在香港刑法的实际操作层面上,就是将刑事制定法和刑事判例法同时并用,相辅相成,既克服了制定法的刻板,又解决了判例法伸缩性强的缺陷,使刑法的确定性与灵活性充分结合起来。当然,在实际适用中,制定法的法律效力高于判例法。

1. 香港刑事制定法中的罪刑法定

在香港刑事制定法中,罪刑法定原则所要求的形式特征表现充分:

第一,坚持刑法不溯及既往。《盗窃罪条例》在导言的第 1 条"简称及适用范围"中,专门规定:"除本条例另有规定外,本条例之适用于在本条例生效日期或生效之后才犯,或罪行的某些部分是在本条例生效日期或生效之后才犯的罪行。"

第二,对危害社会的行为规定广泛,严重从抢劫、杀人,轻微到乱抛垃圾,都有细致规定。这在前述香港刑法的发展中所列举的各种"条例"中可见一斑。而且,香港刑事制定法就某类犯罪行为的规定非常细致。例如,《侵害人身罪条例》关于"杀人"的规定包括谋杀、串谋或唆使谋杀、轻叛逆罪属谋杀罪、误杀、可原谅杀人、转以他罪裁决、构成罪行的杀人和只有死因在香港发生的杀人罪的审讯。其杀人行为中不包括堕胎、杀胎、杀婴和自杀行为。[①] 关于盗窃犯罪就根据犯罪的方法、地点、侵害对象的不同作了详细区分,分别规定有"盗窃罪"、"入屋犯法罪"、"从对公众人士开放的地方取走物品罪"、"窃取电力罪"、"不诚实地使用公共电话或电传系统罪"等罪名,并在条文中详细规定具体的构成特征以及应受的刑罚处罚。这种对某类行为的细致规定,符合罪刑明确性要求。但对轻微违法行为也规定为犯罪,则不符合刑法谦抑性要求。例如,《简易程序治罪条例》[②]规定的"在公众地方犯的妨扰罪等"中,将任何人无合法权限或解释而将任何腐肉、污垢、泥土、稻草、粪便,或其他脏物、废料、发出恶臭或令人厌恶的物品抛掷或放置在任何公众地方;[③]将痰吐在或吐入公众地方、车辆、轮渡或任何建筑物内(将痰吐入供污物、污水或废水用的容器或沟渠中例外);在公众或无掩蔽的地方或其他不适当的地方大小便;未经许可并领取相关许可证而在公众地方组织、参与或提供设备以进行任何筹款活动;在任何公众地方之内或附近将任何字母、字样、图案或数字标记在任何石头或路堑上,以致其外观受损;无合法解释而将门铃拉动或弄响,敲门或打门,以致骚扰任何居民,或熄灭任何灯光;在弃置于公众地方、空地或垃圾站的垃圾中搜寻或捡拾垃圾,或在弃置于任何

---

① 本条例内容以 1995 年 2 月 17 日的中文真确本为根据。

② 本条例内容以 1992 年 11 月 13 日的中文真确本为根据。

③ 根据本条例的解释,"公众地方"(public place)包括公众可随时进入或在开放时间进入的码头、大道、街道、道路、里、巷、短巷、坊、拱道、水道、通道、小径、通路和地方,不论此等地方是否属官方或私人财产。

放置在公众地方、空地或垃圾站的垃圾桶、垃圾箱、垃圾篓或垃圾车内的垃圾中搜寻或捡拾垃圾，或移去如此弃置的垃圾的任何部分的行为；等等，可处罚款或监禁 3 个月。

第三，香港刑法关于"犯罪"的规定，注重刑事违法性。根据香港《法律释义条例》第 3 条规定，犯罪是指"触犯或违反法律而有刑罚之规定者"。该条例第 33 条又规定："在任何法规后部或其一部分列有刑罚者，此项罚则，应视为凡违反各该法规或其一部之规定者，即以犯罪论，应科以不超过所列罚则之处分。"可见，香港刑法中的犯罪，至少包括两个要素：其一，犯罪触犯或违反了法律；其二，所违反的法律对该行为有刑罚规定。香港刑法这种重视犯罪的刑事违法性，采形式主义之方式定义"犯罪"，与罪刑法定原则要求相契合。

第四，香港刑法对每一具体犯罪都有详尽规定，以明确罪之构成。香港刑法关于犯罪的规定由罪状和法定刑组成。通常罪状分为简单罪状、叙明罪状、引证罪状和空白罪状。在香港刑法中，极少使用简单罪状和空白罪状的规定方式，大都采叙明罪状。如《盗窃罪条例》①关于盗窃罪的规定由该罪构成、关键词解释和罚则三部分组成。盗窃罪的构成体现在"盗窃罪的基本定义"中，其规定是："（1）如任何人不诚实地挪占属于另一人的财产，意图永久地剥夺该另一人的财产，即属犯盗窃罪，而'窃贼'（thief）及'偷窃'（steal）亦须据此解释。（2）作出挪占的目的不论是为了获益，或是为了该窃贼本身的利益，均属无关紧要。（3）第 3 ~ 7 条对本条的释义及实施具有效力（而除本条例另有规定外，第 3 ~ 7 条只适用于本条）。"与该定义相关的关键词"不诚实地"（Dishonestly）、"挪占"（Appropriates）、"财产"（Property）、"属于另一人"（Belonging to another）、"意图永久地剥夺他人财产"（With the intention of permanently depriving the other of it）在条例中都有详尽解释，使盗窃罪的构成更为明了。盗窃罪的罚则则规定在第 9 条，即"任何人犯盗窃罪，即属犯罪，循公诉程序定罪后，可处监禁 10 年"。香港刑事制定法关于具体犯罪的规定大都采取这种方式，这种细密的规定体现了罪与刑的明确性，便于法官准确定罪量刑。

第五，香港刑法对刑罚的规定具有确定性。香港由于没有统一的刑法典，各种刑罚零散地规定在有刑事条款的条例中，除了 1989 年废除的笞刑、1993 年废除的死刑外，香港的刑罚种类繁多，花样齐全。监禁性刑罚主要有：终身监禁、有期监禁，非监禁性刑罚有：罚金。辅助性刑事措施包括入劳役中心、入教导所、入感化院、入戒毒所、入精神病院接受治疗、社会服务令、没收、下令补偿或赔偿、褫夺公权、刑事破产令、吊销驾驶执照等。这些刑种和辅助性刑事措施形成了一个比较完备而科学的刑事处罚体系，便于法官根据每个罪犯的情况选择最合适的处罚方法，达到最佳的

---

① 本条例内容以 1995 年 4 月 1 日的中文真确本为根据。

刑罚效果。香港刑罚也较为轻缓和人道,符合世界刑罚轻刑化方向。在具体罪的法定刑设置上,香港刑法只对谋杀罪规定了单一、固定刑种,是绝对确定的法定刑,《侵犯人身罪条例》第2条规定,谋杀罪为公诉罪,须判处终身监禁。其余都是相对确定的法定刑,香港刑法中对具体犯罪规定的相对确定的法定刑,只规定了最高刑罚。对此,《释义通则条例》第86条、第87条后明确解释。这种规定方式,并不违反罪刑法定的实质,因最高刑的限制,实际上给被告人对可能受到的最严厉处罚有所预见。

这种刑罚规定方式,使香港的法官具有较大的刑罚自由裁量权。为使法官在量刑时能做到公正、公平、符合刑罚的目的,除法律规定具体罪的最高刑对法官自由裁量权作限制外,香港政府还颁布了量刑准则(量刑指南),指导法官量刑。此外,由香港首席大法官创办的司法研究会,通过告知法律领域的最新进展情况和举办由裁判官、地方法院法官和高等法院法官参加的量刑问题讨论会,为法官适当量刑提供服务。①

值得注意的是,香港刑法中规定了不定期刑,由法官判处一个刑期幅度,由惩教署根据犯罪人在服刑中的表现决定其实际执行的刑期。但惩教署只能对表现良好者缩短刑期,而不能突破原判决不定期刑的最高限。② 也即香港的不定期刑是相对不定期。

2. 香港刑事判例法中的罪刑法定

香港刑事判例法是以英国普通法为基础发展起来的,在适用中坚持"遵循先例",即法官在对其审理的案件作出判决时,必须考虑有关法院在已决案件中对与此相同或密切相关的问题作出的判决中所适用的原则,并受其约束。除非这个判例依据的法律后来被废除,否则必须遵循。

回归前香港法院适用刑事判例的准则是:③

(1)香港的所有法院都必须遵循英国枢密院司法委员会的判例。

(2)香港的所有法院都必须遵循英国上议院的判例。

(3)香港的所有法院对于英联邦其他国家和地区法院的判例,一般都予以尊重,并加以采用,但以其法院在解释普通法上所采取的方法与香港法院基本相同者为限。否则,其判例只可作为香港法院的参考。

(4)香港所有法院必须遵循最高法院上诉庭(又称上诉法院)的判决,但上诉庭不一定要遵循自己以往的判决(假如该项判决被认为的确失误的话)。

(5)最高法院原讼庭(又称高等法院)的判决,对地方法院、裁判司署(又称裁判

① 赵秉志主编:《香港刑法学》,河南人民出版社1997年版,第133页。

② 杨春洗、刘生荣、王新建编著:《香港刑法与罪案》,人民法院出版社1996年版,第49页。

③ 刘丁炳:"香港刑法的遵循先例原则及其改革",载《政法学习》1995年第2期。

官法院)有约束力;但是,原讼庭法官并不一定要遵循另一原讼庭法官的判决。

(6)香港的地方法院必须遵循香港最高法院上诉庭和最高法院原讼庭的判例。地方法院在受理上诉案件时必须遵循其作为上诉的终审法院所作出的判例,但对其作为第一审法院或上诉审法院所作出的判决则不要求遵循。

(7)香港的裁判司署应遵循香港最高法院上诉庭和最高法院原讼庭的判例,但不必遵循裁判司署和地方法院的判例。

(8)下级法院判例对上级法院没有约束力。

可见,此时期香港刑法适用刑事判例从种类说包括:(1)英国的判例。"香港法院无疑是受到英国枢密院和上议院的判决的约束",①这是香港最高法院合议庭在1969年聆讯一案件时所作的陈述。(2)英联邦其他国家和地区的判例。香港是普通法适用地区,按照普通法的原则,英联邦其他国家和地区的判例,也可以适用于香港。(3)香港自身的判例。

从适用判例的形式看,包括:(1)遵循纵向先例。就香港法院对刑事案件的管辖体系而言,分为最高法院(包括上诉法院和高等法院)、地方法院和裁判司署。上诉法院是其最高审级,所以,遵循先例就体现为,香港上诉法院的判例对其下级法院都具有约束力,即高等法院服从上诉法院的判例,地方法院和裁判司署服从高等法院和上诉法院的判例。由于香港属于英国的殖民统治地区,香港法院刑事案件的终审权掌握在英国枢密院司法委员会手中,因而香港所有的法院必须绝对遵循英国枢密院司法委员会的判例。(2)遵循横向先例。香港的所有法院,包括其上诉法院,应当遵循英国上议院的判例。因为,一方面上议院是英国的最高一级法院,英国的普通法也在香港适用,所以,香港法院的法官们自认为有义务在习惯法事务方面遵循上议院的判例;另一方面上议院的法官,大部分也是枢密院司法委员会的成员,因而也会以同样方式进行判决,所以,如有案件上诉到枢密院司法委员会,不同意上议院例判例也是没有用的。英国其他法院的判例,一般对香港无约束力,而只有说服力。至于英联邦其他国家和地区的法院,虽然与香港法院之间并不具有审级上的制约关系,但是它们同属于普通法适用地区,因而香港法院对英联邦其他国家和地区的判例,一般也予尊重。(3)遵循自身先例。这包括两种情况:其一,香港上诉法院应遵循自身先前所作的判决;其二,地方法院如果审理上诉案件,对其自身先前审理上诉案件时作出的判决,应当予以遵循。否则,地方法院不受其先前作出的判决的约束。②

---

① [新西兰]瓦莱里·安·彭林顿著:《香港的法律》,毛华,叶美媛等译,上海翻译出版公司1985年版,第10页。

② 宣炳昭:《香港刑法导论》,中国法制出版社1997年版,第33页。

当然,遵循先例是判例法的基本原则,在司法实践中应严格遵守,但并非没有例外。在英国,法官在面对具体案件时,会利用“区别”技术,找出本案与先例之间的不同之处,而不用先例;或认为先例在裁判中没有注意到既有的制定法和权威著作对此的指导作用;或是认为如果遵循先例,可能导致“不公正”、“限制法律发展”时,则可以不遵守先例。我国香港地区和英国一样,在遵循先例的适用中,也有例外情况。其一,英国上议院的判决对香港法院有约束力,但是更多的意见认为其判决只有同香港的案件情况极为相似时,才对香港法院有约束力;其二,英联邦其他国家和地区的判例一般只有说服力,只有当其对普通法的解释方法与香港一致时,香港法院才予以采用;其三,香港的下级法院如果有充分的理由说明以前上诉法院的判例明显错误时,可不遵守其判例。①

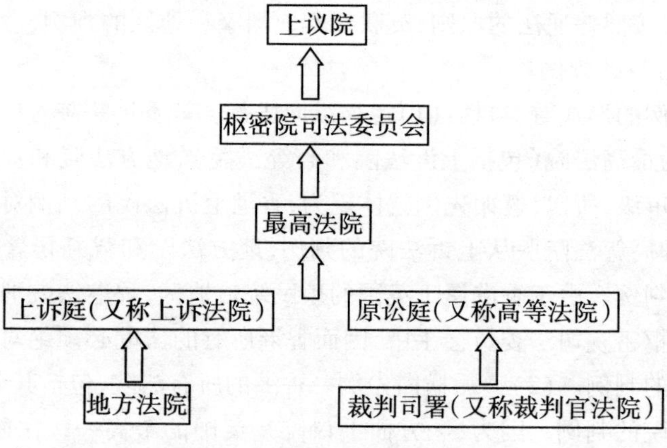

图1　香港回归前的审判机关

五、中国近代区域性刑法的发展特点

(一)独立的发展轨迹

基于不同的历史原因,中国近代区域性刑法各自形成了自己独立的发展轨迹:

根据地刑法建立于封建制度被推翻后,因政权的革命性而与封建刑法彻底决裂,也与同时期在大陆广大地区普遍适用的官方主体刑法完全不同。② 从第二次国内革命战争开始,经过抗日战争到解放战争时期,各革命根据地为了巩固革命政权,镇压反革命活动,保障农民、工人等劳动人民的权利,保证革命军队的军事活动,制定了相应的刑法规范和刑事政策,构成了革命根据地刑法,成为新中国刑事立法的

① 宣炳昭:《香港刑法导论》,中国法制出版社1997年版,第36~37页。

② 虽然抗日战争时期基于一致对外,共同抗日的需要,有的根据地刑法在形式上承认《民国刑法》,但《民国刑法》在抗日根据地实际上并未适用。

历史渊源。

我国台湾地区从1895年被占据，至1945年光复，受日本殖民统治长达51年之久。由于日本当时已经通过明治维新，建立了资本主义的"六法"体系，基本完成从古代法制到近代法制的转型，其对台湾的殖民统治不可避免地对台湾法制产生影响，台湾地区刑法打上殖民法制烙印的同时，也被动地实现了近代化。日本1907年颁布的新刑法是仿德国1870年刑法制定的，受其影响的台湾地区刑法属于大陆法系，且更倾向于德国支系。

香港、澳门地区由于外强入侵，较早地脱离了中国政府的实际管治，因而在法律渊源上与中国大陆相差甚远。香港刑法无论在形式上还是内容上，受曾为其宗主国的英国刑法影响至深。英国刑法属于普通法系，判例法是其法律的主要渊源，这就决定香港刑法也属于普通法系，并具有该支系法律的一般特征。香港没有一部统一的刑法典，其刑法由各个单行的刑事条例、其他单行条例中有关犯罪和刑罚的规定，以及刑事判例组成，制定法与判例法相辅相成，使刑法的确定性与灵活性结合起来；香港刑事实体法与程序法相互渗透和影响。例如，香港1950年修订的《刑事诉讼条例》中专门规定了胁从犯与教唆犯的构成、分类和处罚等实体内容，而《刑事罪行条例》中，则规定了诉讼程序、诉讼证据、起诉期限及权限等程序内容。澳门刑法直接源于葡萄牙刑法，而葡萄牙近代刑法是以1810年《法国刑法典》为蓝本构建的，属于大陆法系，且更倾向于法国支系。这就决定澳门刑法也属于大陆法系的法国支系，并具有该支系的特点。制定法是刑法的唯一形式，习惯在刑法适用中发挥着一定作用。

（二）鲜明的地域性

中国近代区域性刑法具有鲜明的地域性。各区域性刑法都以权力统治地区为适用的空间范围，且在法律的渊源上也有所区别。根据地刑法适用于革命政权控制下的根据地，受战争的影响和立法经验的欠缺，根据地刑事法律的形式多种多样；台湾地区刑法适用于日本占领下的台湾，日本刑法典是台湾地区刑法的主要渊源，适用于台湾地区的日本颁布的单行刑法、台湾地区颁布的单行刑法等为补充；香港刑法只适用于香港地区。1840年鸦片战争后香港被英国占领而成为其殖民地，在1997年回归祖国前，香港处在英国管理之下。英国的制定法、判例法始终是香港刑法的主要渊源，香港本地的制定法不能与英国法律相违背。澳门刑法也是以地域为划分标准的刑事法律，澳门被葡萄牙占领而成为其殖民地、海外省后，至1999年回归祖国前，澳门处在葡萄牙管理之下。澳门先是适用葡萄牙刑法，1996年开始适用本地化的《澳门刑法典》，但仅在澳门政府管辖区域内适用。

（三）历史延续性较强

革命根据地刑法从土地革命战争时期创立，抗日战争时期的发展，到解放战争时期已经比较成熟。它独具特色,不仅与历史上封建的刑法完全不同,而且与同时期在大陆广大地区普遍适用的官方主体刑法完全不同,并成为新中国刑事立法的历史渊源。可以说,革命根据地刑法是新中国刑事立法的开篇之作。这个时期刑法建设的传统和经验对新中国刑法建设具有重大作用并产生了深远的影响。如这一时期,刑法的适用始终贯彻了党中央提出的"镇压与宽大相结合"的刑事政策,对待反动阶级和反革命分子采取分别对待,实行"首恶者必办,协从者不问,立功者受奖"的方针。这一方针也成为了后来指导新中国刑法的一项重要的基本刑事政策,在新中国刑法史上具有深远的影响;又如刑事法律适应政治斗争需要而建设。新民主主义时期始终处于残酷的战争环境,法制建设的主要任务是配合军事斗争,保证政权建设,维护根据地或解放区的秩序,因而,镇压一切反革命活动、镇压汉奸和反共分子,同反动阶级和反革命分子作斗争,是新民主主义革命时期刑事法律的主要任务,所以,其在刑事法规中具有重要地位。当时的刑法建设完全是从政治斗争的需要出发。刑法法规都是共产党根据地的革命纲领和目标的直接体现,是紧密服从于革命斗争需要而进行的。这种法律服从于政治需要的观念一直延续至新中国刑法建设。其受党的领导人个人影响深远。毛泽东在不同时期有关革命政权建设的思想,都成为法制建设的指导思想。①

1945 年日本投降后,台湾地区摒弃日据时期在台适用的日本刑法及只在台湾适用的特别刑法,开始适用民国刑法(1935 年刑法典和当时有效的特别刑法)。台湾地区刑法发展从外表看似乎中断。但实际上日本 1907 年颁布的新刑法是仿德国 1870 年刑法制定的,民国 35 年刑法是在《大清新刑律》的基础上发展演变而来,也是通过模仿日本刑法间接接受了德国 1870 年刑法。所以,虽然形式上台湾地区适用的刑法于 1945 年 10 月由日本刑法转为民国刑法,而实质上,两者之间具有内在的一致性,因而表现出一种历史的延续。

香港刑法是在英国占领后,随着英国法的引入逐步发展起来的,它贯彻着英国刑法的精神而在香港这个华人社会扎下根来。它的形成和演变至今已经历了 150 多年,形成了一个相对独立、比较完备的刑法体系,其基本精神和制度沿袭不改。1997 年香港回归后根据《基本法》的规定,香港原有法律除与基本法相违背的以外,都予以保留。香港一直在英美法系大家庭中不断成长。

澳门从 1849 年起就处于葡萄牙的实际控制下,于 1852 年起适用近代意义的葡萄牙刑法,1886 年开始适用经全面修改的 1886 年《葡萄牙刑法典》,直至 1996 年《澳

① 如毛泽东《论人民民主专政》一文阐述了人民民主专政国家的性质、形成和职能,并将刑法的理论置于国家学说之中,通过说明刑法在实现人民民主专政职能方面的作用,阐述了人民民主专政条件下刑法的本质和作用。这个刑法思想是毛泽东指导过渡时期和社会主义建设时期法制建设的基本思想。

门刑法典》生效，才摆脱适用外国刑法的局面，正式适用本地化的刑法，并于1999年澳门回归后略经修改，延续适用至今。从1852年至今已有150多年的历史，但澳门刑法的近、现代发展并没有中断过。即使是澳门第一部本土化法典——1996年澳门刑法典，由于它是葡萄牙学者主持起草，以葡萄牙1982年新刑法典为参考的，在一定程度上延续了经过多次修改的1886年葡萄牙刑法典的内容。1999年澳门回归祖国后，根据《基本法》的规定，澳门原有法律除与基本法相违背的以外，都予以保留。就刑法而言，主要通过单行刑法作了修改补充，作为主体的1996年《澳门刑法典》并无大的改变。刑法典中所确定的罪刑法定原则及其相关内容、制度继续有效，这也是目前中国刑法中贯彻罪刑法定原则最完善和最彻底的。

（四）均受外来法律的影响

中国近代区域性刑法的形成和发展中，无不受到外来法律的影响。

革命根据地的刑法受政治因素影响，主动学习当时共产主义运动的典范——苏联的法律制度。土地革命时期的工农民主政权在政权组织方面就有明显的仿照苏联国家政权的痕迹，其名称“苏维埃”一词就是直接从俄文“Cobet”音译过来的。在宪法、土地法、劳动法等法律以及相关法律的执行机构的设置上，无不打上苏联的烙印。① 为巩固革命政权，根据地刑法始终将反革命行为作为打击的重点。1934年《中华苏维埃共和国惩治反革命条例》对反革命罪的定义、反革命罪的种类和刑罚原则，是以1917年至1926年苏俄刑法为蓝本制定的，该条例体现的基本精神与苏联内战时期镇压反革命的刑事立法是一致的。条例关于类推的规定，学习了《苏俄刑法典》。就连镇压反革命的专门机构——肃反委员会及其工作任务，也都模仿苏联。此时期刑事规范主体及形式的多样性也与苏联革命初期的情形相似。在苏维埃刑事法律发展的最初年代，并未编纂法典，苏维埃刑法的主要渊源是全俄苏维埃代表大会、全俄中央执行委员会、人民委员会、革命军事委员会、全俄肃反委员会的法令，人民委员会的命令和地方苏维埃的法令。确认行为之为犯罪与应受惩罚，由法院根据苏维埃各政权机关的法令、最高审判机关的通令和训令及根据审判人员自己革命的法权意识来决定，无需类推。② 就笔者所查到的苏联刑事立法文件看，该时期颁发的含有刑事规范的规定，还没有定罪量刑的明确内容，往往表述为对应制裁的行为不确定的制裁。司法人民委员会在1918年6月16日发布的《关于废除从前颁行的关于革命法庭的一切通令》第2条就规定：“革命法庭在选择同反革命行为、怠工行为作斗争的刑罚方法时，除了法律对于某种刑罚方法已经规定字样的以外，不受任

---

① 孙光妍、于逸生：“苏联法影响中国法制发展进程之回顾”，载《法学研究》2003年第1期。

② 苏联司法部全苏法学研究所集体著：《苏维埃刑法总则》（上），中央人民政府法制委员会编译室、中国人民大学刑法教研室编译，法律出版社1955年版，第160页。

何限制。"[①]类推最早是在1922年《苏俄刑法典》第10条加以规定的。该时期是新民主主义革命法律的初创阶段,是在打破旧的传统上建立崭新的制度,缺少立法经验,对苏联革命初期法律的模仿带有全面性和盲目性。抗日根据地时期的法制建设,继承并发扬了土地革命时期根据地的立法成就,纠正了"左"倾错误,把苏联法制建设经验创造性地与中国革命实践相结合,对苏联法律有选择地吸收并加以改造,形成了有自己特点的刑事法律。解放战争时期的刑法在此基础上,开始关注发展了的苏联刑法,并接受了苏联刑法和刑法理论中关于"刑法"、"犯罪"、"刑罚"等基本概念的定义。

台湾地区刑法受日本近代刑法的影响至深,且殖民色彩浓厚。日本作为台湾殖民地的统治者,在统治台湾的各项事务中始终处于主导地位,由他们根据需要决定推行什么样的法制,台湾同胞对这一切只有被迫接受,台湾不过是日本国家统治权支配的对象。在刑法上,除了殖民者专为台湾制定的特别刑法外,日本1880年刑法典、1907年刑法典、日本的特别刑法都延伸至台湾适用。

香港地区刑法是英国占领香港后产生和发展起来的,受英国刑法的影响深远,具有明显的殖民色彩,主要表现在:第一,英国的刑事法律原则上适用于香港。第二,香港立法机关制定的刑法对英国刑法具有从属地位。第三,在内容上严格保护英国皇室的利益。在"叛逆罪"中把攻击女皇或皇家直系亲属的行为,以及发动内战、协助女皇的敌人和杀害执行任务中的公职人员或法官的行为,规定为最严重的犯罪,同时,还规定了其他侵害女王和皇室利益的犯罪。第四,在刑事案件裁判的效力上,受英国枢密院司法委员会制约。英国枢密院司法委员会是英国殖民地法院的最高审级,对香港上诉法院判决不服的可上诉至该委员会。第五,香港官方语言为英语,法律和法庭以英文为法定语言。

由其政治上的殖民地地位所决定,香港刑法对英国刑法具有从属性。具体表现在:第一,在刑事立法的地位上,香港本地刑事立法具有从属性。英国王室对香港享有完全的、充分的立法权,香港立法机关及其权力是英王特许成立和授予的。因此,香港立法机关及其制定的法律对英国王室和国会处于从属地位。香港政府制定的刑事法律必须受《英王制诰》的指导。英国议会有权撤销香港立法局通过的法案。第二,在法律效力上,适用于香港的英国制定法在香港具有最高的法律效力,香港地方刑事立法不得与之相抵触,否则无效。第三,香港的刑事立法以英国刑法为蓝本,遵循英国刑事立法的原则与精神,其刑法中的犯罪概念、犯罪要素、刑事责任、罪名设立、刑罚种类等,以及普通法上的"动机"、"阴谋"等词语的含义,与英国刑法相同或相近。第四,英国刑法的变化一般总要对香港刑法产生影响,香港刑法总要作出

---

① 张寿民著:《俄罗斯刑法发达史》,法律出版社2000年版,第121页。

相应的改变。第五,香港刑法在名称上只能称为“条例”,而不能称为“法”。

葡萄牙对澳门的实际控制长达150多年,在许多方面给澳门社会留下深深烙印,法律也带有葡萄牙色彩。但是,相对香港而言,澳门刑法中的殖民色彩并不浓厚。这与葡萄牙对殖民地(海外省)的态度有关。葡萄牙早在1822年第一部宪法中就明确规定,宗主国及海外属地均适用相同的法律,在基本权利、政权组织上亦同。在基本权利上并未特别规定对海外属地华人居民的差别待遇。而且,由于当时海外属地无独立立法权,当时的澳门不可能独立立法限制权利。① 1852年宪法则确定议院是海外属地的立法机关。1910年葡萄牙实行共和制,于1911年宪法第5编专门规定了“各海外省的行政管理”,其第67条规定:“在海外省的行政管理中,以分权制度为主导,并施行于每一省份文明状况相配合的特别法律。”从1914年葡萄牙政府颁布《海外省行政组织法》开始,澳门与其他葡国海外属地一起享有了政治及立法自治权。1917年11月5日制定的《澳门省组织章程》规定总督及政务委员会为管理机构,其中政务委员会由公务员成员和非公务员成员组成,以保证委员具有广泛的代表性。非公务员成员中专门有总督挑选的华人代表。自此,葡萄牙历次修宪或海外组织法或澳门省政治行政章程中,有关立法机关组成中,都专设华人代表。②

当然,澳门刑法中并非完全没有殖民色彩。葡萄牙对澳门实施控制,在法律上最突出的殖民色彩是法律文本和法律专业人员问题。葡萄牙对澳门实行管制一个多世纪以来,葡文一直是澳门的唯一官方语言,法律、法庭都使用葡文,曾在澳门适用的《葡萄牙刑法典》也不例外。③ 而且,回归前的澳门,从事法律工作的专业人员:法官、检察官和律师,大多数是葡人或土生葡人,只懂葡文。而在澳门,华人占总人口的95%以上。④ 这种状况,使法律实际上只为少数人所掌握。

小结

本章对中国近代政权统治下主体刑法之外的区域性刑法之发展作了简单梳理。

在中央政府统辖区域内,由中国共产党创建的革命根据地为了巩固革命政权,镇压反革命活动,保障农民、工人等劳动人民的权利,保证革命军队的军事活动,制

---

① [葡]肖伟华(Jorge Noronhae Silveira)著:《澳门宪法历史研究资料》,沈振耀译,法律翻译办公室、澳门法律行政翻译学会1997年版,第20页。

② 关于葡萄牙宪法和组织章程等的详细规定,均参见[葡]肖伟华(Jorge Noronhae Silveira)著:《澳门宪法历史研究资料》,沈振耀译,法律翻译办公室、澳门法律行政翻译学会1997年版。

③ 直到1991年12月葡萄牙才通过法律确认了中文在澳门的官方语言地位。但是,1999年澳门回归前,澳门政府公报上所载法律、法令,仍以葡文为原文,中文为译本。在葡文与中文文本发生适用矛盾时,仍以葡文文本为准。

④ 谢望原主编:《台、港、澳刑法与大陆刑法比较研究》,中国人民公安大学出版社1998年版,第49页。

定了相应的刑法规范和刑事政策,构成了革命根据地刑法。根据地刑法独具特色,在中国刑法发展史上具有重要地位,它是中国近代刑法的有机组成部分,不仅与历史上封建的刑法完全不同,而且与同时期在大陆广大地区普遍适用的官方主体刑法完全不同,并成为新中国刑事立法的历史渊源。可以说,革命根据地刑法是新中国刑事立法的开篇之作。这个时期刑法建设的传统和经验对新中国刑法建设具有重大作用并产生了深远的影响。

台湾、澳门和香港地区近代刑法的启动都源于殖民统治,受不同宗主国法律的影响,台湾、澳门、香港近代刑法具有较强的殖民性,分别接受并适用日本、葡萄牙和英国刑法。同时,作为殖民统治的副产品,这些地区刑法先于中国政权控制下的主体刑法开始近代化进程,并且以不同的方式接受了西方近代刑法的先进制度,它们与宗主国法律体系相近,而独立于当时中国的主体刑法。它们抛弃了中国古代刑法中野蛮、落后的因素,开启了近代刑事法制文明之窗。

第五章　殊途同归：罪刑法定原则在现代中国各法域的实现

一、现代中国刑法①

（一）新中国成立到1979年刑法颁布前：罪刑法定原则的否定

1949～1957年，是中国刑法发展的重要时期。这一时期刑法发展的特点是：在全面否定旧法统与刑法理论的基础上，继承根据地刑事立法成果，全面移植苏联建国前期的刑法和刑法理论，建立我国社会主义刑法体系，并融入社会主义法系，为新中国刑法和刑法理论的发展确定了方向。但其不可避免地具有消极影响：主张法的虚无主义、过分强调刑法的工具性等。② 虽然新中国的国家性质是"人民民主专政"，它和社会主义公有制在根本上都是为了保证最真实的人民民主权利。但是，新中国的刑法实践表明，国家权力至上的观念仍然存在，其表现就是把刑法作为"刀把子"、重刑、刑法万能、重视刑法的社会保护功能轻视人权保障等。国家权力至上，是近代民权观念产生以前最普遍的统治观念。尽管新中国与古代中国的国家性质有所不同，但市场经济发展的初步性使市民社会没有成长起来，与中国古代社会一样属于一元社会结构。③ 在我国传统观念中，法只不过是一种镇压工具，这正好与社会主义法是统治阶级意志的表

---

① 此处中国刑法仅指内地国家刑法。

② 蔡定剑著：《历史与变革——新中国法制建设的历程》，中国政法大学出版社1999年版，第254页。

③ 任喜荣著：《伦理刑法及其终结》，吉林人民出版社2005年版，第229页。

现、是专政的工具的思想有巧合之处，因此，这一理论从苏联传入中国，就很容易被接受了，对新中国刑法建设产生深刻影响。

在立法上，与其他法律领域一样，新中国刑法是在彻底摧毁旧法统，吸收苏联刑法理论和立法经验，在根据地刑法基础上起步的。中共中央于 1949 年 2 月发布了《关于废除国民党六法全书与确定解放区的司法原则的指示》，文件基本内容包括：废除国民党的六法全书；新政府的司法工作应当以人民政府的新法律作依据，没有纲领、法律、命令、条例、决议规定的，从新民主主义的政策；要求司法干部以蔑视和批判的态度对待国民党法律和欧、美、日等资本主义国家的法律。中共中央的这一指示被临时宪法——《中国人民政治协商会议共同纲领》作为一项法制原则规定下来，成为新中国法制建设的指导方针，对新中国法制建设产生深远影响。[①] 全面废除与摧毁的结果，表现在刑法上就是连具有进步意义的罪刑法定原则一并抛弃。新中国成立后为巩固政权颁布的有限的单行刑法，罪刑法定原则从未被规定过，相反刑事类推和刑法具有溯及力却得到明确规定。例如，1951 年颁布的《中华人民共和国惩治反革命条例》第 16 条规定："以反革命为目的之其他罪犯未经本条例规定者，得比照本条例类似之罪处刑。"第 18 条规定："本条例施行以前的反革命罪犯，亦适用本条例之规定。"[②]1952 年开展了司法改革运动，对剥削阶级的旧法观点和旧法学理论进行彻底批判，刑事古典学派的行为中心论的刑法学体系和刑事实证学派的行为人中心论的刑法学体系都遭到彻底否定，人为地割断了刑法学和刑法与旧的刑法学说和旧的刑法制度的联系。需要说明的是，由于当时法律尚待建设，司法机关处理对社会有严重危害的行为时，只依靠国家有关政策，无须类推。这一时期采用刑事类推和规定刑法具有溯及力除了受苏联早期刑法理论和刑事立法的影响外，[③]还具有一些现实因素。废除国民政府的刑法后，原根据地的刑法并不健全，解放初制定的刑法规范又极其有限，不能满足打击犯罪的需要。

开始于 20 世纪 50 年代初期的新中国刑法典历次草案中，几乎都有类推的规定。如 1950 年 7 月 25 日《中华人民共和国刑法大纲（草案）》第 4 条规定："犯罪行为，无明文规定者，依其性质，比照本大纲最相类似之条文处罚之，如无最相类似之条文可资比照时，由法院根据人民民主主义的政策处罚之。"1957 年刑法草案第 22 稿第 90 条规定："本法分则没有明文规定的犯罪，可以比照本法分则最相类似的条文定罪判刑。"1963 年刑法草案第 33 稿同样规定了类推，但是加以程序上的限制。

---

① 蔡定剑著：《历史与变革——新中国法制建设的历程》，中国政法大学出版社 1999 年版，第 2、3 页。

② 马克昌等主编：《刑法学全书》，上海科学技术文献出版社 1993 年版，第 556 页。

③ 如 1922 年《苏俄刑法典》、1924 年《苏联刑法基本原则》、1926 年《苏俄刑法典》等都未明确规定罪刑法定原则，却规定了与罪刑法定原则相排斥的类推。

其第86条规定“本法分则没有明文规定的犯罪，可以比照本法分则最相类似的条文定罪判刑，但是应当报请高级人民法院或者最高人民法院核准。”1979年刑法就是在第33稿的基础上，经过修改而成。①

在实践中，刑事司法工作受政治斗争影响，对行为以犯罪来处理，在根据单行法律、解释等规范性文件规定之外，出现了罪刑领导人定、罪刑执政党定和罪刑革命群众定等做法，②与罪刑法定原则背道而驰。

（二）1979年刑法颁布与修改：对罪刑法定原则的矛盾态度

1979年颁布的《中华人民共和国刑法》，是新中国颁行的第一部刑法典，标志着我国法制建设进入了一个新的历史时期。刑法明确规定了时间效力上的从旧兼从轻原则，规定了犯罪的概念和具体罪的构成条件，规定了法定刑刑种和刑度，规定了量刑的原则和制度，对一些概念作了解释性规定，反映了一定的罪刑法定的精神。但刑法典建立在计划经济体制之上，它所反映的是以中央集权、高度垄断为特征的社会状况，仍然具有政治刑法的特征，集中表现就是过分注重刑法的社会保护功能，忽视刑法的人权保障功能。首先，不但未明确表述罪刑法定原则，而且还保留了类推制度。该法第79条规定：“本法分则没有明文规定的犯罪，可以比照本法分则最相类似的条文定罪判刑，但是应该报请最高人民法院核准。”这一规定在理论上被概括为“有严格限制的类推制度”。即使有严格的条件限制，但法无明文规定亦有罪，无异于事后立法，让个人承担无法知道国家态度的行为的责任。其次，刑法规定相当粗疏，只有192条，许多规定含混不清，如从条文规定中根本无法判断三大“口袋罪”——投机倒把罪、流氓罪和玩忽职守罪的行为条件，不符合立法明确性要求，也不符合刑法公开性要求，因为立法的不明确使司法机关在适用法律时具有较大的自由裁量权，司法机关如何理解、如何适用法律是不可预知的；更何况为统一执法，司法机关颁布大量解释，有的并不公开发布，只作为工作规则内部掌握，相当于司法立法。最后，法定刑幅度过宽，刑法死刑条款过多。这种立法方式虽然表面看是最大限度地保护了社会利益，但它以牺牲个人权利为代价。

当然，刑法典系统的罪刑规定相对于长期以单行刑法和政策定罪，有严格限制

---

① 以上立法资料，参见高铭暄、赵秉志主编：《新中国刑法立法文献资料总览》，中国人民公安大学出版社1998年版。

② 如毛泽东专门在《人民日报》发表的对胡风上书党中央的“关于几年来文艺实践情况的报告”等材料前撰写按语，指出“胡风一伙或是帝国主义国民党的特务，或是共产党的叛徒，由这些人做骨干组成一个暗藏在革命阵营内的反革命派别，一个地下的独立王国。”胡风行为性质就此定为“反革命”；又如1957年“反右”斗争中有关划分右派和极右分子的标准由中国共产党制定，实际上被划分为“极右分子”甚至“右派分子”的人，是作为反革命处理的；而“文革”期间砸烂公检法后，群众组织对公民抄家、游斗、逮捕、劳改等。参见孙丽娟：“我们是怎样逐步实现‘罪刑法定’的”，载《法学》1997年第11期。

的类推和从旧兼从轻原则,相对于新中国成立初无限制的类推及从新原则,有一定进步。[①] 而且在司法实践中,类推适用的案件极少,从1980年至1997年的17年间,全国按照类推定罪的案件只有92件。[②]

1979年刑法施行以后,中国立刻进入社会变革时期,出现了大量刑法没有规定,有严重社会危害性的行为。针对这一情况,我国采用由立法机关制定单行刑法和附属刑法的方式,而不是由司法机关直接采类推适用方式解决问题,表现出立法指导思想上的变化。但是,由于没有确立罪刑法定原则,单行刑法和附属刑法缺少统一的原则指导,出现条文混乱和矛盾现象,1981～1995年间我国共通过24个单行刑法,并在107个法律中规定了刑事责任条款(附属刑法),如此大规模的修改补充,已使刑法典面目全非。更不用说直接指导司法实践的由众多主体颁布的数目惊人的刑法解释了。在单行刑法中还出现了比1979年刑法倒退的内容,如1982年全国人大常委会《关于严惩严重破坏经济的罪犯的决定》和1983年《关于严惩严重危害社会治安的犯罪分子的决定》,在溯及力问题上均采取从新原则,使重法可以溯及法律生效以前的行为,与罪刑法定原则的要求背道而驰。

(三)1997年刑法:罪刑法定原则的重新确立

罪刑法定原则重新被重视,是在20世纪最后十几年。随着中国经济体制改革的进行,市场经济以及与之相关的观念进入人们的视野,以人权、平等、公正等为内容的权利价值观受到重视。1997年在社会主义市场经济体制和全新观念基础上修订的刑法典,于20世纪初《大清新刑律》颁布后近90年重新规定了罪刑法定原则。但它绝不是简单的条文认同,而是有着质的飞跃。它不再是在专制制度基础上,为挽救没落的皇权而被迫接受,而是在人民民主政权的基础上,在社会主义市场经济条件下,为最大限度地实现人权保障而主动采纳的。其具体表现在于:

1. 不仅取消类推,而且明确规定罪刑法定原则。其第3条规定:"法律明文规定为犯罪行为的,依照法律定罪处刑;法律没有明文规定为犯罪行为的,不得定罪处刑。"高度概括了我国罪刑法定原则的含义。从此,我国刑法不再是任意开放性体系,而是受罪刑法定原则限制的相对封闭性体系。它否认了国家对公民任意适用刑罚的权力,也对司法权的行使范围作了限制。

2. 科学规定刑法溯及力。刑法溯及力与罪刑法定原则关系密切,根据我国罪刑法定原则"法律没有明文规定为犯罪行为的,不得定罪处罚"的要求,第12条规定:

---

① 1979年刑法第9条规定:"中华人民共和国成立以后本法施行以前的行为,如果当时的法律、法令、政策不认为是犯罪的,适用当时的法律、法令、政策。如果当时的法律、法令、政策认为是犯罪的,依照本法总则第四章第八节的规定应当追诉的,按照当时的法律、法令、政策追究刑事责任。但是,如果本法不认为是犯罪或者处刑较轻的,适用本法。"

② 张希坡著:《中华人民共和国刑法史》,中国人民公安大学出版社1998年版,第293页。

"中华人民共和国成立以后本法施行以前的行为，如果当时的法律不认为是犯罪的，适用当时的法律；如果当时的法律认为是犯罪的，依照本法总则第四章第八节的规定应当追诉的，按照当时的法律追究刑事责任，但是如果本法不认为是犯罪或者处刑较轻的，适用本法。"采用国际通行的从旧兼从轻原则。与1979年刑法不同的是，在这个条文中取消了"使用当时的政策、法令"等字眼，使溯及力的规定更加科学合理，更符合罪刑法定原则的要求。

3. 严格规定犯罪概念和犯罪构成条件，实行罪之法定。首先，修订的刑法继承原刑法形式，在总则中概括规定犯罪的概念，揭示犯罪应当具有的三个基本特征：犯罪是危害社会的行为，具有社会危害性；犯罪是触犯刑法的行为，具有刑事违法性；犯罪是应当受到刑罚处罚的行为，具有应受刑罚处罚性。同时，以"但是情节显著轻微危害不大的，不认为是犯罪"的规定，强调了危害程度在罪与非罪认定中的重要意义。其次，在总则第14条至第31条对犯罪构成的共同要件作了明确规定，如刑事责任能力、犯罪主观要件、排除刑事违法性行为、犯罪预备、未遂、中止及共同犯罪成立的条件，以及单位犯罪成立的条件等。其中，对已满14周岁不满16周岁人负刑事责任范围的严格界定、尚未完全丧失辨认控制能力人刑事责任的规定、单位犯罪的确定都更加严密了罪之法定。最后，刑法分则对具体犯罪的规定细化。修订的刑法从原192条增加到452条，其中分则有350条，不仅将单行刑法和附属刑法中的内容吸收到刑法典中，保持刑法的统一性、一致性，而且取消了原刑法中的"口袋罪"，将原本概括性规定改为列举性规定，使刑法对具体犯罪的规定细密化。例如，多采叙明罪状，把具体犯罪构成的主要特征在条文中加以描述，只对少数犯罪特征为众所周知的犯罪采简单罪状规定方式，并减少了空白罪状描述方式。

4. 严格规定刑种、刑度和量刑原则与制度，实行刑之法定。首先，修订的刑法确定个人责任、行为责任等刑事责任原则，并通过排除责任规定，严格控制负刑事责任的范围；其次，刑法总则延续了原刑法对刑罚种类的规定，设置主刑和附加刑，构建了合理的刑罚体系；再次，刑法总则规定了量刑的一般原则和具体量刑制度，充分体现了刑罚的人道主义精神、惩办与宽大相结合的区别对待政策和预防犯罪目的，刑罚的适用以预防犯罪而非以惩罚为目的；最后，根据具体犯罪危害性程度，设置法定刑幅度，使罪刑相应，罚当其罪。①

但是，1997年刑法颁布后，我国对罪刑法定原则的贯彻上，从立法到司法仍存不足，具体表现在：

第一，罪刑法定原则表述。有学者认为1997年刑法典关于罪刑法定原则的表

---

① 如1997年刑法第383条关于贪污罪，就根据贪污数额等情节的不同分别设计了轻重不同相互衔接的四个量刑幅度。

述,其前半段“法律明文规定为犯罪行为的,依照法律定罪处刑”,是积极的罪刑法定;其后半段“法律没有规定为犯罪行为的,不得定罪处刑”,是消极的罪刑法定。[①]但是,罪刑法定原则的内在含义,应否包括积极的罪刑法定内容?

从罪刑法定原则产生的背景和精神实质看,罪刑法定原则不应包括积极的罪刑法定内容。[②] 首先,从罪刑法定原则产生的背景看,罪刑法定原则是深受中世纪刑罚权无节制扩张和滥用之苦而作出的价值选择,就其本性而言,倾向于保障人权,实现一般正义和增强社会安全感。也即罪刑法定原则是价值偏一的选择,而非兼顾各种价值目标和利益。[③] 最早提出罪刑法定主张的贝卡利亚是在自然法思想指导下,针对欧洲中世纪的罪刑擅断,为保障公民权利不受国家任意侵害和剥夺提出的,罪刑法定原则是国家权力和公民自由间的界限。他认为:只有法律才能为犯罪规定刑罚。只有代表根据社会契约而联合起来的整个社会的立法者才拥有这一权威,任何司法官员都不能自命公正地对该社会的另一成员科处刑罚,不得以热忱和公共福利为借口,增加对犯罪公民的既定刑罚。费尔巴哈的总结性表述,以及“法无明文规定不为罪,法无明文规定不处罚”的法律格言,都表明罪刑法定原则的消极内容。即使在罪刑法定原则从绝对到相对发展,也只是允许法官在法律范围内的自由裁量,允许有利于被告的类推解释,允许有利于被告的新法适用,在保障人权的前提下增加了灵活性,以求得在保障个人权利和保护社会秩序上的最佳平衡。其次,从国际公约规定的罪刑法定原则的表述看,也是从消极的意义上理解该原则内容的。《公民权利与政治权利国际公约》第 15 条第 1 款规定:“任何人的任何行为或不行为,在其发生时依照国家法或国际法均不构成刑事罪者,不得据以认为犯有刑事罪。所加的刑罚也不得重于犯罪时适用的规定。”最后,从其他国家刑法的规定看,都是从消极意义上规定罪刑法定原则的。

第二,关于刑法溯及力规定。我国刑法自 1979 年刑法典采从旧兼从轻原则,1997 年刑法沿袭不改。应该肯定,从旧兼从轻原则与罪刑法定原则的内在精神是相契合的。但是,1997 年刑法第 12 条第 2 款规定:“本法施行以前,依照当时法律已经作出的生效判决,继续有效。”根据该款规定,只要是依据当时法律作出生效判决的行为,即使原判决尚未交付执行或尚未执行完毕,即使新法不再认为是犯罪或处刑较轻,也不影响原判决的效力,原判决仍要执行。

从旧兼从轻原则,被认为是有利于被告的原则。但是,我国刑法在此做得并不

① 何秉松著:《刑法教科书》(上卷),中国法制出版社 2000 年版,第 69 页。
② 苏彩霞著:《中国刑法国际化研究》,北京大学出版社 2006 年版,第 141 页。
③ 宗建文:“刑罚正义论——罪刑法定的价值分析”,载赵炳寿主编:《刑罚专论》,四川大学出版社 1995 年版,第 31 页。

彻底。世界上许多同样采从旧兼从轻原则的国家刑法,在对已经发生法律效力判决的态度上与我国规定有所不同,他们都对新法有利于被告人时适用新法的范围扩大到生效的判决,当然具体扩大范围有所不同。例如,1994 年《法国刑法典》规定只有新法不认为是犯罪的,新法才可以溯及适用于生效的判决;而《俄罗斯刑法》则规定,只要有利于被告,新法都适用于生效判决的案件。

第三,罪刑法定原则的实质内容之一即是"法无明文规定不为罪"。此内涵表明构成"罪"的实质条件必须在法条中予以明确,此乃罪的法定。尽管新刑法通过总则和分则的修订,力求罪刑法定原则的实现,但在罪的法定方面仍然存在一定问题。例如,对有的犯罪行为特征描述过于模糊,①造成了司法适用的随意,甚至可能引起司法权的滥用,背离罪刑法定原则精神。

第四,罪刑法定原则的另一主要内容是刑的法定,即"法无明文规定不处罚"。"刑的法定"既要立足于刑的明确,在刑罚设置上排斥绝对不确定的法定刑,又不能将其绝对化,成为绝对确定的法定刑,而丧失刑罚的适当性、均衡性。1997 年刑法虽然对具体罪的刑种和刑度均采取明确规定,但在有些具体规定中,尚存问题。例如,1997 年刑法部分地改变了 1979 年刑法无限额罚金的规定,规定了比例罚金制和限额罚金制,但有些条文对罚金刑的数额既没有上下限的规定,也没有比例的限制,罚金数额的裁量权完全赋予了法官,难免有绝对不确定法定刑之嫌。

第五,关于死刑适用问题。我国 1997 年刑法典虽然对死刑适用作了许多限制,但仍不符合刑法谦抑性要求。死刑罪名分布在除第 9 章渎职罪外的其他 9 章犯罪中,死刑在类罪名中分布的广度为世界各国刑法之罕见。非暴力的经济犯罪、财产犯罪、贪污和受贿犯罪、妨害社会管理秩序的犯罪等中,法定最高刑为死刑的高达 44 个罪名。而且在死刑适用的对象上,只排除了犯罪时不满 18 岁的未成年人和审判时怀孕的妇女,没有排除有刑事责任能力的精神病人和老年人,有违刑罚之人道。此外,在死刑缓刑的适用和死刑判决核准的程序等问题上均有所欠缺。②

第六,刑法典分则罪名体系问题。从立法技术而言,刑法典分则各章之间的安排,不是任意的,而是表达特定时期国家公认的根本价值,反映出该国对刑法所保护法益的重视程度。我国 1997 年刑法分则罪名的排列仍是按照国家法益、社会法益、个人法益次序,未将公民权利放在最为重要的位置。而我国 1982 年宪法即将公民的基本权利和义务放在国家机构之前,蕴涵着公民基本权利优于国家权力的旨趣。

---

① 如 1997 年刑法第 120 条规定的组织、领导和积极参加恐怖活动组织罪,法条对"恐怖活动"未加以明确,"恐怖活动"的外延内涵均难以把握、操作。

② 相关内容及学者们对死刑的看法可见陈兴良、胡云腾主编:《中国刑法学年会文集(2004 年度)》(第 1 卷),中国人民公安大学出版社 2004 年版。

宪法修正案更是增加了"人权"内容,刑法分则的这一次序安排不符合宪法精神。

第七,司法解释侵入立法领域。刑法司法解释,是最高司法机关就刑法适用问题作出的相关规定,它应以罪刑法定原则为指导,以刑法为对象,而不能创制为现行刑法所不能包容的法律规范。但是,我国司法解释却存在大量诸如无对象解释、越权解释等侵入立法领域的现象。①

第八,罪刑法定除了讲求定罪处刑以法律规定为准,即立法权对司法权的限制以外,还讲求司法权的独立,即在具体案件中,只有法院有权根据事实和法律,决定有罪与否。我国法院必须接受同级政法委的直接领导,这使得干涉独立审判的情况屡见不鲜,长此以往,司法独立何在?罪刑如何法定?我国法院还必须受同级人大的监督,但这种监督不能是个案的监督,否则,司法独立无从谈起,罪刑法定也无法真正贯彻。

第九,罪刑法定原则的贯彻,还取决于法官的独立裁判权。而我国法院内部,审判委员会的存在使审判权陷入行政化的边缘。不参加审理活动的审判委员会有权要求庭审法官按照其意志作出判决,即审者不判,判者不审,这种行政命令式的判决是无法确保罪刑法定的。

第十,在具体案件中,为维护安定团结的政治局面,适应保护社会秩序的刑事政策的需要,突破刑法界限定罪处刑的情况时有发生。法官并非不了解法律规定,而是在政治需要和法律规定面前,在秩序维护与个人权利保障上,牺牲了罪刑法定原则,选择了前者。②

二、现代台湾地区"刑法"

(一)刑法典修正简介

1949 年国民党退守台湾后,原南京国民政府的 1935 年刑法典一直在台湾地区适用至今。虽然自 1949 年至 1987 年,台湾全岛实行"戒严",人民权利和自由受到限制,但罪刑法定原则在刑法中的地位一直没有动摇。刑法典从 1935 年颁布后到 2006 年共作了 17 次修订,2003 年前的历次修订中,集中体现罪刑法定原则的第 1 条和第 2 条条文内容和表述始终没有改变。

---

① 如2000 年最高人民法院《关于对变造、倒卖变造邮票行为如何适用法律问题的解释》中规定,对变造或者倒卖变造的邮票数额较大的,应当依照刑法第 227 条第 1 款的规定定罪处罚。而刑法第 227 条第 1 款的规定是:"伪造或者倒卖伪造的车票、船票、邮票或者其他有价票证,数额较大的……"

② 典型案例是 1998 年 1 月郑州市中级人民法院对张金柱故意伤害和交通肇事一案所作的判决。在明知张金柱故意伤害行为不符合 1997 年刑法第 234 条规定的适用死刑的条件的情况下,考虑到社会稳定的需要,以"不杀不足以平民愤"为由,判处张金柱死刑,剥夺政治权利终身。详见《生活周刊》1998 年第 4 期。

关于2003年前刑法典的修订情况,已有学者作了较为详细的介绍,①本书不再赘述。1935年刑法颁布后至2006年,每次修正、增加和删除的内容见表6。

表6　民国刑法(1935年)修改情况②

编号	公布时间	修改、删除、增加条文	总则	分则	犯罪	刑罚
1	1948年11月7日	修正第5条。该条是关于"国外犯罪之适用"的规定。原条文列举了刑法典在"中华民国"领域外所犯罪行的种类,共有7个罪名。修正后的条文增设"鸦片罪"	/		/	
2	1954年7月21日	修正第77条。该条是关于假释要件的规定,删除原条文第2项:"前项执行期间,遇有第46条情形者,以所余之刑期计算。"	/			/
3	1954年10月23日	修正第160条第1项条文。该条原是关于"侮辱国旗国章及国父遗像罪"的规定,修正条文将原条文中"国旗国章"四字改为"国旗国徽",该条罪名相应变更为侮辱国旗国徽及国父遗像罪		/	/	
4	1969年12月26日	修正刑法典第235条。该条是关于散布贩卖制造猥亵文书图画罪的规定,原条文共有两项,修正后条文提高了该罪的法定刑,并增加了第3项关于没收猥亵物品的内容		/		/
5	1992年5月16日	修正刑法典第100条。该条是关于普通内乱罪的规定。修改了该罪的构成要件内容		/	/	
6	1994年1月28日	修正刑法典第77~79条,并增订第79条之一条文,均为假释的内容,其基本精神是放宽假释的适用	/			/

① 赵秉志、周加海:"台湾地区现行刑法典修正内容简介",载《云南大学学报》(法学版)2003年第16卷第4期。

② 该内容根据S-link 六法电子全书(载 http://www.6law.idv.tw/aa.htm)和赵秉志、周加海:"台湾地区现行刑法典修正内容简介"[载《云南大学学报》(法学版)2003年第16卷第4期]整理。

续表

编号	公布时间	修改、删除、增加条文	总则	分则	犯罪	刑罚
7	1997年10月8日	修正第220条、第315条、第323条、第352条条文并增订第318条之一第318条之一关于泄露电脑秘密罪的规定、第318条之二关于利用电脑泄密罪之加重的规定、第339条之一至之三关于由收费设备取得他人之物罪、关于利用电脑欺诈罪、得财产上不法利益罪和关于电脑犯罪的规定条文		√	√	√
8	1997年11月26日	修正第77条、第79条及第79条之一； 重新收紧了假释的条件	√			√
9	1999年2月3日	修正第340条、第343条条文； 提高了常业诈欺罪的法定刑，扩大了电气、亲属间犯诈欺罪以及背信罪等准用的范围		√		√
10	1999年4月21日	修正第10条、第77条、第16章章名、第221～222条、第224～236条、第240～241条、第243条、第298条、第300条、第319条、第332条、第334条及第348条条文； 增订第91条之一、第185条之一至之四、第186条之一、第187条之一至之三、第189条之一至之二、第190条之一、第191条之一、第224条之一、第226条之一、第227条之一、第229条之一、第16章之一、第231条之一、第296条之一、第315条之一至之三条文； 删除第223条条文				
11	2001年1月10日	修正第41条规定，扩大短期自由刑易科罚金制度的适用范围	√			√
12	2001年6月20日	修正第204条及第205条关于预备伪造、变造有价证券罪的规定，扩大犯罪对象及没收对象的范围，提高了法定刑；增订第201条之一关于伪造、变造信用卡、金融卡、储值卡或其他相类罪的规定		√	√	√

续表

编号	公布时间	修改、删除、增加条文	总则	分则	犯罪	刑罚
13	2001 年 11 月 7 日	修正第 131 条关于公务员图利罪的规定,修改了犯罪构成内容,提高了法定刑		／	／	／
14	2002 年 1 月 30 日	修正第 328 条、第 330 条、第 331 条、第 332 条、第 347 条及第 348 条条文,第 328 条; 调整了普通强盗罪、加重强盗罪、常业强盗罪、强盗罪之结合犯、掳人勒赎罪和掳人勒赎之结合犯的法定刑; 增订第 334 条之一及第 348 条之一将电气确认为侵犯财产罪的对象,掳人后意图勒赎者,以意图勒赎而掳人论		／	／	／
15	2003 年 6 月 25 日	修正第 323 条、第 352 条; 增订第 36 章章名和第 358 ~ 363 条条文		／	／	／
16	2005 年 2 月 2 日	修正第 1 ~ 3 条、第 5 条、第 10 条、第 11 条、第 15 ~ 16 条、第 19 条、第 25 ~ 31 条、第 33 ~ 38 条、第 40 ~ 42 条、第 46 ~ 47 条、第 49 条、第 51 条、第 55 条、第 57 ~ 59 条、第 61 ~ 65 条、第 4 章章名、第 67 ~ 68 条、第 74 ~ 80 条、第 83 ~ 90 条、第 91 条之一、第 93 条、第 96 条、第 98 ~ 99 条、第 157 条、第 182 条、第 220 条、第 222 条、第 225 条、第 229 条之一、第 321 条、第 321 条之一、第 296 条之一、第 297 条、第 315 条之一、第 315 条之二、第 316 条、第 341 条、第 343 条条文; 增订第 40 条之一、第 75 条之一; 删除第 56 条、第 81 条、第 94 条、第 97 条、第 267 条、第 322 条、第 327 条、第 331 条、第 340 条、第 345 条、第 350 条	／	／	／	／
17	2006 年 5 月 17 日	修正第 333 ~ 334 条关于海盗罪和准海盗罪的法定刑		／		／

现就修订的情况简单分析如下：

1. 修订的时间集中。以1987年台湾解除“戒严”为界限，之前52年时间，35年刑法典只修订了4次，涉及条文4条，用台湾学者的评论说，“都是无关紧要之条文”；[①]之后19年时间，共修订13次，涉及条文177条和4章章名。其中，以1999年和2005年两次修正最为集中，共涉及条文138条。

2. 修订所涉内容，分则多于总则。修改、增订和删除条文总数，分则为104条，总则为77条。而且总则内容的修订主要集中于第16次，共67条，修正幅度达总则条文的2/3。

3. 修订所涉内容，修改最多，增订次之，删除最少。修改共128条，增加41条，删除12条。

国民党退守台湾后，不仅继续使用35年刑法典，而且许多单行刑法继续有效，并适时颁布新的单行刑法以补充刑法典适用之不足。有学者对此已经作了初步梳理和研究，[②]本书不再赘述。

（二）2005年对35年刑法典的全面修正[③]

于2005年1月7日通过，同年2月2日公布，2006年7月1日开始施行的修正刑法，是35年刑法典生效以来第一次全面修正，修正幅度大：总则部分修改61条，删除4条，增订2条，计67条；分则部分修改15条，删除7条，计22条。总计89条。

2005年刑法典之全面修正，早于1974年即启动。鉴于当时社会发生重大变迁，有全面修改刑法之必要，“法务部”的前身——“司法行政部”于1974年7月成立了“刑法研究修正委员会”，延聘学术界和实务界专家韩忠谟、林纪东、陈朴生、蔡墩铭、林山田、李元簇等16人，共同进行刑法典的修正工作。该“委员会”从1974年至1979年5年时间，共开会215次，完成了刑法修正案初稿。该稿由“法务部”先后研讨、整理了5次，“行政院”与“司法院”审查了25次，才于1990年1月18日通过，并将“刑法修正案”报“立法院”审议。[④] 但“立法院”对该刑法修正案的态度并不积极，至1996年才开了5次会，审查到第27条。其间，为适应社会发展的需要，不得不先进行了部分刑法条文的修订。由于该草案完成于台湾“戒严”时期和动员戡乱时期，刑法修订者仍有非常法制心态，草案内容并不能充分反映解除“戒严”和终止戡乱后

① 林山田：“刑法七十年来的修正与展望”，载林山田等合著：《刑法七十年之回顾与展望纪念论文集》（一），台湾元照出版有限公司2002年版，第60页。

② 于志刚：“简论台湾地区的附属刑法”，载《云南大学学报》（社会科学版）2001年第14卷第2期。

③ 条文内容见S-link六法电子全书，载http://www.6law.idv.tw/aa.htm。

④ 林山田：“刑法七十年来的修正与展望”，载林山田等合著：《刑法七十年之回顾与展望纪念论文集》（一），台湾元照出版有限公司2002年版，第22~23页。

台湾的政治、经济和社会现实，所以，1996 年“立法院司法委员会”决议请“法务部”重新研讨刑法修正草案。“法务部”重新组织专家对草案进行修订后，于 2002 年 10 月报“立法院”审议。“立法院司法委员会”在审议该草案中，为集思广益、周延立法、博采众家之长，邀请“立法委员”、行政机关、司法机关及刑法学者共同协商讨论，积极审查，于 2004 年 12 月 23 日完成审查工作，2005 年 1 月 7 日完成三读审议，正式通过。①

本次刑法修正根据我国台湾地区刑事司法状况，以“宽严并进”为指导思想，即对有重大社会危害性的犯罪或高危险的犯罪人，采取严格的刑事政策；对轻微犯罪与有改善可能性的犯罪人，采取宽容的刑事政策。② 严格的形势政策涉及对累犯和再犯，延长在监矫治时间，提高数罪并罚之执行刑上限为 30 年，增加对无期徒刑罪犯假释的限制，并对屡次犯重罪者或无治愈可能之性侵害罪犯，限制其假释，对自首者的处罚由必减主义改为得减主义，延长追诉和行刑时效等内容；宽容的刑事政策涉及对短期自由刑罪犯以易科罚金、缓刑、暂缓起诉、不起诉或其他社区处遇措施，矫正其行为偏差，替代传统的刑罚处罚，对于褫夺公权剥夺行为人权利的内容，删除了行使选举、罢免、创制、复决四权，更有利于行为人再社会化，规定未满 18 岁之人不得被判处死刑或无期徒刑；刑法分则还对 100 多个行政法规中的附属刑法予以检讨，对其中 40 余种法规中的犯罪规定予以除罪化，从而限制了刑罚权的适用。本次刑法典修正，还对学术界和司法实务界长期以来争论之重要问题，如连续犯、牵连犯的存废、公务员的范围、心神丧失及精神耗弱的定义、共犯从属关系、追诉时效停止的时点等，都予以规定，确定了立法所采之理论架构及适用范围。

该次刑法典修正，与罪刑法定原则有关的内容在于：

1. 关于罪刑法定原则的规定

将 35 年刑法典第 1 条内容改为：“行为之处罚，以行为时之法律有明文规定者为限。拘束人身自由之保安处分，亦同。”本条前段只在标点上作了修改，后段增加的规定则是实质性的修改。拘束人身自由的保安处分，在封闭的机构执行，对被执行人而言，其剥夺自由的情形与自由刑无异。考虑到自由的剥夺，涉及政府权力发动的正当性，也应适用罪刑法定派生的不溯及既往原则，因而作出上述规定。这一修正，使台湾地区刑法扩大了罪刑法定原则的适用范围。

2. 关于刑法的溯及力

将 35 年刑法典第 2 条内容改为：“行为后法律有变更者，适用行为时之法律，但

---

① 蔡碧玉：“2005 年刑法之修正与形势政策”，载台湾刑事法学会编：《2005 年刑法总则修正之介绍与评析》，台湾元照出版有限公司 2005 年版，第 3 ~ 5 页。

② 同上，第 13 页。

行为后之法律有利于行为人者,适用最有利于行为人之法律。""非拘束人身自由之保安处分适用裁判时之法律。""处罚或保安处分之裁判确定后,未执行或执行未完毕,而法律有变更,不处罚其行为或不施以保安处分者,免其刑或保安处分之执行。"将原文的"裁判时"改为"行为时",虽然只有两字之改,却是原则性的改变。即原来条文采取的是"从新兼从轻"原则,修改的条文采取的是"从旧兼从轻"原则。"从新兼从轻"原则形式上与罪刑法定主义相悖,改为"从旧兼从轻"原则,在时间效力上与罪刑法定原则相契合。

修正的刑法将保安处分分为拘束人身自由与不拘束人身自由两种,并明确规定"非拘束人身自由之保安处分适用裁判时之法律",不言而喻,拘束人身自由的保安处分,应以行为时的法律有明文规定的为限;至于非拘束人身自由的保安处分的适用,则仍以裁判时的法律规定为准。刑法典还规定,刑罚和保安处分之裁判确定后,未执行或执行未完毕,法律变更为"不处罚或不施以保安处分"者,免其刑或保安处分的执行。完全从有利于行为人的角度出发,体现了在刑法的时间效力上,刑法典更彻底地贯彻了罪刑法定原则。

3. 关于刑事责任能力

35年刑法第19条规定:"心神丧失人之行为,不罚。精神耗弱人之行为,得减轻其刑。"修改为:"行为时因精神障碍或其他心智缺陷,致不能辨识其行为违法或欠缺依其辨识而行为之能力者,不罚。行为时因前项之原因,致其辨识行为违法或依其辨识而行为之能力显著减低者,得减轻其刑。前两项规定,于因故意或过失自行招致者,不适用之。"

本条原文模仿日本刑法的表述,对于这一规定近些年来理论界和实务界均有不同意见。认为:以心神丧失之人为无责任能力人,心神耗弱之人为限制责任能力人,只以精神医学和生理学的观点对行为人之刑事责任能力作评价,欠缺法律评价的内容,而刑事责任能力归根结底是刑事法律问题。因此,刑事立法上最理想的规定方法乃采所谓混合方法:首先,就生理学与精神学的观点,对于导致精神障碍或心智缺陷的生理与病理原因加以规定;其次,就法律评价的观点,对于无法识别适法或非法的能力与依其识别而行为的能力,加以规定。[①] 修正的刑法按照混合式立法方式就无责任能力、限制责任能力问题加以规定,更为科学,便于对无责任能力、限制责任能力准确地加以认定。

---

① 林山田著:《刑法通论》(上册),台湾大学图书部2002年版,第367页。

本条第3项对“原因自由行为”理论加以规范化,[①]对理论上关于自招限制责任能力者能否成立原因自由行为从立法上给予了明确回答。有利于消除司法实践对此问题的矛盾认识和法律适用不一致状况,有利于罪刑法定主义的贯彻。

4. 关于不能犯与中止犯

35年刑法在立法上采主观说[②],将不能犯与未遂犯在一个条文中加以规定,并对不能犯规定“减轻或免除其刑”,也即认为不能犯与未遂犯性质相同,所有的不能犯都是犯罪,只不过因为不能发生结果或无危险而减轻或免除刑罚处罚而已。这一规定,对根本不能发生法益侵害或危险的行为科处刑罚,有主观归罪之嫌,在现代刑法思潮下,似欠合理性。修正的刑法采客观说,[③]将不能犯独立规定,并将内容修改为:“行为不能发生犯罪之结果,又无危险者,不罚。”即行为如不能发生犯罪之结果,又无危险者,不构成犯罪。这一规定体现了刑法的谦抑性,符合罪刑法定之要求。

关于中止犯,原刑法特别强调中止行为与危害结果不发生之间的因果关系,即只有危害结果不发生,是由行为人中止犯罪引起的,行为人才可减轻或免除处罚。这种规定虽然严格了中止犯成立的条件,防止犯罪人逃避制裁,但这样规定,对于曾努力防止结果发生的行为人,未免过于严厉,且不利于鼓励中止犯罪。所以,刑法将之修改为:“已着手于犯罪行为之实行,而因己意中止或防止其结果之发生者,减轻或免除其刑。结果之不发生,非防止行为所致,而行为人已尽力为防止行为者,亦同。”“前项规定,于正犯或共犯中之一人或数人,因己意防止犯罪结果之发生,或结果之不发生,非防止行为所致,而行为人已尽力为防止行为者,亦适用之。”这一修改,使相关规定更为合理。

5. 关于共同犯罪

35年刑法采共犯独立性理论,强调对共犯的处罚注重各共犯通过自己行为表现出来的人身危险性。修正的刑法改采共犯从属性理论,认为共同犯罪中,各共犯的

---

① 原因自由行为,是指行为人基于故意或过失,使自己陷于无责任能力或限制责任能力状态,在无责任能力或限制责任能力状态下实施行为,引起构成要件结果的情况。刑法理论一般认为,如果无刑事责任能力或限制责任能力状态不是行为人自己故意或过失造成的,对在该状态下实施行为引起的危害结果,行为人不负刑事责任或对其应按行为时的实际责任能力状况减轻处罚;如果无刑事责任能力或限制责任能力状态是行为人自己故意或过失造成的,对在该状态下实施行为引起的危害结果,行为人要负完全的刑事责任。

② 该说认为,只要有实现犯罪意思的实行行为,不论其能否发生危害结果,均足以危害社会,应予以处罚。

③ 该说主张,从纯客观的角度,根据不能的程度,将不能分为绝对不能与相对不能,前者是不能犯,后者是未遂犯。绝对的不能与犯罪相距甚远,不宜处罚。

行为是否具有可罚性和如何处罚,应注意他们对正犯的依赖关系。①

修正的刑法,首先,将原章名“共犯”,改为“正犯与共犯”,强调正犯与共犯之本质差别。将原文:“二人以上共同实施犯罪之行为者,皆为正犯。”修改为:“二人以上共同实行犯罪之行为者,皆为正犯。”条文仅将“实施”,改为“实行”,一字之差,使刑法规定完全符合刑法理论。在刑法理论上“实施”涵盖阴谋、预备、着手、实行等概念在内。而“实行”仅指实施符合构成要件的行为。采用“实施”说明正犯成立的条件,显然扩大了共同正犯概念的外延,处罚不当。

其次,修正的刑法在教唆犯和帮助犯的规定上也贯彻了共犯从属性理论。去除原刑法关于“被教唆人虽未至犯罪,教唆犯仍以未遂犯论”的处罚规定,修改为:“教唆他人使之实行犯罪行为者,为教唆犯。教唆犯之处罚,依其所教唆之罪处罚之。”意思是被教唆人没有接受教唆,或实行所教唆之罪行,教唆者不成立教唆犯,不处罚。修正的刑法关于帮助犯的规定修改了两处:一是将“从犯”改为“帮助犯”,符合条文本意;二是将“帮助他人犯罪者”改为“帮助他人实行犯罪行为者”,明确表示帮助犯之成立亦以被帮助者(正犯)着手实行犯罪为条件。② 修正的刑法关于教唆犯和帮助犯成立条件的规定,摒弃了原刑法只注重行为人恶性之立场,坚持了认定犯罪的主客观相统一原则。

6. 关于违法性错误

35 年刑法规定:“不得因不知法律而免除刑事责任。但按其情节得减轻其刑。如自信其行为为法律所许可而有正当理由者,得免除其刑。”本条系关于违法性错误的规定。违法性错误在刑法理论上又称为法律错误或禁止错误。对本条文规定,台湾学者多有批评,③认为它有两处缺陷:其一,没有将违法性错误的种类全部包括在内。条文中的“不知法律”,通常认为包括没有认识自己的行为为法律所不许和误认自己的行为为法律所许可两种情形,本条只规定了第二种情况。其二,对违法性错误的处理规定与罪责理论不相符合。在刑法理论上,通常将违法性错误分为可避免之错误与不可避免之错误,两者法律后果不同。不可避免的错误行为,因不具罪责,根本不能成立犯罪。而按照原刑法规定,违法性错误不论可避免或不可避免,均可成立犯罪而不得免除刑事责任,只是可视其情节,得减轻或免除其刑而已。如此规定导致不可避免的禁止错误的行为人,遭到不合罪责的不当刑罚,从而严重违反无罪责即无刑罚的罪责原则。因此,修正的刑法规定:“除有正当理由而无法避免者

① 根据我国台湾地区刑法理论,正犯系直接实行符合构成要件的行为者,共犯系间接参与实行行为者(教唆犯和帮助犯)。

② 陈子平:“正犯与共犯”,载台湾刑事法学会编:《2005 年刑法总则修正之介绍与评析》,台湾元照出版有限公司 2005 年版,第 172 页。

③ 林山田著:《刑法通论》(上册),台湾大学图书部 2002 年版,第 333~334 页。

外,不得因不知法律而免除刑事责任。但按其情节,得减轻其刑。"较原条文有明显的进步。①

7. 关于刑罚

此次刑法修正,涉及的刑罚内容较多,包括刑种、累犯、数罪并罚、缓刑、假释和刑之酌科与加减等。总体而言,刑罚的修改在"宽严相济"的政策下,朝着合理、协调和具有前瞻性的方向发展。

例如,修正的刑法规定未满18岁人犯罪,一律不得判处死刑或无期徒刑,删除了原文未满18岁人犯杀害直系血亲尊亲属罪的,例外地可以判处死刑或无期徒刑的内容。这一修改不仅在与有关犯罪的规定上求得均衡,而且与有关国际公约的规定相符合。

自贝卡利亚在《论犯罪与刑罚》中提出废止死刑后,有关死刑的存废成为刑法理论争论的焦点,进入20世纪后许多国家和地区刑法都废止了死刑。我国台湾地区2005年刑法修订,死刑问题也是讨论的重点,但考虑到其当前的社会状况和犯罪情形,刑法仍保留了死刑但把废止死刑作为目标。所以,规定有期徒刑数罪并罚执行最长期限为30年(原为20年②),被判处无期徒刑者逾25年(原为15年)才能假释,在无期徒刑假释后满20年(原为15年)内未经撤销假释者,以已执行论。这样被判处无期徒刑者,即使获准假释,至以执行论,由原来的30年修改为45年这些规定,有助于逐步向废除死刑过渡。

关于累犯之成立条件,修正的刑法考虑到保安处分本有补充或替代刑罚之功用,并为配合第98条第2项增订的强制工作处分与刑罚之执行效果得以互代的规定,增加"第98条第2项关于因强制工作而免其刑之执行者,于受强制工作处分之执行完毕或一部之执行而免除后,5年以内故意再犯有期徒刑以上之罪者,以累犯论"。使前后规定相协调。

8. 关于保安处分

除了将罪刑法定原则的适用范围扩展到剥夺自由的保安处分措施外,修正的刑法在保留原刑法典规定的保安处分种类的基础上,根据保安处分以消灭再犯危险为主要功能的特点,明确规定了徒刑与保安处分的执行顺序,即保安处分优先执行(性犯罪的强制治疗为唯一例外)。考虑到剥夺自由的保安处分措施涉及人的自由权利,所以,修正的刑法采慎重态度,不仅规定了最长期限,还对监护处分、禁戒处分、性犯罪的强制治疗增加了宣告的条件,不仅要考虑行为人的人身危险性,还必须考

① 马克昌:"我国台湾地区刑法修正述评",载《中国刑事法杂志》2005年第4期。

② 此处所谓"原为××年",是以至1988年已修改的1935年刑法规定为准。下同。

虑行为的严重性。使保安处分的适用也符合适当原则。[①]

本次修正内容，涉及分则条文的不多，主要是配合总则的修改，删除了全部的常业犯规定，并修改了部分罪的构成条件。分则修订的最大缺憾是没有调整各章罪的次序，仍按照35年刑法典的规定，将危害国家利益的犯罪放在首位，危害社会利益的犯罪次之，然后才涉及危害个人利益的犯罪。

35年刑法典具有浓厚的主观主义刑法理论倾向。主观主义的刑法理论，在犯罪成立的条件上，由于侧重行为人之人身危险性，而往往过于宽松，易生不当侵害人民基本权利之举。在刑罚执行上，也会因过于注重人身危险性，只关心对未然犯罪之预防，而忽视对已然犯罪之处罚，而处以不当之刑罚。本次刑法修改方向，采新古典学派之观点，重新重视客观主义，但不排斥主观主义。例如，不能犯除罪化、教唆犯采限制从属形式、不可避免之欠缺违法性认识阻却责任等，都表现了客观主义的内容。累犯假释限制的增加、数罪并罚执行有期徒刑上限的提高，表现了报应观的回归。但缓刑、假释、保安处分等制度的存在，则表明法典仍保留了主观主义的内容。[②]

而且现代我国台湾地区"刑法"从观念上贯彻了罪刑法定的核心思想——人权保障，在司法实践中罪刑法定原则也得到实施。[③]

三、1996年《澳门刑法典》(以下简称1996年刑法)[④]

1974年4月25日葡萄牙军人发动政变成立了新政权，在对外政策方面，宣布放弃海外殖民地政策，承认澳门是中国的领土，但仍由葡萄牙实行管制。1976年2月17日，葡萄牙立法机关专门制定了《澳门组织章程》，明确规定澳门地区为一公法人，在不抵触葡萄牙宪法与该章程所定之原则，以及在尊重葡萄牙宪法和该章程所定之权利、自由与保障的情况下，享有行政、经济、财政、立法及司法自治权。从此，澳门终于摆脱了无立法权的殖民地位，在一定程度上享有了对本地区事务进行立法的自治权。澳门刑法开始本土化。1987年澳门进入过渡时期后，法律本土化更成为急需解决的问题。1990年起草，1995年11月14日澳门政府通过第58/95/M号法令颁布并于1996年1月1日起生效的《澳门刑法典》，[⑤]以及澳门立法机关颁布的单

---

① 林东茂："刑法修正重点评释"，载台湾刑事法学会主编：《刑法总则修正重点之理论与实务》，台湾元照出版有限公司2005年版，第88页。

② 靳宗立："数罪并罚"，载台湾刑事法学会主编：《2005年刑法总则修正之介绍与评析》，台湾元照出版有限公司2005年版，第236页。

③ 黄静嘉："20世纪两岸法制之殊途及今后之归趋——百年来台湾地区法制之回顾与前瞻"，载张晋藩主编：《20世纪中国法制的回顾与前瞻》，中国政法大学出版社2002年版，第104页。

④ 赵秉志主编：《澳门刑法典 澳门刑事诉讼法典》，中国人民大学出版社1999年版。

⑤ 1886年"葡萄牙刑法典"于1996年1月1日失效，但其中分则第1章内容一直延续至1999年12月19日。

行刑法和附属刑法,就是澳门法律本土化的重要成果。《澳门刑法典》作为第一部本地化法典,结束了澳门适用外国刑法的历史,弥补了由于有些内容陈旧无法适应20世纪末变化了的澳门社会之不足。更为重要的是,《澳门刑法典》还为回归后的特别行政区刑事法律建设奠定了基础,意义重大。

(一)1996年刑法典中罪刑法定原则的体现

该法典分总则与分则两卷,总则有7编14章,分则有5编22章,总计350条。罪刑法定原则主要表现在以下方面:

1. 其立法宗旨是对人的尊重和基本权利的保障

由于在澳门所颁布法律之法令是法律的有机组成部分,也有法律效力,所以,作为1996年刑法有机组成部分的第11/95/M号法律和第58/95/M号法令的内容也具有与1996年刑法同等的法律效力。该法律和法令内容显示了1996年刑法的立法宗旨。

第11/95/M号法律第2条规定赋予澳门总督在新《澳门刑法典》范围内,就刑罚之延长及保安处分与有关前提之事宜之立法许可的意义和范围是:建立一刑事体系,使公正得以实现、法益受保护、基本权利获得保障、社会安定得以维持,以及使不法分子能重新被纳入社会;第58/95/M号法令在对《澳门刑法典》制定的说明中指出:以刑法典作为开展各大法典之本地化程序并非偶然,原因系刑法典本身代表着对公民之第一项基本保障,亦为体现某一社会之价值观之参考依据。……新刑法典之条文反映出对基本权利及对人道与包容之价值之尊重,该等基本权利及人道与包容之价值长久以来构成了对居住于澳门各群体之个人保障方面其中一个基本元素。第58/95/M号法令还规定了1996年刑法设立刑事制度的倾向是:按照个人自由及罪过原则设置罪刑,以确保人身安全,预防和遏止犯罪;设立一个具有教育意义及使人能够回归社会,同时尊重被判刑者之权利及人格的刑事制度,等等。这些内容表明,1996年刑法特别注重对人的尊重和基本权利的保障,在罪与刑的规定上,以体现人权尊重和人道主义为首要价值追求。

2. 完整而全面地规定了罪刑法定原则

1996年刑法第1条以3款从不同的角度,全面规定了罪刑法定原则的内容。其第1款规定:"事实可受刑事处罚,以作出事实之时,其之前之法律已叙述该事实且表明其为可科刑者为限。"表明认定某种行为是否为犯罪,只能以行为前已经生效的法律明文规定为依据,从而彻底体现了"无法无罪,无法不罚"的罪刑法定原则之基本内涵,同时也包含了禁止事后法的逻辑要求。其第2款规定:"对危险性状态可科处保安处分,以符合科处保安处分之前提之前,该等前提已为法律订明者为限",进一步将保安处分的适用也纳入"法律订明者"之限制范围,强调保安处分也必须法定。其第3款规定:"不容许以类推将一事实定为犯罪或订定一危险性状态,亦不容许类推确定与一犯罪或危险性状态相适应之刑罚或保安处分”,明确禁止将法律没有明文规定的行为推定为犯罪或有一定的危险性状态,也不允许类推适用刑罚或保安处分。即刑法禁止不利于行为人的类推,因为只有这种类推才与罪刑法定的保障功能相悖。事实上澳门刑法在阻却不法性及罪过事由和关于量刑的减免事由等方面都允许作有利于行为人的类推解释。

3. 关于溯及力的规定

1996 年刑法第 2 条用 4 款规定了刑法溯及力问题。其第 1 款规定:“刑罚及保安处分,分别以作出事实当时或符合科处保安处分所取决之前提当时所生之法律确定之。”强调了法不溯及既往;其第 2 款规定:“如按作出事实当时所生效之法律,该事实为可处罚者,而新法律将之自列举之违法行为中剔除,则该事实不予处罚;属此情况且已判刑者,即使判刑已确定,判刑之执行及其刑事效果亦须终止。”强调了新法不认为是违法行为不予处罚情形和适用范围;第 3 款对第 2 款作了补充,即“如属在某一期间生效之法律,则在该期间内作出之事实继续为可处罚者”。第 4 款规定:“如作出可处罚之事实当时所生效之刑法规定与之后之法律所规定者不同,必须适用具体显示对行为人较有利之制度,但判刑已确定者,不在此限。”上述 4 款严密地表述了 1996 年刑法时间效力上的“从旧兼从轻”原则,即对行为适用刑罚或保安处分,一般应以作出事实时的法律为准;但作出事实时的法律列为违法行为,而新法不作为违法行为的,则适用新法,且即使判决已经确定新法仍有溯及力。这主要是考虑到立法者对于有关事实的立场已发生根本性改变,对于以往认为是犯罪的事实已无惩罚之必要。对作出事实时之法律与新法都认为应处罚之行为,要选择最有利于行为人之法律适用,但判刑已确定者除外。这一规定除考虑了有利于被告人以外,还顾及判决的稳定性与权威性。

那么,什么是“作出事实之时”? 1996 年刑法在第 3 条对此作出解释性规定:“不论符合罪状之结果何时产生,行为人作出行为之时,或如属不作为之情况,行为人应作出行为之时,均视为作出事实之时。”刑法以行为的不同形式——作为和不作为——分别规定“作出行为之时”和“应作出行为之时”,为作出事实之时,显示了规定的严谨性。

4. 关于刑法的明确性

就罪之法定而言,1996 年刑法总则第 2 编以“事实”为编名,下设“处罚之前提”、“犯罪之形式”和“阻却不法性及罪过事由”三章,分别规定了:(1)犯罪成立的基本条件。犯罪的客观行为形式——作为和不作为、犯罪主体成立之基本条件——年满 16 周岁,精神正常或虽非正常但有能力评价行为的不法性,并根据该评价作出决定、主观上有故意或过失。(2)故意犯罪停止形态和共同犯罪形态下之修正的犯罪构成、犯罪竞合与连续犯。(3)正当防卫、紧急避险、行使权利、义务冲突、遵从正当命令及同意等阻却不法性及罪过事由成立的条件及其法律后果。就刑之法定而言，在总则第3编“事实之法律后果”66个条文中，首先，规定了科处刑罚及保安处分的目的：旨在保护法益及使行为人重新纳入社会；其次，规定了刑罚及保安处分的限度：既不得设死刑，亦不得设永久性、无限期或期间不确定之剥夺自由之刑罚或保安处分；最后，非常细致地规定了刑罚和保安处分的种类及其适用。

在分则方面，1996年刑法关于罪与刑的规定也比较契合明确性的要求。不仅以条文标题对条文内容作概括性说明，而且条文内容设置尽量具体。例如，关于杀人的规定，澳门刑法就用了从第128～135条共8个条文，分别规定了杀人的一般规定、加重杀人罪、减轻杀人罪、杀婴、应被害人请求而杀人、怂恿、帮助或宣传自杀、过失杀人以及弃置或遗弃等数种情况。与之相应，法典对具体犯罪的法定刑也规定得相当详细，对不同量刑幅度所要求的情节，大都作了列举。法典还普遍采用叙明罪状的立法方式，即使是盗窃罪等特征易于把握的犯罪，也作了叙明表述。除此之外，法典还在分则各章，就本章常用的法律术语进行阐释，如侵犯财产罪中以专章对“巨额”、“相当巨额”、“小额”、“破毁”、“爬越”、“假钥匙”、“标记”等名词作了解释。

5. 关于刑法的谦抑性

1996年刑法在规定中注意到刑罚的副作用，对刑罚权采抑制态度。具体表现在：其一，规定了较高的责任年龄起点。1996年刑法第18条规定：“未满16岁之人，不可归责”，以16岁为刑事责任年龄的起点，比很多国家（地区）的责任年龄为高。① 责任年龄起点高，就放宽了公民的免责行为范围。其二，以不处罚预备犯、未遂犯为原则，以处罚为例外。其第19条规定：“预备行为不予处罚，但另有规定者除外”；② 第22条规定：“有关之既遂犯可处以最高限度超逾3年之徒刑时，犯罪未遂方予处罚，但另有规定者除外”，并规定不能犯未遂、犯罪中止，以及只要行为人认真作出努力防止犯罪既遂或防止结果发生，即使未能防止，都不予处罚。据该法典分则明文

---

① 如西班牙、泰国、印度为7岁，土耳其为12岁，法国为13岁，中国大陆、日本、德国、意大利、奥地利为14岁。

② 根据1996年《澳门刑法典》之规定，只有伪造罪中的制造、输入、为自己或他人取得、供应、为出售而展示或留置伪造工具以及伪造材料等预备行为（第261条），有关危害公共安全罪中的造成火灾罪、爆炸罪、投毒罪、水淹罪、造成建筑物崩塌罪与释放核能罪的预备行为（第266条），以及妨害本地区罪中的暴力变更制度罪、煽动以暴力变更制度罪、破坏罪（第305条）的预备行为要处罚。

规定要处罚未遂的罪名共19个。① 其三，在刑罚的选用上体现了谦抑性。其第64条关于"选择刑罚之标准"规定："如对犯罪可选科剥夺自由之刑罚或非剥夺自由之刑罚，则只要非剥夺自由之刑罚可适当及足以实现处罚之目的，法院须选非剥夺自由之刑罚。"其四，规定了刑罚之特别减轻和免除的情形。除刑法典总则在第66条和第68条规定了刑罚减轻和免除的一般情况外，分则还规定了特别减轻及免除刑罚情况，如第306条规定："就本章（妨害本地区罪）中涉及产生危险之罪，如行为人在重大之损害发生前，因已意使该行为所产生之危险有相当之减轻，或排除该危险，得特别减轻刑罚，或得不处罚该事实。"其五，规定短期自由刑可由罚金或其他非剥夺自由之刑罚替代。其六，对符合法定条件的人必须给予缓刑、假释、赦免。其七，刑法典规定了刑罚和保安处分追诉时效和执行时效。超过时效，国家即失去对具体事实进行追究或执行刑罚的权力。

6. 刑法分则排列次序

1996年刑法根据犯罪所侵害的法益将具体犯罪分为5编，其次序是：侵犯人身罪、侵犯财产罪、危害和平及违反人道罪、妨害社会生活罪和妨害本地区罪。其一方面，仿效1994年《法国刑法典》，②把"侵犯人身罪"置于分则之首；另一方面，还把"妨害本地区罪"摆在分则最后一编。这种分则体系结构的变更，标志着澳门刑法由重视国家（地区）权益转而注重个人权益，借此肯定了人之权利为最重要之法益。

（二）1996年刑法的优点和不足

1996年刑法是继1994年3月1日新《法国刑法典》施行以来最新的一部具有典型欧陆刑法风格的大陆法系刑法典，它既反映了当代刑法学与刑事立法的最新成果，体现了欧陆刑法的尊重人权，维护人格尊严价值观念，反映了当今世界刑法的最新动态，迎合了西方世界的立法潮流，又考虑到与澳门基本法相衔接，与澳门作为特别行政区的地位和实际状况相适应，体现了较高的立法水平。③

1. 体现尊重人权，维护人格尊严的价值观念

从1789年法国《人权宣言》发表以来，人权思想始终受到世界各国的重视。尤其第二次世界大战后，随着法西斯政权的彻底覆灭，民主政治得到恢复和发展，饱受

---

① 它们是胁迫罪（第148条）、以资讯方法作侵入罪（第187条）、盗窃罪（第197条）、滥用信任罪（第199条）、窃用车辆罪（第202条）、毁损罪（第206条）、诈骗罪（第211条）、保险欺诈罪（第212条）、资讯诈骗罪（第213条）、背信罪（第217条）滥用担保卡或信用卡罪（第218条）、暴利罪（第219条）、伪造文件罪（第244条）、伪造技术注记罪（第248条）、使硬币价值降低罪（第253条）、协同伪造货币者转手假币或使之流通罪（第254条）、制作假度量衡罪（第260条）、侵犯死者尊严罪（第283条）和袒护罪犯罪（第331条）。

② 1994年3月1日生效的《法国刑法典》分则体系，把"侵犯人身之重罪、轻罪"置于十卷之首，改变了1810年刑法典以来欧陆各国均把"妨害国家安全罪"作为分则第1章的立法传统。

③ 王仲兴："论澳门刑法典之特色"，载《中山大学学报》（社会科学版）1999年第3期。

践踏的人们更加认识到民主和人权的重要性,认识到以保障人权为核心的罪刑法定原则,在防止国家刑罚权滥用上的重要作用。许多国家和地区在战后修订的宪法或刑法中,都对罪刑法定原则加以明确规定,①1996年刑法也不例外。其尊重人权,维护人格尊严的刑法精神主要体现在:

首先,秉承现代欧洲大陆法系主要国家刑事立法的基本理念和传统,开宗明义,全面而具体地规定了罪刑法定原则。突出了罪刑法定原则在整个刑法典中的纲领性及统率性。而且,1996年刑法对"罪刑法定"中"法"的界定,并不限于刑法典,而以"行为之前之法律"取而代之,亦将1996年刑法以外的特别刑法纳入其范畴。这既避免了澳门1886年刑法典以"例外"的规定方式之累赘及其误导性,又不影响罪刑法定原则内容的完整性。②

其次,在罪与刑的规定上体现了有利于被告人的刑事政策思想。作为罪刑法定原则的派生原则,不溯及既往是刑法中的当然内容。1996年刑法的特别之处在于,不仅在刑法时间效力上肯定了不溯及既往原则,而且,条文充分表达了刑法适用上有利于被告人的刑事政策思想。即采取了从旧兼从轻原则。而且其"从轻"内容较为彻底。在新法否定旧法之违法行为时,即使根据旧法已经判决确定,仍须适用新法认定,对该行为不予刑事处罚。法典还继承了1886年刑法典传统,明文规定"不得设死刑,亦不得设永久性、无限期或期间不确定之剥夺自由之刑罚或保安处分"。

最后,刑法分则体系上,以侵犯人身罪为首章,以侵犯财产罪紧跟其后,两者都与个人权利直接联系,表现出对个人权利的尊重。

2. 强调刑罚的教育性而非惩罚性,刑罚宽缓、人道

自菲利、李斯特以来,新派学者在刑罚目的一直持教育刑论与社会防卫论的观点。教育刑论者主张刑罚的本质是教育而不是惩罚,刑罚唯一正当的目的就是防止犯罪人再犯罪,国家应该教育改造犯罪人使之回归社会。社会防卫论者主张刑罚的目的就是防卫社会,使其免遭犯罪行为的侵害,所以应对那些有犯罪倾向者以及服刑终了但尚有危险者予以保安处分,因此,刑罚的目的不是处罚犯罪人,而是对其教育和治疗,使其适应社会的要求。③ 1996年刑法在立法中积极吸收西方刑法理论研究成果,强调刑罚与保安处分在教育犯罪人与预防犯罪、防卫社会上的重大作用,不仅明确规定,"科处刑罚及保安处分旨在保护法益及使行为人重新纳入社会",而且将该目的贯彻于刑罚执行中。该法第43条规定:徒刑之执行应以使囚犯重新纳入

---

① 如1949年的《德意志联邦共和国基本法》、1953年8月25日的联邦德国刑法修正案、1947年的《日本国宪法》,等等。

② 赵秉志主编:《中国内地与澳门刑法总则之比较研究》,澳门基金会2000年版,第38页。

③ 谢望原:"刑罚目的论之比较",载《比较法研究》1989年第3期。

社会为方针,为此,应教导囚犯,使之能以对社会负责之方式生活而不再犯罪。徒刑之执行亦具有预防犯罪以防卫社会之作用……”刑法中短期自由刑的替代措施,缓刑、假释制度、刑罚之特别减轻和犯罪情节轻微者免除刑罚等规定,无不反映了教育刑和轻刑化的立法思想。而且,对受刑人法律地位的注重,限制执行方法,尊重受刑人人格,使传统罪刑法定原则向后延伸至执行中的罪刑法定。

3. 反映了最新犯罪动态,吸收了国际刑法规范

刑法与犯罪相伴而生,犯罪总是随着社会的演进而不断出新,刑法总是跟不上犯罪的发展步伐而带有一定的滞后性。但是,要想使一部刑法典既坚持罪刑法定原则,保证刑法的稳定性,又能应对犯罪的变化,必须尽可能反映犯罪动态,并具有一定的前瞻性。1996 年刑法较好地解决了这个问题。刑法典将未经同意的人工生育行为(第 162 条)、以资讯方法作侵入的行为(第 187 条)、滥用信用卡的行为(第 218 条)犯罪化。还规定了污染罪(第 268 条)、利用核能危害公共安全罪(第 265 条)、劫持航空器罪(第 275 条)等的规定,都反映了当代新的犯罪动态。①

在国际宣言、公约、条约、协定、协议等国际法律文件中的有关刑事法律规范,一般必须通过国内法的转化才能予以适用,国际刑法规范并不是一国刑法的渊源。但是,历史上葡萄牙刑法的渊源却包括有关国际条约,因此,葡萄牙参加的国际条约中的刑法规范就成为该国刑法的一个组成部分,并可通过葡萄牙政府训令适用于澳门。② 澳门 1996 年刑法遵循这一传统,把有关国际犯罪规定在刑法典中。例如,在分则第 2 编关于危害和平及违反人道罪中规定了诸如煽动战争、灭绝种族、酷刑等一系列由国际公约规定的犯罪;在第 308 条规定了侵犯享有国际保护之人罪,把 1973 年《关于防止和惩处侵害应受国际保护人员包括外交代表的罪行的公约》的内容规定在刑法中。刑法典除了直接吸收国际刑法的基本内容,将其规定在刑法分则之中外,在刑法第 4 ~ 5 条关于空间效力范围上的规定,还体现了国际法优于国内法原则。刑法典的这种规定有利于防止和打击国际犯罪行为,有效地保护国际社会的安全,并充分履行国际义务。

4. 具有较高的立法水平

1996 年刑法的立法技术比同时期施行的其他国家刑法典和澳门 1886 年刑法更为科学和进步。

首先,关于罪刑法定原则的规定形式具有科学性和进步性。从大陆法系各国刑法典来看,罪刑法定原则的立法化是通例,但在规定罪刑法定原则实质内涵的基础

---

① 谢望原主编:《台、港、澳刑法与大陆刑法比较研究》,中国人民公安大学出版社 1998 年版,第 68 ~ 69 页。

② 米健等著:《澳门法律》,澳门基金会 1994 年版,第 140 页。

上,特别注重保安处分的适用以“法有明文规定”为前提,同时明文规定禁止不利于行为人的类推适用的立法例,在各国刑法典中并未发现。1975 年德国刑法典、瑞士刑法典以及西班牙、意大利等国刑法典关于罪刑法定原则的规定,均是简单载明:“法无明文规定不罚”或“行为之定罪科刑以法有明文规定者为限”。1994 年法国刑法典对罪刑法定原则也仅规定,“只有在其发生之日构成犯罪的行为,始得惩处之”。都未直接将保安处分及作为可科处保安处分的危险性状态规制于罪刑法定原则之内,也未明文规定禁止类推适用。

其次,关于犯罪成立条件之规定与刑法理论相契合。1996 年刑法总则第 2 编以“事实”为编名,具体分为:处罚之前提、犯罪之形式和阻却不法性及罪过之事由三章。这种关于犯罪的体系结构,在逻辑上与大陆法系构成要件符合性、违法性和有责性之构成要件理论相契合,①还符合司法实践要求,具有良好的适用性。

再次,1996 年刑法首先在刑法典中直接规定刑罚目的之先河,明确规定,“科处刑罚及保安处分旨在保护法益及使行为人重新被纳入社会”,对刑罚及保安处分之设置和执行具有指导作用。

最后,1996 年刑法实行刑种简化和自由刑单一化,并限制短期自由刑的使用。刑法典只规定了徒刑和罚金两种主刑和执行职务之禁止和中止两种附加刑。

5. 恰当地解决了习惯在刑法中的作用问题

罪刑法定原则强调刑法的渊源是制定法或成文法,一般排斥习惯法。但是,是否在任何时候习惯法对定罪量刑均无意义?由于刑法既是裁判规范,又是行为规范,它与特定社会的习惯有某种密切联系,对刑法规范含义的解释,往往需要借助于习惯。但是一般刑法典对此并无规定。1996 年刑法则明确规定了习惯在刑法中的意义。1996 年刑法第 30 条第 1 款针对习惯法的原则性规定:从法律秩序之整体加以考虑,认为事实之不法性为法律秩序所阻却者,该事实不予处罚。该规定表明,即使习惯法中的授权性规范并未在刑法条文中明示,但只要它是社会伦理所不禁止的,就算行为对刑法所保护的法益造成了侵害,也不受处罚。第 37 条具体规定了如何判断阻却不法性之“同意”,即“除法律特别规定同意阻却事实之不法性之情况外,如涉及之法律利益可自由处分,且事实不侵犯善良风俗,则事实之不法性亦为同意所阻却”;同时在第 66 条,该法还规定了量刑中的刑罚特别减轻事由。该条要求在量刑中考虑一些即使法律未明文规定的但对行为人有利的情节,而这些情节大都

---

① 大陆法系主流之构成要件理论认为犯罪的成立需要具备三大条件,即构成要件符合性、违法性和有责性。构成要件符合性是事实要件,强调行为形式上符合刑法关于具体罪的规定;违法性是评价要件,形式上符合刑法规定的行为必须具有实质违法性,如果具有违法阻却事由,则无违法性可言;有责性是责任要件,在符合刑法规定的行为被评价为违法后,还必须进行责任评价,即行为人是否具有归责可能性。这主要是看是否有刑事责任能力和是否具有罪过。如果有责任阻却事由,行为仍不构成犯罪。

是习惯法的体现。显然,法律明确表示了对有利于行为人的习惯法的尊重。

对照罪刑法定原则要求,1996 年刑法典仍有一些应予改进之处:

1. 澳门法律以葡文为原本的问题

葡萄牙对澳门的殖民影响表现在法律文本上,就是一直以葡文为原本,这种状况直到 1991 年才有所改变,但仍存问题。1991 年经中葡双方达成协议,澳葡政府立法确认中文与葡文一样具有官方语言地位,并在《澳门政府公报》上删除了"所有澳门政府公报内文字以葡文华文颁行遇有辩论之处仍以葡文为正"的字句,但中文译本与葡文原本之间的效力关系仍未很好地解决。1996 年刑法是澳门政府委托葡萄牙著名的刑法学家 Jorge de Figueiredo Dias 主持起草的。以 Jorge de Figueiredo Dias 为首的专家学者以理性的态度和高度的理论素养起草的刑法典,在体系与内容上具有很强的科学性,又与 1886 年刑法在风格上保持了一致。但以葡文起草并译成中文的刑法典,文本语言并不流畅。而且有的用语含义不清。例如,在"侵犯性自由和性自决罪"中的多项罪名,立法者使用了"重要性欲行为"的字眼。何谓"重要性欲行为"? 立法未作出解释,也很难通过一般生活经验阐释其应有之含义,给遵守和统一适用造成一定困难。

2. 刑事立法的协调问题

刑法典、单行刑法和附属刑法,是澳门现行刑法的基本形式。但是,在澳门刑法并不具有如中国大陆(国家)刑法那样的"普通法"地位,它对于其他特别刑法,并不当然具有不可动摇的指导意义。刑法总则的基本规定,特别刑法并不完全遵守。例如,关于累犯制度和延长刑罚制度,刑法典只规定了普通累犯制和一般情况下延长刑罚的条件,没有说明法律有特别规定的除外,但在有些单行刑事法律中(如有组织犯罪法)则规定了特别累犯制度以及特殊情况上延长刑罚的条件;关于罚金,刑法典规定的是选科制度,但在有的单行刑事法律中实行并科制;关于刑罚的种类,刑法总则只规定了两种附加刑,但在刑法典分则和其他特别刑法中,则规定了相当多的附加刑,尤其是规定了剥夺政治权利。其第 288 条规定的犯罪集团罪与《有组织犯罪法》规定的黑社会罪在构成条件上存在矛盾。1996 年刑法起草时,并未对以往颁布之特别刑法进行吸收;1996 年刑法颁布后,也未对特别刑法进行全面清理,以致 1996 年刑法与特别刑法之间存在矛盾和冲突。这些不协调之处,损害了该刑法的进步性。因为刑法的现代化,不仅需要塑造现代刑法的精神,而且需要一个结构严密、层次分明、前后一致、相互连贯、和谐协调的现代化刑事法律规范体系。①

3. 尚未完全反映社会现实

众所周知,法人犯罪在 20 世纪 60 年代以后就已十分严重。尽管大陆法系各国

① 赵秉志主编:《中国内地与澳门刑法总则之比较研究》,澳门基金会 2000 年版,第 37 页。

刑法理论长期以来对法人犯罪持否定态度,但一些国家(如德国、日本、法国)在行政、商事等法律中已肯定了法人犯罪及其刑事责任。而1994年《法国刑法典》规定了法人犯罪及其刑事责任。在当今刑法理论研究已获重大进步,法律价值观已发生深刻变化的前提下,1996年刑法仍然固守否定法人犯罪的欧陆刑法传统,认为"仅自然人方负刑事责任"(第11条),显然是不合时宜的。而且,刑法典还欠缺对经济领域犯罪的规定。

(三)回归后的澳门刑法

1999年12月20日,中国政府对澳门地区恢复行使主权。根据《中华人民共和国澳门特别行政区基本法》(以下简称《澳门基本法》)第8条的规定,澳门原有法律、法令、行政法规和其他规范性文件,除同《澳门基本法》相抵触或经澳门特别行政区的立法机关或其他有关机关依照法定程序作出修改者外,予以保留。由于在1987年4月13日至1999年12月20日过渡期内,澳门地区政府已经开始了法律的本土化工作,所以,回归后的澳门刑法虽如香港刑法一样面临着以《澳门基本法》为取向,进行调整与发展的问题,但不如香港刑法改动大。

1. 对澳门原刑法的继承

澳门回归前适用的刑法主要是1996年刑法。这部刑法典不仅吸收了20世纪90年代世界刑法发展的最新成果,具有进步性,而且在制定时就考虑到能够在回归后的澳门继续适用问题,尽量符合《澳门基本法》的精神。例如,《澳门基本法》在"居民的基本权利和义务"一章中,不仅在第28条规定:"澳门居民的人身自由不受侵犯。澳门居民不受任意或非法的逮捕、拘留、监禁。……禁止非法搜查居民的身体、剥夺或者限制居民的人身自由。禁止对居民施行酷刑或予以非人道的对待",而且在第29条规定:"澳门居民除其行为依照当时法律明文规定为犯罪和应受惩处外,不受刑罚处罚。"1996年刑法第1条规定,就体现了对上述内容的贯彻。又如在该刑法制定时,为避免回归后适用的尴尬,刑法中没有设置有关颠覆政府、侵犯国家等国事罪的内容,而是先延续适用1886年葡萄牙刑法典的相关内容,回归后按照《澳门基本法》第23条的规定,由澳门特别行政区自行立法禁止叛国、分裂国家、煽动叛乱、颠覆中央人民政府及窃取国家机密等行为。[①] 全国人大常委会还于1999年10月31日通过了关于处理澳门原有法律的决定。根据这个决定,原在澳门适用的所有葡萄牙法律在澳门回归后都停止生效,而绝大多数澳门原有的由本地立法机关制定的法律,都自动转化为澳门特别行政区的法律。因此,澳门回归后,根据"澳门原有法律不变"的原则,澳门仍适用1996年刑法,表现出葡萄牙法律对澳门的持续影响。除此之外,与《澳门基本法》不抵触的澳门本地立法机关颁行的单行刑法和附

① 赵秉志主编:《中国内地与澳门刑法总则比较研究》,澳门基金会2000年版,第37页。

属刑法,经过澳门特别行政区政府确认后,也继续有效。

当然,这种继承,只是具体制度的继承,法律的性质和效力基础都发生了根本变化。[①] 澳门原刑法是葡萄牙刑法的一部分,效力来源于葡萄牙宪法。继承后的澳门刑法,不再是葡萄牙法律的一部分,而成为中国刑法的不可分割的一部分,其效力来源于具有宪法地位的《澳门基本法》。

2. 对澳门原刑法的改革

《澳门基本法》是澳门特别行政区一切活动的基本准则,因此,改革澳门原刑法以《澳门基本法》为依据。《澳门基本法》第 2 条规定:"中华人民共和国全国人民代表大会授权澳门特别行政区依照基本法的规定实行高度自治,享有行政管理权、立法权、独立的司法权和终审权。"第 18 条第 2 款规定:"全国性法律除列于本法附件三之外,不在澳门特别行政区实施。"该条第 3 款规定:"列于附件三的法律应限于有关国防、外交和其他依照本法规定不属于澳门特别行政区自治范围的法律。"该条第 4 款规定:"全国人民代表大会常务委员会决定宣布战争状态或因澳门特别行政区内发生澳门特别行政区不能控制的危及国家统一或安全的动乱而决定澳门特别行政区进入紧急状态时,中央人民政府可发布命令将有关全国性法律在澳门特别行政区实施。"这些规定都是对澳门刑法进行改革以及处理澳门刑法与大陆(国家)刑法关系的依据。

1999 年澳门回归后,根据社会发展变化,及时通过特别刑法对 1996 年刑法作了修改和补充,主要有:1999 年公布的第 6/1999/M 号法律,《关于区旗及区徽的使用及保护》第 7 条,补充规定了侮辱区旗、区徽罪;2001 年公布的第 22/2001/M 号法律,增加刑法典第 68 条 – A,是关于通过不可归责者犯罪之加重制度的规定;2001 年公布的第 4/2001 号法令,增加原相关法令关于毒品范围的内容;2002 年颁布的第 4/2002 号法律《关于遵守若干国际法文书的法律》;2003 年公布的第 8/2003 号法律,修改了第 5/1991/M 号法令,增加了作为禁止对象的毒品的种类;2004 年公布第 10/2004 号法律,修改自愿中断怀孕的法律制度中关于"可处罚性之阻却"内容;2004 年公布 11/2004 号法律,再次增加作为禁止对象的毒品的种类;2006 年公布的第 2/2006/M 号法律《预防及遏止洗黑钱犯罪》;2006 年公布的第 33 号/2006/M 号法律《预防及遏止恐怖主义犯罪》。这些修改与补充的内容既适应了澳门回归后的社会变化情况,也与世界刑事立法同步。[②]

现行澳门刑法的渊源应是:1996 年刑法,澳门政府制定延续至 1999 年回归后适用的单行刑法和附属刑法,澳门特别行政区政府制定的刑事法律,以及经中国政府

① 许昌著:《澳门过渡期重要法律问题研究》,北京大学出版社 1999 年版,第 30 页。

② 根据澳门特别行政区网站公布的法律进行整理。

确认继续在澳门适用的原由葡萄牙签订的国际公约和中国政府签订、在澳门适用的国际公约中的刑事规定。

四、回归后的香港刑法

1997 年 7 月 1 日，中国政府对香港地区恢复行使主权。根据《中华人民共和国香港特别行政区基本法》（以下简称《香港基本法》）第 8 条的规定，香港原有法律，即普通法、衡平法、条例、附属立法和习惯法，除同《香港基本法》相抵触或经香港特别行政区的立法机关作出修改者外，予以保留。据专家们对香港法律进行初审得出的结论，回归前香港有 20 多个法例与《香港基本法》相抵触，有 10 余个法例与《香港基本法》部分抵触。[①] 在这些法例中香港刑法占有很大的内容。这还不包括在过渡时期港英当局新修订的，在主权回归后还要重新恢复的刑事法律。所以，回归后的香港刑法面临着以《香港基本法》为取向，进行调整与发展的问题。

（一）对香港原刑法的改革

《香港基本法》是根据宪法制定的体现"一个国家，两种制度"方针的全国性法律，是香港特别行政区一切活动的基本准则。因此，改革香港刑法应以《香港基本法》为依据。《香港基本法》第 2 条规定："全国人民代表大会授权香港特别行政区依照本法的规定实行高度自治，享有行政管理权、立法权、独立的司法权和终审权。"第 18 条第 2 款规定："全国性法律除列于本法附件三者外，不在香港特别行政区实施。"该条第 4 款规定："全国人民代表大会常务委员会决定宣布战争状态或因香港特别行政区内发生香港特别行政区不能控制的危及国家统一或安全的动乱，而决定香港特别行政区进入紧急状态，中央人民政府可发布命令将有关全国性法律在香港特别行政区实施。"这些规定都是对香港刑法进行改革的依据。

《香港基本法》序言中指出：按照"一个国家，两种制度"的方针，不在香港实行社会主义制度和政策。"一个国家，两种制度"是香港特别行政区一切活动的指导思想，无疑也是香港刑法改革的指导思想。首先，根据"一个国家，两种制度"的方针，只能由中华人民共和国中央人民政府统一行使国家主权，国家的主权，统一和领土完整必须得到维护。它要求改革香港刑法，必须剔除其中的英国殖民因素，而把危害中华人民共和国国家主权、统一和领土完整的行为规定为犯罪并予以刑罚处罚。其次，"一个国家，两种制度"还要求必须保障香港特别行政区的高度自治权。它要求改革香港刑法，必须尊重香港的独立刑事立法权，正确处理香港刑法与国家刑法的关系。

根据《香港基本法》的规定，香港拥有高度自治权，刑法的修改当然属于香港政

---

① 陈弘毅："香港回归后法制的延续与转变"，载《信报：财经月刊》1999 年第 2 期。

府的权力,具体由立法会行使。但是,对哪些原有规定与《香港基本法》相抵触而不能在回归后继续有效,全国人大常委会也有权宣布。《香港基本法》第160条规定,全国人大常委会可宣布香港原有法律中哪些因抵触《香港基本法》,而不能过渡至1997年以后。据此,全国人大常委会1997年2月23日颁布了《关于根据〈中华人民共和国香港特别行政区基本法〉第一百六十条处理香港原有法律的决定》,并在决定的三个附件中列举了应失效的条例和一些词语解释或适用的替换规则。

根据《香港基本法》第8条的规定,香港原有法律,即普通法、衡平法、条例、附属立法和习惯法,除同《香港基本法》相抵触或经香港特别行政区的立法机关作出修改者外,予以保留。因此,香港只能对原刑法中的英国殖民因素和其他同《香港基本法》相抵触的部分作出修改,其余的应予以保留,以后是否修改,应根据香港社会的实际需要,由香港特别行政区立法机构决定,而不是由中央政府强制规定。此外,《香港基本法》第23条还规定:"香港行政区应自行立法禁止任何叛国、分裂国家、煽动叛乱、颠覆中央人民政府及窃取国家机密的行为,禁止外国的政治性组织或团体在香港特别行政区进行政治活动,禁止香港特别行政区的政治组织或团体与外国的政治组织或团体建立联系。"根据这条规定,香港特别行政区应以立法形式对背叛祖国、分裂国家、煽动叛乱、阴谋颠覆中央人民政府、窃取国家机密、非法进行政治活动和破坏国防等行为规定为犯罪并予以刑罚处罚。

香港刑法在废除或修订过程中,遵守《香港基本法》的原则。在剔除带有殖民因素或与《香港基本法》相抵触的内容的基础上,保持了原有法律的完整性、细密性、独立性。具体说来,香港刑法的实质性变化包括:

1. 刑事法律的宪政基础发生变化。回归前香港刑法的根本规范与英国法律制度的根本规范基本相同,这个根本规范承认,所有明示或默示在香港适用的国会立法,在香港都有法律效力;同时承认英皇特权立法,包括为香港殖民地政府提供宪政基础的《英皇制诰》和《皇室训令》。但回归后,《中华人民共和国宪法》成为所有香港法律的终极渊源。香港所有刑事法律(包括普通法)都必须不违背《香港基本法》;而《香港基本法》的效力则来源于《中华人民共和国宪法》。

2. 适用于香港的英国刑事法律不属于"香港原有法律",不在基本法保留之列,而不能在香港特区实施。在香港适用的英国刑事法律是英国殖民统治者统治香港的重要工具,带有浓厚的殖民色彩,必须停止使用。由于终止英国法律在香港特区适用,香港刑法会产生"法律真空"。为了避免这一情况的出现,保持香港政制、法制的稳定,在不违反基本法的原则、符合中英联合声明、废除殖民色彩的基础上,实行立法主体换位,通过立法本土化方式,将英国制定而适用于香港的法律变成香港立法机关制定的法律继续适用。

3. 废除香港立法局制定的带有殖民色彩的刑法和刑事判例。香港立法局制定的刑法中有关维护英国殖民统治的条文占有重要位置,如《刑事罪行条例》第一项罪便是叛逆罪。该项罪名规定:杀害或伤害英国女工或将其监禁或软禁者;对女王进行战争,意图推翻女王的统治;煽动外国人以武力入侵英国或其任何领地者,以任何方式协助正在与女王作战的敌人者,即构成叛逆罪,经起诉定罪后应处死刑。《刑事罪行条例》第二部分"其他反对王室的罪行"中也有类似的规定。可见,香港刑法中这些充满殖民色彩的规定已无法与中国的特别行政区的法律和谐。所以,必须代之以维护中国主权、统一和领土完整的法律。

4. 消除中国清朝法律和习俗的影响。中华人民共和国政府不承认清朝政府颁布的《大清律例》。150 多年来,中国清朝的法律和习惯已逐渐渗透到香港的司法判例中或改造后写进香港条例中。这些判例不利于香港的现代化进程,不利于香港法律文化的发展。

(二)回归后香港刑法的渊源

回归后的香港法律制度据《香港基本法》规定发生了一些变化,刑事法律渊源也随之变化,其主要渊源有:(1)予以保留的香港原有刑事法律。这是回归后香港刑法的主体。无论制定法还是判例法,只要不与《香港基本法》相抵触,仍继续有效。(2)香港特别行政区立法机关制定的刑事法律,包括新制定的法律和对原有法律的修改。(3)新编制的刑事判例。(4)适用于香港特别行政区的全国性法律中的刑事条款。(5)适用于香港特别行政区的国际公约中的刑事条款。在回归后的香港刑法渊源中,有两个问题需要讨论。

一是香港原有刑法中的英国刑法问题。原香港刑法受英国刑法的影响颇大,英国刑事制定法和判例法是香港刑法的渊源之一。回归后,英国刑事制定法和判例法不再是香港刑法的当然渊源,但香港刑法中的英国刑法内容并不能一下子消除。

原香港刑事制定法有些是在模仿英国相应规定的基础上制定的,如 1848 年《反贪污条例》,就是仿效英国同类法律制定的;香港刑法中的严格责任犯罪是由英国普通法判例发展而来的;香港《释义通则条例》仿效英国 1899 年的《解释法》对"人"的含义作出解释,该条例第 3 条规定,"人"包括法团或并非法团组织的任何公共机构和众人组成的团体,即使这些词语出现于订出罪行或与罪行有关的条文内,或出现于追收罚金或追收补偿的条文内,本定义亦适用。这就是根据英国刑法确定的关于法人刑事责任的原则作出的规定。

香港的判例法也受英国判例法的影响,如香港刑法中"故意"是由英国汉考克和香克兰(Hancock and Shank cand [1986] AC455)、尼德里克(Nedrick[1986]3 All ER 1)等判例确定了其含义,说明故意的含义中包括了目的、欲望,但又与两者不完全相同。① 香港刑法中的"轻率",主要产生于英国判例坎宁安(Cunningham [1957] 2QB396)和伦敦市警察局诉考德威尔(Metropolitan Police Commissioner v Caldwell [1982] AC341)两案。② 香港刑法中的教唆、共谋、未遂的概念,都移植了英国普通法中的相关内容。

香港刑法学也深受英国刑法学说的影响,如刑法关于犯罪的分类,英国刑法以1967年颁布的《刑事法令》为界限,前一般将犯罪分为叛逆罪、重罪和轻罪;之后则分为应予逮捕罪和不予逮捕罪(从审判的角度划分,则为应予起诉罪、简易审判罪和既可起诉又可速决罪);英国刑法奉行"没有犯罪意图的行为,不能构成犯罪"。香港刑法也奉行这一原则,并在制定法和判例法中适用;甚至英国的刑事政策也对香港刑法有影响,如英国1965年终止死刑适用,1969年正式废除死刑。香港自1966年至1993年虽仍有死刑判决,但均通过赦免而没有死刑的实际执行,直到1993年《1993年刑事罪行(修改)条例》正式废除死刑。所以,从法律表现形式上讲,英国刑法(包括制定法和判例法)不再是香港刑法的一部分,但从一些制度的来源的角度讲,英国刑法的影响将持续存在。

二是全国性刑法在香港的适用问题。全国性刑法包括:刑法典,即全国人民代表大会制定的《中华人民共和国刑法》;单行刑法,即全国人民代表大会或全国人大常委会的有关犯罪和刑罚问题的专门规定;附属刑法,即全国人民代表大会或其常务委员会制定的非刑事法律中的刑法规范。

全国性的刑法,本应在中华人民共和国领域内都适用,这是国家主权的表现,但是,由于政治制度的特殊性和国际法的一般原则,全国性刑法的适用也有例外情形。所以,1997年《中华人民共和国刑法》第6条规定:"凡在中华人民共和国领域内犯罪的,除法律有特别规定的以外,都适用本法。"《香港基本法》就香港法律适用作出了特别规定,属于这里的"法律有特别规定",因此,全国性刑法不是香港刑法的当然渊源。但全国性刑法仍保留了在香港特别行政区适用的可能。

《香港基本法》第18条第4款规定:"全国人民代表大会常务委员会决定宣布战争状态或因香港特别行政区内发生香港特别行政区不能控制的危及国家统一或安全的动乱,而决定香港特别行政区进入紧急状态,中央人民政府可发布命令将有关全国性法律在香港特别行政区实施。"据此,全国性刑法在香港特别行政区能否适用,应分为正常状态和非常状态两种情况来讨论。

在正常状态下,全国性刑事法律,不在香港特别行政区实施。在非常状态下,全国性有关法律可以在香港特别行政区实施。"全国性有关法律",应当理解为包括全

① [英]罗德立主编:《香港刑法》(英文版),北京大学出版社1995年版,第29页。
② 赵秉志主编:《香港刑法学》,河南人民出版社1997年版,第33页。

国性刑事法律在内。全国性刑法在香港特别行政区实施,必须以法定的非常状态的存在为其前提。"非常状态"具有以下特点:(1)法定性。即非常状态是香港基本法所规定的非常状态,也即法定非常状态。(2)特定性。即非常状态是指特定的事由,包括战争状态和紧急状态。"紧急状态"的具体含义,是指在"香港特别行政区内发生香港特别行政区不能控制的危及国家统一和安全的动乱"。(3)命令性。即指在非常状态下,中央人民政府可发布命令将有关全国性法律在香港特别行政区实施。非常状态下,全国性刑法可以在香港特别行政区实施,就是指中央司法机关对香港特别行政区处于非常状态下发生的危害国家统一和安全等各种犯罪行为有管辖权,可以适用全国性刑事法律对之定罪量刑。

此外,根据《香港基本法》第 19 条第 3 款的规定,对于发生在香港特别行政区的,危害国防和妨害外交的犯罪行为,无论是在正常情况下,还是在非常状态下,全国性刑事法律均可予以适用。因为,在正常状态下,国家对于这类犯罪行为可以采取国家行为,而香港特别行政区法院对国防、外交等国家行为无管辖权。香港特别行政区法院在审理案件中遇到有涉及国防、外交等国家行为的事实问题,应取得行政长官就该问题发出的证明文件,上述文件对法院有约束力。行政长官在发出证明文件前,需取得中央人民政府的证明书。在非常状态下,对于上述行为,中央司法机关有权管辖,可以适用全国性刑事法律。

(三)回归后香港法院适用刑事判例的准则

从 1997 年 7 月 1 日起,香港不再属于英国的殖民地,而是中华人民共和国所属的一个特别行政区,与此相适应,香港特别行政的终审权属于香港特别行政区终审法院(《香港基本法》第 82 条)。这样,英国枢密院司法委员会的判例和英国上议院的判例对香港特别行政区所有法院不具有法律约束力(binding authorny),而只具有说服力(persuading authority)。除此之外,适用的判例的范围也发生变化。根据《香港基本法》第 8 条的规定,对香港刑事法律(包括制定法和判例法)与《香港基本法》相抵触的内容,或者予以修改,或者予以废止,而不得"予以保留"。又由于香港有制定法优于普通法的原则,即遇有普通法与制定法有矛盾时,应适用制定法。因此,从 1997 年 7 月 1 日起,那些与《香港基本法》相抵触或者与香港特别行政区立法机关制定的法律相抵触的判例,当然失去法律效力,香港特别行政区各级法院均不得遵循,即这种性质的判例,对香港特别行政区法院既没有约束力,也没有说服力。

回归后香港法院体制根据《香港基本法》作了调整(图 2),为保持香港司法的高度自治,设立香港终审法院为最高司法机关,取代原英国枢密院司法委员会。原最高法院改称为高等法院,原地方法院改称为区域法院,原裁判司署(裁判官法院)名称不变。相应地,法院适用刑事判例的准则改为:

1. 终审法院的判决对香港各级法院都有约束力。

2. 高等法院上诉庭的判决对高等法院原讼庭及区域法院和裁判司署均有约束力,但对自身没有当然约束力。

3. 高等法院原讼庭的判决对区域法院、裁判司署有约束力;但对自身没有当然的约束力。

4. 区域法院和裁判司署的判决对其他法院或自身没有约束力。

5. 下级法院判决对上级法院没有约束力。

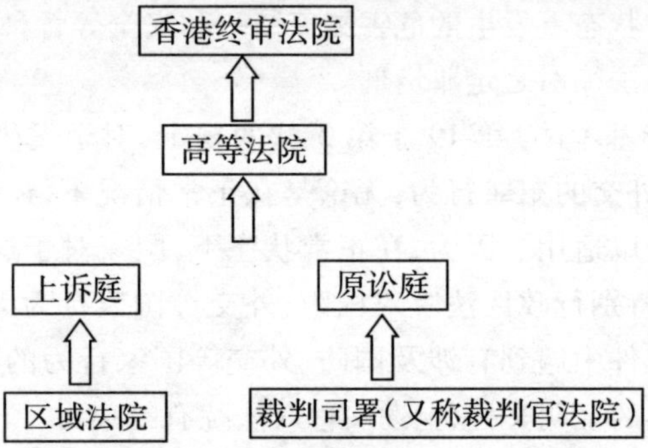

图2 回归后香港的审判机关

(四)回归后香港刑法的基本走向①

1. 由复杂化向简单化方向发展。香港刑法是一个多层次、多元结构的法律体系,既有英国法律、香港本地法律,又有中国清朝法律和习惯法。这种多元结构表现为成文法与判例法的并用。1997年以后,香港刑法的多元结构改变,在成文法上仅存有以《香港基本法》为宪制基础,由香港特别行政区立法会制定或认可的刑事法例。香港原刑事法例成为香港刑法的主干。判例法来源简单化,本港判例成为主要法源。

2. 由从属化向主体化方向发展。英国统治香港时期,英国刑事法律在香港居于主导地位,香港本地刑事条例从属于英国刑法,英国掌握着主要立法权。香港回归后,港人具有高度的自治权,包括独立的立法权。香港特别行政区立法机关有独立制定和修改香港特别行政区刑事法律的权力。所以,香港立法机关成为刑事立法权的主体。

3. 立法主体向集中和广泛代表性发展。英国统治香港时期,香港刑事立法权较为分散,成文法的立法权分别由英国议会和港督行使,立法局只是一个港督立法的辅助机构,不具有独立性。而且在长达一个多世纪的时间里,立法局议员一直由港

① 刘佳:"香港刑法及其走向略析",载《北京师范大学学报》(社会科学版)1997年第3期。

督委任，直到1985年立法局才出现间接产生的民选议员，1991年才首次出现直接选举的议员。[①] 回归后，根据《香港基本法》的规定，立法会成为香港独立的最高立法机构，由60名经选举产生的议员组成，[②]具有广泛代表性，可以反映不同利益集团的要求。

回归后的香港刑法表现出强烈的独立性，由“一国两制”的政策决定，《香港基本法》确定香港具有高度自治权，包括刑事立法和司法的自治权，不受全国人大制定的刑事法律的约束（特殊时期除外）。回归后的香港刑法去除了有关侵犯女王和王室利益的犯罪规定，排除英国刑法的适用，刑事诉讼的最高审判机关为香港终审法院。《香港基本法》还确定中文与英文同为法律的正式语言，注重法律和司法活动的双语化。英国刑法的殖民影响只能零星存在于法律形式和个别法律内容中。

小结

在现代，近代中国刑法形成的五大法域格局由于政权更迭发生了一定的变化，澳门、香港地区延续着近代刑法，加入了更多的本土因素，适用的地域范围没有改变；曾经作为政权控制下主体刑法的民国刑法，在1949年国民党政府溃败退守台湾后，在我国台湾地区继续发展（1945年光复后的台湾地区已经适用当时民国刑法）；曾偏于一隅的革命根据地刑法则因取得政权，于1949年后在中国大陆得以延续发展，显示出现代中国刑法对近代中国刑法的继承和发展。

其中，澳门刑法、香港刑法和台湾地区“刑法”的发展比较平稳，除了因时代的发展，对刑法相应内容有所增减外，近代以来确立的罪刑法定原则一直得以坚持。新中国刑法发展因政治因素的作用而跌宕起伏，直到1997年才在刑法中确立罪刑法定基本原则地位。但不管各法域刑法发展的道路有怎样的不同，在20世纪末，罪刑法定原则终于成为中国刑法共同的规则并得到贯彻，它不再仅仅是个标志，而是真正成为指导刑事立法、司法活动的基本准则；它不再仅仅是文本的原则，也成为基本的刑法观念。

---

① 赵秉志主编：《香港法律制度》，中国人民公安大学出版社1997年版，第86页。

② 由功能团体选出的议员在第一届至第三届均为30人；由选举委员会选出的议员在第一届和第二届分别为10人、6人，第三届取消选举委员会选举；由分区直接选举产生的议员在第一届、第二届和第三届分别为20人、24人和30人。参见赵秉志主编：《香港法律制度》，中国人民公安大学出版社1997年版，第94页。

附表　民国颁布的单行刑法和台湾地区的有关规定①

编号	名称	颁布时间	废止时间	颁布者
1	《吗啡治罪法》	1914年4月11日	1928年6月9日	北京政府
2	《官吏犯赃治罪条例》	1914年6月5日	1916年7月18日	同上
3	《违令罚法》	1914年7月14日	1916年	同上
4	《徒刑改遣条例》	1914年7月30日	1916年7月18日	同上
5	《易笞条例》	1914年10月5日	1916年7月18日	同上
6	《惩治盗匪法》	1914年11月27日	1922年12月 1923年3月3日恢复	同上
7	《私盐治罪法》	1914年12月22日	1944年10月18日	同上
8	《办赈犯罪治罪暂行条例》	1920年10月19日	办赈完毕	同上
9	《科刑标准条例》	1920年10月	1928年9月1日	同上
10	《官吏犯赃治罪条例》	1921年3月29日	1924年	同上
11	《贩运人口出国治罪条例》	1921年5月4日	1932年4月15日	广东军政府
12	《禁烟条例》	1925年7月21日	1928年4月4日修正	广州国民政府
13	《党员背誓罪条例》	1926年9月22日	1931年12月17日	同上
14	《反革命罪条例》	1927年3月30日	1931年3月1日	武汉国民政府
15	《处分逆产条例》	1927年5月10日	1928年7月17日	同上
16	《惩治土豪劣绅条例》	1927年8月18日	1932年4月15日	南京国民政府
17	《惩治盗匪暂行条例》	1927年11月18日	1935年7月1日	同上
18	《处理逆产条例》	1928年7月17日	1929年11月23日修正	同上
19	《暂行反革命治罪法》	1928年3月7日	1931年1月31日	同上

① 该内容根据S-link六法电子全书（载http://www.6law.idv.tw/aa.htm）和赵秉志、于志刚："中国台湾地区之单行刑法要论"，载《湖南政法干部管理学院院报》（第17卷第1期）；黄荣坚等编纂：《月旦简明六法》（元照出版公司2004年版）整理。

续表

编号	名称	颁布时间	废止时间	颁布者
20	《暂行特种刑事诬告治罪法》	1928 年 7 月 24 日	1932 年 4 月 15 日	南京国民政府
21	《禁烟法》	1928 年 9 月 17 日	1929 年 7 月 25 日	同上
22	《共产党人自首法》	1928 年 10 月 12 日	1930 年 4 月 26 日修正	同上
23	《惩治绑匪条例》	1928 年 11 月 21 日	1932 年 4 月 15 日	同上
	《禁烟法》	1929 年 7 月 25 日	1933 年 3 月 16 日修正	同上
24	《陆海空军刑法》	1929 年 9 月 25 日	1937 年 7 月 19 日 1999 年 4 月 21 日 2001 年 9 月 28 日修正	同上
25	《政治犯大赦条例》	1931 年 1 月 1 日		同上
26	《危害民国紧急治罪法》	1931 年 1 月 31 日	1946 年 2 月 13 日	同上
27	《要塞堡垒地带法》	1931 年 9 月 18 日	1935 年 3 月 12 日 1937 年 9 月 21 日 1954 年 5 月 12 日修正	同上
28	《大赦条例》	1932 年 6 月 24 日		同上
29	《军机防护法》	1932 年 12 月 17 日		同上
30	《危害民国紧急治罪法施行条例》	1934 年 3 月 9 日	1937 年 9 月 4 日修正	同上
31	《徒刑人犯移垦暂行条例》	1934 年 7 月 10 日		同上
32	《妨害国币惩治暂行条例》	1935 年 7 月 15 日	1943 年 10 月 18 日	同上
33	《禁烟治罪暂行条例》	1935 年 10 月 28 日	1941 年 2 月 19 日	同上
34	《禁毒治罪暂行条例》	1935 年 10 月 28 日	1941 年 2 月 19 日	同上

续表

编号	名称	颁布时间	废止时间	颁布者
35	《惩治偷漏关税暂行条例》	1936年7月4日	1952年11月20日	南京国民政府
36	《违反兵役治罪条例》	1937年7月16日	1940年6月29日	同上
37	《惩治贪污暂行条例》	1938年6月27日	1943年6月30日	同上
38	《戡乱时期检肃匪谍条例》	1940年6月13日	1954年12月28日修正 1991年6月3日废止	同上
39	《战时军律》	1940年11月2日		同上
40	《妨害兵役治罪条例》	1940年6月29日	1943年5月27日 1947年7月17日 1949年9月5日修正 1976年7月19日废止	同上
41	《禁烟禁毒治罪暂行条例》	1941年2月19日	1946年8月2日	同上
42	《妨害国家总动员惩罚暂行条例》	1942年6月29日	1950年6月3日 1953年2月25日修正	同上
43	《惩治贪污条例》	1943年6月30日	1950年6月2日修正 1954年6月1日废止	同上
44	《妨害国币惩治条例》	1943年10月18日	1973年9月4日修正	同上
45	《惩治盗匪条例》	1944年4月8日	1957年6月5日 1999年4月21日修正	同上
46	《战时交通器材防护条例》	1944年10月31日	1945年8月16日 1956年5月18日修正并更名为《战时交通设备及器材防护条例》后又更名为《战时交通电业设备及器材防护条例》	同上
47	《戡乱时期危害国家紧急治罪条例》	1947年2月25日	1949年3月20日	同上

续表

编号	名称	颁布时间	废止时间	颁布者
48	《惩治走私条例》	1948 年 3 月 11 日	1955 年 12 月 29 日 1969 年 11 月 11 日 1978 年 1 月 23 日 1985 年 6 月 26 日 1992 年 7 月 29 日 2002 年 6 月 26 日修正	南京国民政府
49	《违反粮食管理治罪条例》	1948 年 11 月 10 日	1953 年 11 月 29 日 1958 年 12 月 10 日 1971 年 11 月 4 日修正	同上
50	《惩治叛乱条例》	1949 年 6 月 21 日	1991 年 5 月 22 日	同上
51	“妨害军机治罪条例”	1951 年 5 月 6 日	1954 年 5 月 4 日 1957 年 5 月 2 日 1972 年 2 月 8 日修正	台湾当局
52	“残害人群治罪条例”	1953 年 5 月 22 日		同上
53	“戡乱时期肃清烟毒条例”	1955 年 6 月 3 日	1963 年 6 月 21 日 1992 年 7 月 27 日修正更名为“肃清烟毒条例”	同上
54	“戡乱时期窃盗赃物犯保安处分条例”	1955 年 12 月 30 日	1957 年 1 月 30 日 1967 年 8 月 1 日 1969 年 11 月 19 日 1973 年 11 月 5 日修正 1992 年 7 月 29 日《窃盗犯赃物犯保安处分条例》	同上
55	“罚金罚锾提高标准条例”	1962 年 5 月 25 日	1970 年 1 月 9 日 1983 年 6 月 24 日 1991 年 5 月 6 日 1993 年 2 月 5 日修正	
56	“戡乱时期贪污治罪条例”	1963 年 7 月 15 日	1973 年 8 月 17 日 1992 年 7 月 17 日修正更名为《贪污治罪条例》 1996 年 10 月 23 日 2001 年 11 月 7 日 2003 年 2 月 6 日修正	同上

续表

编号	名称	颁布时间	废止时间	颁布者
57	“罪犯减刑条例”	1971年、1975年、1988年、1991年先后公布了四个罪犯减刑条例		台湾当局
58	“枪炮弹药刀械管理条例”	1983年6月27日	1985年1月17日 1990年7月16日 1996年9月25日 1997年11月24日 2000年7月5日 2001年11月14日修正	同上
59	“动员戡乱时期检肃流氓条例”	1985年7月19日	1992年7月27日改名为“检肃流氓条例” 1996年12月30日 2002年4月4日修正	同上
60	“动员戡乱时期检肃流氓条例实施细则”	1985年11月27日	1992年7月30日 1997年7月30日 1998年7月15日 1999年12月29日修正	同上
61	“儿童及少年性交易防治条例”	1995年8月11日	1999年4月21日 1999年6月2日 2000年11月8日修正	同上
62	“性侵害犯罪防治法”	1996年1月22日	2002年5月15日 2002年6月12日修正	同上
63	“组织犯罪防治条例”	1996年12月11日		同上
64	“洗钱防治法”	1996年10月23日	2003年2月6日修正	同上
65	“毒品危害防治条例”	1998年5月20日	2000年3月5日 2001年6月27日 2002年1月23日 2003年7月9日修正	同上

余论：关于中国近代以来刑法发展若干问题的思考

1840 年鸦片战争后，中国历史进入近代，沿用千年的中国古代刑法开始瓦解，在中国广大区域近代刑法变革也开始起步。在经历了百年曲折，走过了命运多舛的一个世纪后，中国刑法终于赶上世界的步伐。纵观这百年历史，中国刑法变革，虽然时起时落，冲突不断，各地发展快慢不均，但却最大限度地接受了西方刑法文化的主要内容，以最快速度构建了近代刑法规范体系，为中国刑法现代化打下了基础。这也正是近代中国刑法变革运动的历史价值之所在。回顾这段历史，有许多值得思考之处。

一、中国近现代刑法发展的基本轨迹

（一）中国近现代刑法演进轨迹

中国近代刑法是中国刑法发展史上的重要时期，受国家性质、阶级关系、社会、经济状况、殖民地状况等的影响，这一时期刑法的性质和内容的巨大变化。由于殖民侵略或内部政权问题分化为五个法域，即民国刑法、革命根据地刑法、台湾地区"刑法"、澳门地区刑法和香港地区刑法，其中台湾地区于 1945 年光复而适用民国刑法，台湾地区近代刑法独立发展道路中断。至 20 世纪末随着香港、澳门的回归，在"一国两制"的基础上，香港地区刑法、澳门地区刑法成为中华人民共和国刑法大家庭的一员，它们与台湾地区"刑法"共同构成中国刑法体系中的有机组成部分，构成了四大法域。回顾中国近现代刑法的变革历程，可以看出它的基本发展轨迹：

1. 中国近现代刑法演进的第一支：从清末、民国到现代中国台湾地区。从清末修律以西方近代刑法为蓝本，制定《大清新刑律》开始，当时清政府统治地区的刑法进入近代变革期。虽然《大清新刑律》未及实施，但其导入的西方先进的刑法原则、制度、体例等，极大地影响了后世立法。南京临时政府有条件地援用清末变革之刑法而实施的《暂行新刑律》，民国政府先后颁行的两部刑法典，以及不同时期的特别刑法，都在世界文明的裹挟下，不断向前发展。尤其罪刑法定原则在立法上的确定，使中国近代刑法至少在形式上有了与当时世界先进文明对话的话语权，也为国人开启了刑事文明的窗口。在1949年国民党战败退守台湾地区后，民国刑法在台湾地区继续适用并发展。

本支系的演进呈现以下特征：首先，罪刑法定——无论思想、理论还是规范——是从西方大陆法系国家移植的，在相关内容上受西方近、现代刑法理论和立法的影响较大；其次，罪刑法定原则在立法中确立之后，一直没有动摇其基本原则的地位，且随着时代的发展罪刑法定的内容不断发展完善；最后，该支系法律演进过程的历史延续性较强，发展道路比较平缓。

2. 中国近现代刑法演进的第二支：从革命根据地、新中国到现代中国大陆。虽然从形式上说，清末刑法改制应适用于清政权统治下的所有地区，民国初期的法律也适用于民国政权统辖下的广大农村。但是，清末法律改制及民国初期法律之变革的触角极少伸向农村，所以，革命根据地刑事法律也成为中国古代刑法的终结者之一。

根据地政权是人民民主专政性质的政权。新民主主义时期由于残酷的战争环境，主要从事军事斗争和政权建设，法制建设被放到次要的地位。法律主要是配合军事斗争，维护根据地或解放区的秩序。镇压一切反革命活动、镇压汉奸和反共分子，同反动阶级和反革命分子作斗争，是新民主主义革命时期刑事法律的主要任务，所以，刑事法规具有重要地位。当时的刑法建设完全是从政治斗争的需要出发。这些刑事法律都是根据地的革命纲领和目标的直接体现，是紧密服从于革命斗争需要而进行的，具有应时立法的特点，许多刑法内容随革命任务的完成而变得过时，随着中国革命的胜利，这些刑法规范内容几乎没有被直接沿用下来的。但当时刑法建设的一些原则和经验，被承袭下来，如惩办与宽大相结合、区别对待等刑罚适用原则，管制、死刑缓期执行等刑种和刑罚执行制度，关于反革命罪与一些普通刑事犯罪的罪刑设置等。但是，当时刑法建设中一些“左”的错误思想，或者在当时阶级斗争尖锐、政权不健全的情况下采用的制度，对新中国的刑法及其整个法制建设产生了消极影响。例如，立法、司法中依阶级出身定罪量刑，同罪异罚的立法原则，保卫机关肃反委员会不按法定程序，随意捕人押人，甚至非法刑讯、擅自处决等极“左”的做法在新中国成立后的刑事司法制度中留有很深的痕迹。但20世纪的最后十年，我国刑法在经济体制改革带动的全面改革中发生巨大变化,与世界刑法基本同步。

本支系刑法的演进呈现以下特征:首先,前、中期受苏联前期刑法影响巨大,许多规定来源于苏联前期的学说和法律规定,但欠缺系统性。20 世纪六七十年代经历了一段法律虚无主义时期。20 世纪末期又受现代西方刑法理论和立法的影响,受影响之外来法律呈现多样性。其次,罪刑法定原则的引入较晚。新民主主义革命时期对罪刑法定的内容及在刑法中的重要地位没有认识,因而根据地法律中没有罪刑法定原则的相关规定。新中国成立初受苏联刑法的影响,对罪刑法定原则持排斥态度。1979 年刑法对罪刑法定的引入不彻底,有一定的异化,同时存在体现罪刑法定原则的相关内容和与罪刑法定原则相矛盾的类推制度,1997 年修订的刑法才较全面地确立罪刑法定原则。最后,该支系刑法演进过程受政治斗争影响大,历史延续性较弱,发展道路比较坎坷。

3. 中国近现代刑法演进的第三支:从英属殖民地到现代中国香港地区。香港在 1840 年鸦片战争前受清政府管辖,适用中国封建制法律。1842 年《中英南京条约》的签订改变了香港刑法发展轨迹。作为英属殖民地,香港刑法纳入普通法系,它以英国刑法为立法蓝本,遵循英国刑法的原则和精神,在一定程度上受英国刑法的制约和支配,因英国刑法的变化而改变。由香港刑法对英国刑法的从属性以及香港刑法普通法系的属性所决定,香港没有一部统一的刑法典,其刑法由各个单行的刑事条例、其他单行条例中有关犯罪和刑罚的规定,以及刑事判例组成。同时,立法局根据香港本地特点在保留有英国刑法内容的基础上,增加了许多本地法的内容,较好地解决了外来法律本土化问题。香港刑法一百多年的发展中构建成一个多元化、多层次、比较严密的庞大独立体系。1997 年 7 月 1 日香港回归后,刑法的普通法系属性没有发生改变。

本支系刑法的演进呈现出以下特征:首先,受普通法系,尤其是英国刑法影响大,作为普通法系的一员,其刑法发展与英国基本同步。其次,早于中国主体刑法在正当的法律程序以及遵循先例原则中贯彻了罪刑法定思想。再次,该支系刑法演进过程中经历了由从属性到独立性的过程。最后,该支系刑法演进过程的历史延续性较强,发展道路比较平缓。

4. 中国近现代刑法演进的第四支:从葡萄牙殖民统治化的区域到现代中国澳门地区。澳门在葡萄牙占领以前,受清政府管辖,适用中国封建制法律。可以设想,如果没有当时的占领,它会如同中国其他广大地区一样,经清末改制而逐步实现刑法的近现代化。但是,葡萄牙的占领及葡萄牙法律的适用改变了澳门刑法的发展轨迹,它被动地接受占领国刑法的同时,也早于主体的中国大陆和其他地区,率先完成了刑法的近代转变。延伸至澳门适用的 1852 年《葡萄牙刑法典》,是以自由、民主、平等思想为指导,受刑事古典学派影响的一部刑法典,罪刑法定原则、罪刑相适应原则、法律面前人人平等原则、刑罚人道等都在刑法中有所体现。在澳门地区适用最长的1886年《葡萄牙刑法典》,在接受新派理论,规定了保安处分、缓刑、假释、累犯等制度的同时,仍彻底地贯彻了罪刑法定原则。1996年《澳门刑法典》虽然是澳门第一部本土化法典,但它由葡萄牙学者主持起草,以1982年《葡萄牙新刑法典》为参考,并在一定程度上延续了经过多次修改的1886年《葡萄牙刑法典》的内容。所以说,外来法律在澳门刑法形成和发展中起到决定作用。澳门刑法是中国刑法发展史上最早在法律文本中明确规定罪刑法定原则的。

本支系刑法演进的特征是:首先,受葡萄牙刑法影响大,在葡萄牙殖民化统治时期,澳门地区直接适用葡萄牙刑法。1996年《澳门刑法典》虽然是澳门第一部本土化法典,但它由葡萄牙学者主持起草,以1982年《葡萄牙新刑法典》为参考,并在一定程度上延续了经过多次修改的1886年《葡萄牙刑法典》的内容。1999年澳门回归后继续适用1996年刑法典。葡萄牙刑法在澳门刑法形成和发展中起到决定作用。其次,近代化起步较早,早于19世纪中叶,受刑事古典学派影响,以自由、平等思想为指导的1852年《葡萄牙刑法典》已在澳门适用。再次,对罪刑法定原则的贯彻最为彻底。最后,该支系法律演进过程的历史延续性较强,发展道路比较平缓。

(二)对中国近现代刑法演进过程的分析

1. 四法域原都在中华法系中,因学习不同的“母法”而走上近代化道路,形成各具特色的刑法规范体系。但殊途同归,在20世纪后期都因经济的发展,现代民主思想的融入,完成了罪刑法定从规范到观念的转变,罪刑法定的核心精神从立法到司法得到全面贯彻。其原因不是来源于相互学习,而是基于共同观念使所制定的刑法具有价值上的相通性。①

2. 四法域之间在刑法发展过程中没有相互借鉴或继承关系。香港和澳门地区近代发展脱离了中国中央政府控制,与其他法域及相互之间相对独立。民国刑法与新中国刑法虽然在建立时间上有先后顺序,但后者是在打碎前者的基础上重新建立的,不存在继承关系。因此,中国古代刑法的终结者有三:民国刑法、根据地刑法和殖民地刑法(香港、澳门及光复前的台湾地区)。

3. 四法域近现代刑法发展过程有别,快慢有异,但都表现为制度上终结了中国古代刑法的效力,古代刑法的精神性要素并不因制度的终结而消失,在刑法运行及公民的法律意识中,仍长期保留伦理刑法观念,表现出立法与司法及刑法观念的矛盾和不协调。只重视制度变革,忽视观念层次的超越,是中国刑法变革进程中的主旋律。值得欣慰的是,这种状况在20世纪后期得到改观。

4. 中国近代刑法变革,要么表现为救国图存下的急功近利,要么因殖民统治而

① 李洁著:《论罪刑法定的实现》,清华大学出版社2006年版,第50页。

被动并入宗主国刑法,要么因政权因素仓促建立,都没有经历西方近代刑法发展中那种数百年理论的积淀、观念的融入等成长阶段,短时间内完成权力镇压之法向权利保障之法的转变谈何容易?尤其当刑法理论、刑事政策与人民对法的确信等方面无法配合时,更容易出现立法与实践的脱节,理想与现实的矛盾。[1] 中国近代刑法变革恰恰是在这种矛盾与脱节中进行的。

5. 四法域在形成过程中由于政治交往受到限制,相互之间的适用冲突并未显现出来。随着香港和澳门的回归,我国进入"一国两制"时期。且台湾属于中国的一部分,大陆与台湾终将和平统一。这样,广义的中国刑法下就有大陆(国家)刑法、香港地区刑法、澳门地区刑法和台湾"刑法"四个各施其域、互不取代的分支。中国刑法随着政治的和平统一,社会交往的日渐频繁,四法域刑法适用冲突在所难免。因此,解决香港地区刑法、澳门地区刑法、台湾地区"刑法"与大陆(国家)刑法之间冲突的原则和途径,是需要着力探讨研究的问题。

二、中国刑法现代化的道路选择

(一)法制现代化模式

现代化理论研究中,按照最初的动力来源不同划分两种现代化模式:内发型与外发型模式。[2] 内发型模式是由社会自身力量产生的内部创新,西欧国家无疑是内发型代表。一般认为早期商业文明的发达,多元化的文明与文化系统的会合与冲撞,独具特色的自治城市制度,社会与经济结构的多样化,政治权力较分散,理性化的法律传统,16世纪的地理大发现及随之带来的海外扩张和贸易发展,宗教改革、科学革命与启蒙运动等特定时期欧洲独有因素,共同促成欧洲现代化。而外发型模式则是社会受外部影响而引起内部思想和政治变革并进而推动经济变革的道路,其外部因素是变革主要原因,内部创新居于次要地位。[3]

与上述国家现代化相应,法律现代化也有不同模式:内发型法制现代化模式和

---

① 李春雷著:《中国近代刑事诉讼制度变革研究》(1895—1928),北京大学出版社2004年版,第263页。

② 具体内容可参见张静:"迟发展效果与中国的现代化",载《中国社会科学》1990年第3期;严立贤:"发展理论与不发达国家的现代化",载《中国社会科学》1988年第5期;罗荣渠:"论现代化的世界进程",载《中国社会科学》1990年第5期;孙立平:"后发外生型现代化模式剖析",载《中国社会科学》1991年第2期;公丕祥主编:《当代中国的法律革命》,法律出版社1999年版,第12~20页。

③ 当然,国内外学者对现代化模式还有许多划分方式。可参见公丕祥主编:《中国法制现代化的进程》(上卷),中国人民公安大学出版社1991年版,第171~173页;夏锦文著:《社会变迁与法律发展》,南京师范大学出版社1997年版,第155页。

外发型法制现代化模式。①

内发型法制现代化模式是一个由社会自身条件逐渐成熟而发展起来的渐进的法制变革过程,②其特征在于:(1)法律变革主要是因社会自身内部条件的逐步成熟而引起的,总体上表现为一个自然演进渐进变革的过程。(2)商品经济的发展是法律发展的内在动力。(3)新兴的市民阶级是法律发展的主体推进力量。在法律发展过程中,政府所起的作用是有限的。(4)在法制现代化过程中,先进的法律观念对法律制度的变革起指导作用,法律的形式合理性与实质合理性相伴相随。就刑法现代化而言,正是有了近代以来先进的法律思想的指导,才制定了反映自由、民主、人权思想的近现代刑法。

外发型法制现代化模式是较落后的法律体系在受到较先进的法律体系冲击下导致变革的过程,其特征在于:(1)法律变革的自身条件尚不成熟的情况下,因强大外部因素的冲击而引起的自上而下突变性变革的过程,具有一定的被动性。(2)其启动一般以政治革命或改革运动为先导。(3)政府作为组织经济控制社会的集中权力在法律变革中扮演主导角色,积极介入,政治家、行政官员和对法律发展颇为敏锐的知识分子是法律变革的主体。(4)法律的形式合理性与价值合理性常常背离。就刑法而言,由于形式上采纳了近代刑法的先进原则和制度,但欠缺相应的观念和制度基础,在司法适用中往往与法律规定的基本原则相背离。

(二)中国刑法现代化模式分析

刑事法制现代化是法制现代化不可或缺的部分,如此说来,刑法发展变革的模式也可分为以上两种。考察中国近现代刑法发展情况可知,中国刑法的近现代演进的起点有五个,是否能够归结为外发型或内发型模式?

对主权失控地区来说,1840 年鸦片战争后的香港、澳门地区以及 1895 年后的台湾地区由于被纳入英国、葡萄牙和日本殖民地,被动地全面接受宗主国法律,与宗主国法律同步发展。这些地区刑法近代转型中的主要力量来源于宗主国政府自上而下的强力推行。这种变革确实是在自身条件不成熟的情况下,因强大的外部冲击力引起的自上而下的突变性过程。就该地区适用的法律而言,法律的形式合理性与价值合理性并不完全脱节。其法律变革的启动以殖民占领为先导,所以对于清政府而言是无可奈何、无能为力的,根本无所谓推动或阻止。

对中央政权失控地区来说,中国共产党领导的革命根据地是当时中央政权控制

① 以公丕祥、夏锦文教授为代表的观点主张在内发型与外发型法制现代化模式外,还有混合型法制现代化模式。笔者认为,混合型模式与外发型模式并无根本区别,只是外发型中的一种情形,即在法律变革的最初动力中,内部经济、政治等因素起到一定次要作用,因此,本书仍采两分法。

② 夏锦文著:《社会变迁与法律发展》,南京师范大学出版社 1997 年版,第 151 ~ 154 页。

之外独立设立的政权控制区,其政权的革命性决定刑事法律制度不同于封建刑法,也区别于政府主体刑法。其刑法变革以政治革命为先导,在自身条件不成熟的情况下因政权性质的改变而强制改变的,也是一个自上而下的突变性过程。但这种改变不是因外界强大的冲击力被迫改变的,而是适应政权建设主动进行的。刑事法律从形式到价值观念都具有一定的不成熟性。

对中央政权控制下的地区来说,法律变革的直接冲击力量是西方国家在中国领事裁判权的确立。中国古代刑事审判权在地方由皇帝任命的各级行政官员行使,在中央由皇帝任命的中央行政司法机构及皇帝直接控制,刑事审判权是封建皇权的重要组成部分。领事裁判权的确立及适用范围的不断扩大,深深地触动了中国传统刑事法律制度。作为统治者的清王朝不能容忍治外法权对自己权威的破坏,以各种方式进行抗争,甚至不惜以刑法规范变革为代价;①作为社会精英的一些开明大臣和知识分子,痛定思痛,开始探究中国主权丧失的原因,关注并介绍西方思想理论和政治制度,严复、沈家本、武廷芳、孙中山、章太炎等是其中的代表,郑观应等实业家不仅以广兴实业救国,而且提出制度变革的思考,②康有为、梁启超等领导的"戊戌变法"运动,是在这些思潮影响下具体实践;处于下层的民众则以义和团运动反抗帝国主义的侵略。我国刑法现代化的开端——清末刑法改制就是在这种外力冲击下,由形式上的合力共同促成的。政府的态度、社会精英分子的觉醒、先进思想的传播等对刑法变革起到一定作用。表现了起因上的被动性、内容上的先进性和全面移植、政府作为变革主体自上而下的推动和法律形式主义运动单向度发展等特点。

由上简单分析可见,中国刑法近代转型只有在中央政权控制下才具有典型外发型模式特征;主权失控地区,刑法变革无须经济基础、社会基础、观念基础、制度基础等任何条件的具备,其发展是纳入宗主国法律发展进程的,但又具有一定外发型模式的特点,可称为殖民地式外发型模式;中央政权失控地区刑法变革中政治因素起了主导作用,有一定外发型模式的特点,可称为政权失控式外发型模式。因此,中国近代刑法转型时期都基本表现了外发型模式特征,但各具特色。

(三)中国刑法现代发展须注意的模式化弊端

如前所述,中国刑法近代转型的五个起点,都不同程度地表现出外发型模式特征,都是在自身条件尚不具备的情况下,靠政治权力在短时期内开始刑法现代化进程,跟上了世界文明发展的步伐,但是,也正是由于欠缺刑法发展应有的基础条件,

---

① 清政府在1902年《中英续议通商行船条约》中表示,"深欲整顿本国律例",其原因在于英国"允愿待整顿完善后即放弃治外法权"。参见徐永康:"论中华法系的解体",载史焕章主编:《华东政法学院法学硕士论文集》,上海社会科学院出版社1988年版,第73页。

② 郑观应的《盛世危言》对政治法律制度有比较完整的思考。

我国近现代刑法建设中的成果只在刑法规范和基本制度上,现代刑事法治观念、公民的法律信仰等并未同时培育起来;而且政治权力作为刑法现代化的推动力量本身就与刑事法治的目标相对立。因为刑事法治的精髓在于人权保障、法律至上,政治权力也要受到人权保障目的与形式上法律的约束,不能凌驾于权利和法律之上,所以才有罪刑法定原则。但政治权力作为刑法现代化的推动力量可能导致权力的膨胀,致使"本应是法治主体的人民因政府权力的不断扩大而沦为法治的客体,而本应是法治客体的政府权力却因控权制度虚置或弱化而常常从客体中逃离出去",①最终背离人权保障的法治目标,使法治异化。这样,只重视刑法的形式合理性而忽视实质合理性,只能徒具刑事法治之形,而无刑事法治之神,现代化目标是不可能实现的。

中国历来有政治早熟的传统,政府在社会政治、经济、文化生活中具有决定性地位。所以,在进行刑事法制建设的今天,我们要特别注意外发型刑法现代化模式本身具有的弊端,在市场经济下注意培养市民社会力量,注意培养民众的法治观念,更要注意政府在推进刑法现代化建设中正确、适当行使权力。

三、传统法律与外来法律对中国近现代刑法的影响

(一)传统法律对中国近现代刑法的影响

有学者研究,传统法律作为一种法律状态,既是一种制度规范体系,也表现为一定的法律观念。作为制度规范体系的传统法律只能在其生长的社会中进行本质性的活动,传统社会解体后,作为其基本系统的法律制度,也就失却普遍功能性作用而退出历史舞台。而作为观念文化形态的传统法律,则是传统法律制度中所蕴涵的一种精神或者文化。② 按照这个观点分析,中国传统刑法对中国刑法现代化进程的影响,应从两个方面考察:一是制度方面;二是观念方面。

长期以来人们认为中国传统刑法是自然经济孕育的产物,造就了许多与现代刑事法制相冲突的法律传统,如人治、义务本位、等级特权、德主刑辅等,与近现代刑事法制之间有许多不相契合之处,所以,在刑法的近代发展中,中国传统代刑法是被革除的对象。中国传统刑法的确有许多消极内容,是中国刑法发展的制约因素,但中国传统刑法对中国刑法的近现代发展只有消极作用吗?

从制度方面来看,中国刑法源远流长。无论是成文法形式,还是形式上总则与分则体例(名例律有刑法总则之功效,而其他各律中关于具体犯罪与刑罚的规定相当于刑法分则),无论是犯罪主体责任责任能力的规定、犯罪主观罪过的要求、犯罪

① 王雨本主编:《法制·法治》,中国人民公安大学出版社1998年版,第83页。
② 赵秉志主编:《刑法基础理论探索》,法律出版社2003年版,第113页。

行为的具体描述等有关犯罪成立条件的规定,还是刑罚种类、刑罚执行方式、具体犯罪之刑罚设置以及共同犯罪、累犯、自首、数罪等量刑制度,无不反映中国传统刑法之完备与发达。虽然中国近代刑法是以西方近代先进刑法为蓝本而制定,但中国传统刑法中较为完善而成熟的内容,使近代刑法一些规定更容易被接受。例如,《唐律·名例律》规定:“诸二罪以上俱发,以重者论之。”《唐律疏议》将此解释为:“非应累者,惟具条其状,不累轻以加重。”[①]即所谓以重者论,实行重罪吸收轻罪原则。如所实施数罪轻重相等,则“等者,从一”,即只按其中一罪处理,余罪不论。以上原则适用于判决前犯有数罪且被发现的场合。如果判决后发现漏罪,对前罪和漏罪如何处理?唐律规定:“若一罪先发,已经论决,余罪后发。其轻若等,勿论;重罪更论之,通计前罪,以充后数。”可见,中国传统刑法中不仅有俱发罪的规定,而且其考虑的情况较为全面。只是并罚原则与近代大陆法系国家有所不同。在《大清新刑律》及以后近代刑法中规定的俱发罪就容易被接受和适用。

从观念方面来看,中国传统刑法也非全部为糟粕。例如,中国自西周就形成的恤刑观念对近代刑法之适用有一定影响。《唐律·名例律》“老少及疾有犯”条规定:“诸年七十以上、十五以下及废疾,犯流罪以下,收赎。”“八十以上、十岁以下及笃疾,犯反、逆、杀人应死者,上请;盗及伤人者,亦收赎。余皆勿论。”“九十以上、七岁以下,虽有死罪,不加刑……”宋元明清基本沿袭了这一规定内容。这种恤老怜幼观念对近代刑法有关刑事责任年龄的规定有积极影响。再如,德主刑辅的观念强调道德教化对犯罪的预防作用,刑罚只能消极地惩罚犯罪,道德教化则可以匡正人心,使人向善,真所谓“礼者禁于将然之前,法者禁于已然之后”。[②] 清朝在执法原情观念指导下建立的绞监候、斩监候的秋审、朝审等会审制度,颇有现代刑法中死刑缓期执行制度之功效。而中国刑法中的律条注释传统,更为近现代注释刑法学的发展奠定了基础。

所以,无论从制度还是观念层面上,中国传统刑法对近现代刑法的影响都有积极的一面。我们在进行刑法现代化建设中,对传统刑法只能扬弃而不能抛弃。

(二)外来法律对中国近现代刑法的影响

中国近代主体刑法和区域性刑法:革命根据地刑法、台湾地区“刑法”、澳门刑法和香港刑法,以及当今中国大陆(国家)刑法,都全面移植了外国刑法。具体内容已在前文有所阐述。可以说外来法律对中国近现代刑法的影响是全方位的,从体系到内容、从制度到观念,全面而深入。中国近现代刑法的基干,并不是中国传统刑法,

---

① 《唐律疏议》。

② 《汉书·贾谊传》。

而是外国法。法律移植是中国近现代刑法发展的一个基本历史现象。① 人们对外来法律对中国刑法现代化影响的作用也多给予积极评价。

外来法律对中国近现代刑法的积极作用本人承认,在此不予阐述。问题是外来法律对中国刑法的现代化有无消极影响?

从西方法律引入中国的背景看,它不是中国按照自己内部发展变化的实际情况,根据自己的意愿主动选择的,而是西方国家对中国法律殖民化和强制西化的结果。西方国家和法律这种强力扩张,使中国失去了从容不迫按照自己方式和轨迹演变的可能性,在被动接受外来刑法的同时,面临着法律中传统与现代的激烈碰撞,这对矛盾被压缩在有限的时间范围里,使矛盾爆发力度异常剧烈。② 同时加速度的法律变革,没有给法律制度变迁与相应经济、政治制度以及观念变革留足应有的时间,突发性变革制定出来的刑法与变化相对缓慢的社会及其观念之间不相适应,使近代刑法变革没有收到应有的效果。例如,罪刑法定原则在西方经历了从观念、学说到规范的自然演绎过程,由于具备罪刑法定原则所需要的理论基础、经济基础、社会基础和观念基础,作为刑法基本原则规定在刑法中指导立法和司法实践是顺理成章、水到渠成。中国则不同,在不具备罪刑法定生存的任何基础的情况下,首先在规范中予以确认,但只是形式上的肯定,它与中国权力至上、刑法工具性等传统刑法观念的冲突一直没有消除,典型表现就是通过单行刑法、法律解释扩大刑罚权,或长期保留类推制度。时间的紧迫性使外来法律对法律规范形式上的影响是全方位的,中国近代刑法与西方法律几乎没有区别。但在内在精神上的影响则是有限的。

中国近代刑法变革时面对的这种时空环境,在20世纪的百年中一直没有改变。20世纪80年代中国实行改革开放,再次面临法律变革的提速状态,也再次面临刑事立法与社会发展的不适应问题,只不过这次是无法适应快速发展的经济、社会形势,不得不以快速颁行的单行刑法应对。中国刑法发展中需要注意的是认识到通过社会发展法律自然变革的历史机遇不会出现,我们要注意的是如何在经济迅速发展的同时培育现代法治观念。

四、对近代以来中国刑法发展历程的反思

1. 刑法现代化不仅是规范确立问题,而且是价值确认和观念认同问题,受社会整体现代化程度和中国传统刑法文化的制约

从法律文化的意义上讲,法律既是一种规则,又是一种文化信息的载体,承载着

---

① 何勤华、李秀清著:《外国法与中国法——20世纪中国移植外国法反思》,中国政法大学出版社2003年版,第633页。

② 蒋立山:"中国法律演进的历史时空环境",载《法制与社会发展》2003年第4期。

一定的价值内容。只有这种价值内容,才决定着法律的发展方向和进程。罪刑法定原则也不例外。为反对封建的罪刑擅断而建立起来的罪刑法定原则,以限制国家刑罚权,保障个人自由为价值内涵。否认这种价值蕴涵,没有观念意义上的罪刑法定的确立,罪刑法定难以法律化为刑法的基本原则。即使由法律明文规定,罪刑法定仍不可能是彻底的,在司法实践中难以立足。

自清末刑法改制起,中国古老的刑法传统逐渐式微,取而代之的是从西方引进的刑事规范体系,但现代西方刑事法律制度的引进,并没有帮助我们全面实现刑法的现代化目标,相反地,却导致了刑事法律文化的冲突。例如,我国大陆刑法从20世纪初引入罪刑法定原则时起,虽然北洋政府和国民党政府刑法都规定了罪刑法定原则,但由于欠缺对该原则内在精神的承认,加之民主政治没有真正建立,先有袁世凯的专制,后有军阀的割据。代表大地主大资产阶级利益的国民党政府虽然宣称建立共和政体,但不可能实行真正的民主政治,这些决定其罪刑法定只能是一种文字表述。经过革命取得政权的共产党人,虽然建立了人民民主专政的政权,强烈的专政意识和阶级斗争观念,使得新中国在废除旧法统的同时,也抛弃了认为是资产阶级刑法内容的罪刑法定原则。新中国民主和法制建设举步维艰。20世纪50年代初模仿苏联模式建立了社会主义法制的雏形,但因特别强调刑法的阶级性和工具性使刑法不可能成为保护人民的大宪章。即使这种有缺陷的刑法在1957年"反右"运动,尤其是"文化大革命"的十年浩劫中,也受到严重破坏。就是在1997年刑法重新确定罪刑法定原则的地位后,罪刑法定原则的价值内涵仍然没有得到应有的重视,在社会保护和人权保障发生冲突时,司法机关的首选仍然是社会保护。我国还始终欠缺契约观念和人权保障优先的观念,刑法被重视的是其工具性价值,国家总是把刑法作为维护秩序的工具。一旦工具不能满足维护秩序的需要,就不惜突破刑法的界限。

之所以如此,关键就在于现代化不是孤立的,它作为中国社会现代化的一个不可缺少的组成部分,必然是伴随着中国社会内部的政治、经济、文化等条件的不断变化而同步发展的,它与整个社会现代化水平息息相关。只有在整个社会的现代化得以实现后,刑法的现代化才会得以最终实现。所以,中国刑法现代化的发展进程要受到整个中国社会现代化发展进程的制约,只能是一个长期的渐进的历史过程。[①]

之所以如此,还在于中国传统刑法文化的影响。在刑法现代化的过程中,传统刑法与现代刑法的冲突是显而易见的。中国传统刑法以自然经济为基础,以宗法伦理为核心,重人治而轻法治,主张刑法工具主义、义务本位主义、刑法至上、刑法万能等,与近现代刑法所体现的人权保障、刑罚人道、刑法有限性等格格不入。

---

① 韩克芳:"中国刑法现代化的制约因素及道路选择",载《法律适用》2004年第4期。

总之,刑法规范是刑法现代化不可缺少的一部分,但不是全部;刑法规范可以在外来先进法律法律制度影响下,在观念、社会等基础不具备时率先变革,但现代刑法的适用和实施必须依靠经济、政治、社会和观念基础的进步。虽然自20世纪初作为现代法治精神体现的罪刑法定原则就引入中国,在刑法中予以规定,但是,直到20世纪末才真正确立其在刑事立法司法中应有的地位并得到贯彻说明了这一点。

2. 刑法现代化与社会结构形式关系密切

从我国近代各法域在不同的社会性质下的发展状况来看,刑法的先进性与社会性质之间的关系并不密切,而与社会结构状况关系密切。社会形态从个人与社会利益对立的角度,可以分为市民社会和政治社会。在人类进入阶级社会以后,归结起来社会结构无外乎两种:市民社会与政治社会相重合的一元社会结构和市民社会与政治社会相分离的二元社会结构。在一元社会结构中,国家从市民社会夺走全部权利,整个社会高度政治化,政治权力的影响无所不在,市民社会的每一个角落都带有浓厚的政治色彩。权利受制于权力。在二元社会结构中,市民社会与政治社会相分离,在个人生活领域,国家不能随意介入。个人自由、个人权利在市民社会得到最大实现。相反,市民社会对政治国家的权力有所限制。权力受制于权利。[①] 可见,只有在市民社会与政治社会相分离的二元社会结构下,才有罪刑法定原则生存的空间。西方刑法现代化的根源之一,也在于数世纪培养起来的市民社会的观念。

我国晚清时期虽然出现了资本主义萌芽,但由中国皇权官僚制的源远流长及以自然经济为主的经济结构所决定,资产阶级势单力薄,不足以形成一个强大的市民社会与政治国家相抗衡,也无法像西方市民社会那样,为国家权力的运作划定界限。相反,它必须依靠国家力量才能实现自己在法律上的主张。这种情形一直延续到新中国成立。所以,在刑法中,虽然模仿西方文明,规定了罪刑法定原则,但是,不可能得到真正贯彻实施。

新中国的法制,是在彻底摧毁旧法统的基础上,按照苏联前期的法制模式,在急风暴雨的阶级斗争和轰轰烈烈的群众运动中建立起来的。计划经济体制下的中国表现出突出的政治社会的特征,一切都为政治服务,刑法也不例外,成为政治的工具,刑法的功能也仅仅表现为保护社会。为了政治斗争的需要,随时可以超越法律的规定定罪处刑。在长达30年的时间里,我国甚至没有一部刑法典,也就根本谈不上对罪刑法定原则的确认和遵守了。1979年刑法典,虽然结束了长期无刑法的状态,但是,立法的指导思想并没有改变,仍然只注重刑法的社会保护功能,只把刑法作为人民民主专政的工具。其突出表现是确认了刑事类推制度,仍然没有罪刑法定存在的空间。1997年修订的刑法,是在经济体制改革后颁布的。为满足市场经济的

---

① 陈兴良:“从政治刑法到市民刑法”,载《刑事法评论》(第1卷),中国政法大学出版社1997年版。

需要而进行的经济体制改革,引发了我国社会结构的整体变革,以政治社会为核心的一元社会结构向政治社会和市民社会相分离的二元社会结构转变。刑法相应地也作出了调整,摒弃了刑法只有工具性价值,社会保护是刑法唯一功能的看法,注重刑法自身的独立性价值和人权保障功能。其集中体现就是刑法对罪刑法定原则的确认。

3. 法律移植的重心在殖民者的强制或立法者的选择

中国刑法现代化的进程始终受外来法律的影响,20 世纪以来,中国每一区域刑法的变化都与外来法律有关。清末改制和民国时期刑法,中央政权控制地区主要受转自日本的德国刑法的影响;革命根据地及世纪中期新中国摧毁旧法统、创建新法制,受苏联刑法的影响。20 世纪末中国刑法的重建,受世界先进法律的影响;①香港地区受英国刑法影响,澳门地区则受葡萄牙刑法影响。而所有这些影响,都与立法者的选择及殖民者的强制关系密切。

对政权失控地区来说,包括刑法在内的法律制度的变革,其主动性掌握在控制权力的殖民者手中,香港接受英国刑法、澳门接受葡萄牙刑法只能是被动的,根本无选择权。

对政权控制区域来说,每次吸收外来法律,立法者都选择符合自己需要的内容加以借鉴,清末刑法改制时,中国选择大陆法系刑法为蓝本,其原因在于:首先,德、日等大陆法系国家曾具有与中国相似的国家主义观念和专制政体。中国自秦汉起就形成了高度集权的专制国家,此后沿袭千年,国家主义盛行。即使清末改制变法,仍是为了维系皇权和专制政体。民国以至于新中国国家主义观念依然盛行,选择大陆法系法律符合政权建设的实际需要。其次,大陆法系与中国都具有法典化的成文法传统。大陆法系主张立法的一元化,法律只能由代议的立法机关制定,立法者应尽可能地编纂出确定、周密、完备的法典,为法官提供明白无误的答案,法官不能直接或间接地创制法律。中国封建社会各朝代统治者一向注重成文法的编纂,自春秋战国时期魏国李悝制定第一部成文法《法经》起至清朝的《大清律例》,无不反映了立法的成文化,制定统一的成文法是中央集权的一种手段。张晋藩先生认为:“重视成文法是中国古代法律发展史的一个传统,正是这个传统为晚清修律选择大陆法系提供了历史基础。”②民国及新中国仍强调中央集权,法典化的成文法传统仍是政权建设的首选。最后,日本明治维新带来的震动与启发。中日两国不仅具有相同的法文化渊源,而且明治维新前的日本国情与当时的中国极其相似。日本通过明治维新

① 主要是大陆法系的影响,但英美法系正当的法律程序也被我国吸收,在刑事诉讼法中体现出来。

② 张晋藩:“中国法制走向现代化的思考”,载张生主编:《中国法律近代化论集》,中国政法大学出版社 2002 年版,第 9 页。

走上发展强大之路，给清政府很大启发，以日为师成为当然选择。清末刑法改制自然以大陆法系为模仿对象。①《大清新刑律》无论从形式还是内容上都动摇了中国几千年封建刑法传统，使中国刑法开始了现代化的进程。但清政府采纳改良派的建议，显然不是将立法出发点转向人权保障，而是为挽救没落的皇权的无奈之举。民国时期孙中山接受的是古典主义思想，在《中华民国临时约法》中，反映的是个人本位的思想；而国民党统治时期，却受新的社会思潮的影响，采社会本位的法律原则。1935年刑法以刑事社会学派观点为指导，注重特别预防，强调刑法的社会保护功能，其集中表现就是在刑罚之外规定了保安处分，并实行从新原则。

革命根据地、新中国政权的性质，使共产党人对旧法统予以彻底废除，抛弃吸收资本主义法律，转而仿效苏联的经验。新中国成立初期，中国受到西方国家从政治到经济等多方面的孤立，苏联是支持新中国的最强大的力量。而且，中国当时战后重建的经济需要、新政权的巩固，都需要当时苏联强调集中、强调阶级意志、强调用行政手段解决问题等做法为蓝本。新中国选择苏联是历史的必然。20世纪末刑法再次修改时，改革开放，使立法者对各国刑法和世界刑法发展趋势已经有较为清楚的了解，吸收外来法律有了更多的理智选择。

4. 政权更迭与法律继承的关系

伯尔曼教授研究了西方各国法律传统后，对革命与法律的关系作了总结，他认为："所有重大革命都没有在第一天就成功地废除革命前的法律，并在第二天就建立起一种新的和永久的、革命的法律制度的。每次重大革命都经历了一个过渡时期，在这期间，相继迅速地制定了新的法律、法令、规章和命令，并迅速地对它们进行修改、废止和更换。不过每次重大革命最终都与革命前的法律达成妥协，通过将它们吸收到反映革命为之奋斗的主要目标、价值和信仰的新法律制度中而恢复它的许多成分。因此，由重大革命所确立的新法律制度虽然保持在原来法律传统之内，但都改变了该法律的传统。"②

中国刑法并没有完全如伯尔曼教授所总结的那样运行，辛亥革命推翻了封建统治，也颁布了一些新的法律、法令，但对清末改制的成果——《大清新刑律》并未一并抛弃，而是删修了与政权性质相抵触的个别条文后，作为新政权下的法律而使用；在北洋政府、民国政府等政权更迭后，中国刑法保留了其继承性，现代化的进程仍缓慢向前发展。但是，在新中国政权推翻国民党政权后，刑法发展的延续性被打破了。新中国全面废除了旧法律，包括旧法律中的进步因素，在刑法上就是将刑法现代化

① 苏彩霞著：《中国刑法国际化研究》，北京大学出版社2006年版，第49页。

② [美]哈罗德·J. 伯尔曼著：《法律与革命》，贺卫方等译，中国大百科全书出版社1993年版，第33页。

标志的罪刑法定原则完全抛弃。使中国刑法止步不前甚至倒退。

由此可见,政权更迭与法律继承之间不是矛盾对立关系,在政权性质相同,或法律适应新政权需要时,法律就表现出较强的继承性;而当政权性质相去甚远,或法律难以适应新政权需要时,就无所谓法律的继承。

参考文献

一、著作及译著类

1. 杨鸿烈著:《中国法律发达史》,上海书店1990年版。

2. 蔡墩铭著:《现代刑法思潮与刑事立法》,台湾汉林出版社1977年版。

3. 孙科著:《孙科文集》,台湾"商务印书馆"1960年版。

4. 林山田著:《刑法通论》,台湾三民书局1986年版。

5. 翁胜环著:《世界刑法保安处分比较学》,商务印书馆1985年版。

6. 史尚宽著:《民刑法论丛》,台湾荣太印书馆1973年版。

7. 翁国梁著:《中国刑法总论》,台湾中正书局1970年版。

8. 瞿同祖著:《中国法律与中国社会》,中华书局1981年版。

9. 张晋藩著:《中国法律的传统与近代转型》,法律出版社1997年版。

10. 蔡枢衡著:《中国刑法史》,广西人民出版社1983年版。

11. 周密著:《中国刑法史》,群众出版社1989年版。

12. 宁汉林、魏克家著:《中国刑法简史》,中国检察出版社1997年版。

13. 高绍先著:《中国刑法史精要》,法律出版社2001年版。

14. 甘雨沛、何鹏著:《外国刑法学》,北京大学出版社1984年版。

15. 甘雨沛著:《外国刑法学》,北京大学出版社1985年版。

16. 甘雨沛著:《比较刑法学大全》,北京大学出版社1997年版。

17. 马克昌著:《比较刑法原理:外国刑法学总论》,武汉大学出版社2002年版。

18. 武树臣著:《中国传统法律文化》,北京大学出版社1994年版。

19. 陈兴良著:《刑法哲学》,中国政法大学出版社1992年版。

20. 陈兴良著:《刑法的启蒙》,法律出版社1998年版。

21. 陈兴良著:《刑法的价值构造》,中国人民大学出版社1998年版。

22. 储槐植著:《美国刑法》,北京大学出版社1987年版。

23. 张乃根著:《西方法哲学史纲》,中国政法大学出版社1993年版。

24. 陈正云著:《刑法的精神》,中国方正出版社1999年版。

25. 任喜荣著:《伦理刑法及其终结》,吉林人民出版社2005年版。

26. 苏力著:《法治及其本土资源》,中国政法大学出版社1996年版。

27. 邓正来著:《市民社会理论的研究》,中国政法大学出版社2002年版。

28. 许发民著:《刑法的社会学分析》,法律出版社2003年版。

29. 许发民著:《刑法文化与刑法现代化研究》,中国方正出版社2001年版。

30. 许道敏著:《民权刑法论》,中国法制出版社2003年版。

31. 李泽厚著:《中国近代思想史论》,人民出版社1979年版。

32. 张明楷著:《外国刑法纲要》,清华大学出版社1999年版。

33. 李洁著:《论罪刑法定的实现》,清华大学出版社2006年版。

34. 姚建宗著:《法治的生态环境》,山东人民出版社2003年版。

35. 李海东著:《刑法原理入门》,法律出版社1998年版。

36. 刘雪梅著:《罪刑法定论》,中国方正出版社2005年版。

37. 何勤华、李秀清著:《外国法与中国法——20世纪中国移植外国法反思》,中国政法大学出版社2003年版。

38. 李贵连著:《近代中国法制与法学》,北京大学出版社2002年版。

39. 徐岱著:《中国刑法近代化论纲》,人民法院出版社2003年版。

40. 邱远猷、张希坡著:《中华民国开国法制史——辛亥革命法律制度研究》,首都师范大学出版社1997年版。

41. 张德美著:《探索与抉择——晚清法律移植研究》,清华大学出版社2003年版。

42. 孙镇平、王立艳著:《民国时期西藏法制研究》,知识出版社2006年版。

43. 年帆著:《中华苏维埃法制史》,江西高校出版社1992年版。

44. 杨木生著:《中央苏区法制建设》,中共党史出版社2000年版。

45. 黄静嘉著:《春帆楼下晚涛急——日本对台湾的殖民统治及其影响》,商务印书馆 2003 年版。

46. 王泰升著:《台湾法律史概论》,台湾元照出版有限公司 2001 年版。

47. 王泰升著:《台湾法律史的建立》,台湾三民书局 1997 年版。

48. 何勤华、李秀清等著:《日本法律发达史》,上海人民出版社 1999 年版。

49. 万明著:《中葡早期关系史》,社会科学文献出版社 2001 年版。

50. 陈东林著:《澳门旋风》,世界图书出版公司 1998 年版。

51. 米健等著:《澳门法律》,中国友谊出版公司 1996 年版。

52. 赵国强著:《澳门刑法总论》,澳门基金会 1998 年版。

53. 宣炳昭著:《香港刑法导论》,中国法制出版社 1997 年版。

54. 史深良著:《香港政制纵横谈》,三联书店(香港)有限公司 1992 年版。

55. 蔡定剑著:《历史与变革——新中国法制建设的历程》,中国政法大学出版社 1999 年版。

56. 张寿民著:《俄罗斯刑法发达史》,法律出版社 2000 年版。

57. 夏锦文著:《社会变迁与法律发展》,南京师范大学出版社 1997 年版。

58. 苏彩霞著:《中国刑法国际化研究》,北京大学出版社 2006 年版。

59. 高汉成著:《签注视野下的大清刑律草案研究》,中国社会科学出版社 2007 年版。

60. 彭凤莲著:《中国罪刑法定原则的百年变迁研究》,中国人民大学出版社 2007 年版。

61. [法]孟德斯鸠著:《论法的精神》,张雁深译,商务印书馆 1961 年版。

62. [法]卡斯东·斯特法尼等著:《法国刑法总论精义》,罗结珍译,中国政法大学出版社 1998 年版。

63. [德]弗兰茨·冯·李斯特著:《德国刑法教科书》,徐久生译,法律出版社 2000 年版。

64. [意]贝卡利亚著:《论犯罪与刑罚》,黄风译,中国大百科全书出版社 1993 年版。

65. [意]杜里奥·帕多瓦尼著:《意大利刑法学原理》,陈忠林译评,中国人民公安大学出版社 2004 年版。

66. [英]洛克著:《政府论》(下篇),叶启芳、瞿菊农译,商务印书馆 1981 年版。

67. [英]J. C. 史密斯、B. 霍根著:《英国刑法》,李贵方等译,法律出版社 2000 年版。

68. [美]哈罗德·J. 伯尔曼:《法律与革命——西方法律传统的形成》,中国大百科全书出版社 1993 年版。

69. [美]巴林顿·摩尔著:《民主和专制的社会起源》,拓夫、张东东、杨念群、刘鸿辉译,华夏出版社 1987 年版。

70. [美]伯纳德·施瓦茨著:《美国法律史》,王军等译,中国政法大学出版社 1990 年版。

71. [美]约翰·亨利·梅利曼著:《大陆法系》,顾培东、禄正平译,法律出版社 2004 年版。

72. [日]大塚仁著:《刑法概说》,冯军译,中国公安大学出版社 2003 年版。

73. [日]西原春夫著:《刑法的根基与哲学》,顾肖荣等译,法律出版社 2004 年版。

74. [苏]乌切夫斯基著:《资产阶级国家刑法史》,北京政法学院刑法教研室 1981 年翻印。

75. [苏]苏联司法部全苏法学研究所集体著:《苏维埃刑法总则》(上),中央人民政府法制委员会编译室、中国人民大学刑法教研室编译,法律出版社 1955 年版。

76. [新西兰]瓦莱里·安·彭林顿:《香港的法律》,上海翻译出版公司 1985 年版。

77. [葡]肖伟华著:《澳门宪法历史研究资料》,沈振耀译,法律翻译办公室、澳门法律行政翻译学会 1997 年版。

78. [葡]叶士朋著:《澳门法制史概论》,周艳平、张永春译,澳门基金会 1996 年版。

79. 徐朝阳著:《中国刑法溯源》,上海商务印书馆 1928 年版。

80. 郗朝俊著:《新旧刑法异同要旨》,国民书店 1935 年版。

81. 朱采真著:《中华民国刑法释义》,上海大东书局 1930 年版。

82. 胡长清著:《中国新刑法总论》,上海大东书局 1949 年版。

83. 陈朴生著:《中国特别刑法通论》,上海中华书局 1937 年版。

二、编著类

1. 谢振民编著:《中华民国立法史》,中国政法大学出版社 2000 年版。

2. 赵秉志主编:《海峡两岸刑法总论比较研究》,中国人民大学出版社 1999 年版。

3. 赵秉志主编:《刑法基础理论探索》,法律出版社 2003 年版。

4. 高铭暄、马克昌主编:《刑法学》,北京大学出版社、高等教育出版社 2000 年版。

5. 高铭暄主编:《刑法学原理》(第 1 卷),中国人民大学出版社 1993 年版。

6. 张庆军、孟国祥编著:《民国司法黑幕》,江苏古籍出版社 1997 年版。

7. 马克昌主编:《近代西方刑法学说史略》,中国检察出版社 1996 年版。

8. 费正清主编:《剑桥中国晚清史》,中国社会科学院出版社 1985 年版。

9. 费正清主编:《剑桥中华民国史》,上海人民出版社 1992 年版。

10. 何勤华、夏菲主编:《西方刑法史》,北京大学出版社 2006 年版。

11. 曾宪义主编:《中国法制史》,北京大学出版社、高等教育出版社 2000 年版。

12. 王立民主编:《中国法制史》,上海人民出版社 2003 年版。

13. 李光灿、宁汉林主编:《中国刑法通史》(第 8 分册),辽宁大学出版社 1987 年版。

14. 朱勇主编:《中国法制通史》(第 9 卷),法律出版社 1998 年版。

15. 张希坡主编:《中国法制通史》(第 10 卷),法律出版社 1999 年版。

16. 何勤华、魏琼编:《董康法学文集》,中国政法大学出版社 2005 年版。

17. 王健编:《西法东渐——中国人与中国法的近代变革》,中国政法大学出版社 2001 年版。

18. 韩延龙、常兆儒编:《中国新民主主义革命时期根据地法制文献选编》(第 3 卷),中国社会科学出版社 1981 年版。

19. 张希坡、韩延龙主编:《中国革命法制史》(上),中国社会科学出版社 1987 年版。

20. 公丕祥主编:《中国法制现代化的进程》(上卷),中国人民公安大学出版社 1991 年版。

21. 谢望原主编:《台、港、澳刑法与大陆刑法比较研究》,中国人民公安大学出版社 1998 年版。

22. 赵秉志主编:《香港刑法学》,河南人民出版社 1997 年版。

23. 杨春洗、刘生荣、王新建编著:《香港刑法与罪案》,人民法院出版社 1996 年版。

24. 赵秉志主编:《香港法律制度》,中国人民公安大学出版社 1997 年版。

25. 李宗锷主编:《香港日用法律大全》,商务印书馆(香港)有限公司 1995 年版。

26. 朱华荣主编:《各国刑法比较研究》,武汉出版社 1995 年版。

27. 赵秉志、高德志主编:《澳门法律问题》,中国人民公安大学出版社 1997 年版。

28. 赵秉志主编:《中国内地与澳门刑法总则之比较研究》,澳门基金会 2000 年版。

29. 李蓓蓓编著:《台港澳史稿》,华东师范大学出版社 2003 年版。

30. 杨一凡、陈寒枫主编:《中华人民共和国法制史》,黑龙江人民出版社 1996

年版。

31. 西南政法学院编:《中国新民主主义革命时期法制建设资料选编》(第2册),西南政法学院函授部1982年编印。

32. 曾维东、曾维才主编:《中华苏维埃共和国审判史》,人民法院出版社2004年版。

33. 高铭暄编著:《中华人民共和国刑法的孕育和诞生》,法律出版社1981年版。

34. 高铭暄、赵秉志编:《新中国刑法立法文献资料总览》,中国人民公安大学出版社1998年版。

35. 林纪东、蔡墩铭等编:《新编六法参照法令判解全书》,台湾五南图书出版有限公司1986年版。

36. 台湾双榜编辑委员会编著:《大法官会议解释汇编》,台湾双榜文化事业出版社有限公司2000年版。

37. 故宫博物院明清档案部编:《清末筹备立宪档案史料》(下册),中华书局1979年版。

38. [英]罗德立主编:《香港刑法》(英文版),北京大学出版社1995年版。

39. [苏]A. 盖尔青仲、H. 高里雅柯夫编订:《苏联和苏俄刑事立法史料汇编》(1917—1952),郑华、王增润、赵涵兴译,法律出版社1956年版。

40. [苏]H. A. 别利亚耶夫、M. N. 科瓦廖夫主编:《苏维埃刑法总论》,马改秀、张广贤译,曹子丹校,群众出版社1987年版。

41. [日]西原春夫主编:《日本刑事法的形成与特色——日本法学家论日本刑事法》,李海东等译,中国法律出版社、日本成文堂1997年联合出版。

42.《越南、缅甸、老挝现行法律法规选编》,米良、梁斌译,云南人民出版社1993年版。

43.《英国刑事制定法精要》(1351—1997),谢望原译,中国人民公安大学出版社2003年版。

44.《苏联刑法科学史》,曹子丹、张广贤、马改秀、王扬译,法律出版社1984年版。

45.《中华民国刑法》,王宠惠属稿、郭元觉勘校、李秀清点校,中国方正出版社2006年版。

46.《法国刑法典》,罗结珍译,中国人民公安大学出版社1995年版。

47.《德意志联邦共和国刑法典》,徐久生译,中国政法大学出版社1991年版。

48.《美国模范刑法典及其评注》,刘仁文等译,法律出版社2005年版。

49.《苏俄刑法典》,王增润译,陈汉章校,法律出版社1962年版。

50.《俄罗斯联邦刑法典》,黄道秀等译,中国法制出版社 1996 年版。

51.《日本刑法典》,张明楷译,法律出版社 1998 年版。

52. 黄荣坚等编纂:《月旦简明六法》,台湾元照出版有限公司 2004 年版。

53. 赵秉志主编:《澳门刑法典 澳门刑事诉讼法典》,中国人民大学出版社 1999 年版。

54. 丘汉平等编:《中国历次刑法比较》,上海东吴大学法律学院 1935 年版。

三、杂志类

1. 严立贤:“发展理论与不发达国家的现代化”,载《中国社会科学》1988 年第 5 期。

2. 陈文敏:“论香港应否恢复死刑”,载《明报月刊》1989 年第 3 期。

3. 谢望原:“刑罚目的论之比较”,载《比较法研究》1989 年第 3 期。

4. 张静:“迟发展效果与中国的现代化”,载《中国社会科学》1990 年第 3 期。

5. 罗荣渠:“论现代化的世界进程”,载《中国社会科学》1990 年第 5 期。

6. 孙立平:“后发外生型现代化模式剖析”,载《中国社会科学》1991 年第 2 期。

7. 邓正来:“市民社会与国家——学理上的分野与两种架构”,载《中国社会科学季刊》1993 年第 2 卷。

8. 俞可平:“马克思的市民社会理论及其历史地位”,载《中国社会科学》1993 年第 4 期。

9. 徐国栋:“市民社会与市民法——民法的调整对象研究”,载《法学研究》1994 年第 4 期。

10. 宋建文:“罪刑法定含义溯源”,载《法律科学》1995 年第 3 期。

11. 刘丁炳:“香港刑法的遵循先例原则及其改革”,载《政法学习》1995 年第 2 期。

12. 胡云腾:“废除类推及刑法科学化”,载《法学研究》1995 年第 3 期。

13. 华友根:“新民主主义革命时期的刑事法规简析”,载《政治与法律》1995 年第 6 期。

14. 陈兴良:“罪刑法定的当代命运”,载《法学研究》1996 年第 2 期。

15. 杜万华:“二元社会结构体系及其法理学思考”,载《现代法学》1996 年第 1 期。

16. 宗建文:“论英美法系中的罪刑法定原则”,载《现代法学》1996 年第 1 期。

17. 陈忠林:“从外在形式到内在价值的追求”,载《现代法学》1997 年第 1 期。

18. 蔡道通:“罪刑法定原则确立的观念基础”,载《淮阴师专学报》1997 年第 1 期。

19. 周少元:"从《大清新刑律》看中国法律的冲突与融合",载《江苏社会科学》1997年第2期。

20. 刘佳:"香港刑法及其走向略析",载《北京师范大学学报》(社科版)1997年第3期。

21. 孙丽娟:"我们是怎样逐步实现'罪刑法定'的",载《法学》1997年第11期。

22. 赵秉志:"罪刑法定原则的确立历程",载《河北法学》1998年第3期。

23. 王仲兴:"论澳门刑法典之特色",载《中山大学学报》(社会科学版)1999年第3期。

24. 陈弘毅:"香港回归后法制的延续与转变",载《信报:财经月刊》1999年第2期。

25. 彭凤莲:"罪刑法定:立法还是司法——探析20世纪罪刑法定原则在中国的历程",载《山东科技大学学报》(社会科学版)1999年第3期。

26. 苏亦工:"香港适用中国传统法律与习惯的个案研究",载《中国社会科学》1999年第3期。

27. 徐岱:"罪刑法定与中国古代刑法",载《法制与社会发展》2000年第1期。

28. 张明楷:"法治、罪刑法定与刑事判例法",载《法学》2000年第6期。

29. 于志刚:"简论台湾地区的附属刑法",载《云南大学学报》(社会科学版)2001年第14卷第2期。

30. 赵秉志、于志刚:"中国台湾地区之单行刑法要论",载《湖南政法干部管理学院院报》2001年第17卷第1期。

31. 祖伟:"中外历史上罪刑法定思想之比较",载《沈阳师范学院学报》(社会科学版)2001年第2期。

32. 何勤华:"清代法律渊源考",载《中国社会科学》2001年第2期。

33. 何勤华:"鸦片战争后外国法对中国的影响",载《河南政法干部管理学院学报》2002年第4期。

34. 许发民:"论罪刑法定原则的社会基础",载《法律科学》2002年第1期。

35. 李艳华:"罪刑法定在20世纪中国的历史命运",载《江汉论坛》2002年第8期。

36. 刘文娟:"抗战时期陕甘宁边区保障人权的特点和经验",载《湖北大学学报》(哲学社会科学版)2002年第29卷第2期。

37. 李秀清:"法律移植与中国刑法近代化——以《大清新刑律》为中心",载《法制与社会发展》2002年第3期。

38. 王泰升:"台湾法的近代性与日本殖民统治",载《月旦法学》2003年第1期。

39. 范忠信、叶峰:"中国法律近代化与大陆法系的影响",载《河南省政法管理干部学院学报》2003 年第 1 期。

40. 赵宝成:“追问刑法精神”,载《政法论坛》2003 年第 8 期。

41. 蒋立山:“中国法律演进的历史时空环境”,载《法制与社会发展》2003 年第 4 期。

42. 赵秉志、周加海:“台湾地区现行刑法典修正内容简介”,载《云南大学学报》(法学版)2003 年第 16 卷第 4 期。

43. 孙光妍、于逸生:“苏联法影响中国法制发展进程之回顾”,载《法学研究》2003 年第 1 期。

44. 封立霞:“偶然还是必然:中国近现代选择与继受大陆法系法典化模式原因分析”,载《金陵法律评论》2003 年第 1 期。

45. 韩克芳:“中国刑法现代化的制约因素及道路选择”,载《法律适用》2004 年第 4 期。

46. 赵国强:“澳门特别刑法之评析与完善”,载《华东政法学院学报》2004 年第 5 期(总第 36 期)。

47. 周密:“民国刑法的理性分析和实践检验”,载《江苏警官学院学报》2004 年第 4 期。

48. 蔡道通:“法律与社会:清末刑法改制的互动考察——以社会分析状况为分析单元”,载《沈阳师范学院学报》(社会科学版)2004 年第 4 期。

49. 许发民:“论罪刑法定原则价值蕴涵的社会文化分析”,载《沈阳师范学院学报》(社会科学版)2004 年第 3 期。

50. 马克昌:“我国台湾地区刑法修正述评”,载《中国刑事法杂志》2005 年第 4 期。

51. 何勤华:“关于西方刑法史研究的几个问题”,载《河北法学》2006 年第 10 期。

52. 简永发:“西方自然法思潮与罪刑法定原则理论渊源的演变”,载《学术论坛》2006 年第 10 期。

53. 储槐植:“英美法系国家刑法变革对中国的启示”,载《当代法学》2006 年第 20 卷第 2 期。

54. 罗翔:“大陆与澳门罪刑法定原则之比较”,载《中南大学学报》(社会科学版)2006 年第 12 卷第 2 期。

55. 喻中:“吴经熊与马锡武:现代中国两种法律传统的象征”,载《法商研究》2007 年第 1 期。

56. 侯欣一:“试论革命根据地法律制度研究”,载《法学家》2008 年第 3 期。

57. 白建军:“坚硬的理论,弹性的规则——罪刑法定研究”,载《北京大学学报》

(哲学社会科学版)2008 年第 45 卷第 6 期。

58. 余高能:"美国语境中罪刑法定原则解读",载《陕西理工学院学报》(社会科学版)2008 年第 26 卷第 2 期。

59. 杨建军:"民国时期的刑法适用",载《国家检察官学院学报》2009 年第 17 卷第 6 期。

60. 欧阳湘:"中国共产党领导的抗日根据地援用国民政府法律问题论析",载《抗日战争研究》2009 年第 3 期。

61. 谢耿亮:"法律移植、法律文化与法律发展——澳门法现状的批判",载《比较法研究》2009 年第 5 期。

62. 于沛霖等:"陕甘宁革命根据地的法制建设及其当代意蕴",载《中国延安干部学院学报》2010 年第 1 期。

63. 张芝振:"罪刑法定主义之历史的并理论的考察",载《法律评论》1934 年第 11 卷第 21 期。

64. 蔡枢衡:"罪刑法定主义之立法及解释",载《法律评论》1934 年第 11 卷第 51~52 期。

四、文集类

1. 徐永康:"论中华法系的解体",载史焕章主编:《华东政法学院法学硕士论文集》,上海社会科学院出版社 1988 年版。

2. 公丕祥:"市民社会与政治国家:社会主体权利的理论逻辑",载公丕祥主编:《法制现代化研究》(第 1 卷),南京师范大学出版社 1995 年版。

3. 陈兴良:"从政治刑法到市民刑法——社会建构中的刑法改革",载陈兴良主编:《刑事法评论》(第 1 卷),法律出版社 1997 年版。

4. 胡云腾:"废除类推及刑法科学化",载《刑法问题与争鸣》(第 2 辑),中国方正出版社 2000 年版。

5. 劳东燕:"罪刑法定视野中的犯罪构成",载陈兴良主编:《刑事法评论》(第 8 卷),中国政法大学出版社 2001 年版。

6. 高尚:"清末修律变法与法律移植——移植与变法的具体分析",载何勤华主编:《法的移植与法的本化》,法律出版社 2001 年版。

7. 马小红:"法律移植中的观念因素——以中国近代以来的法制变革为例",载何勤华主编:《法的移植与法的本化》,法律出版社 2001 年版。

8. 郑逸哲:"罪刑法定主义七十年",载林山田等著:《刑法七十年之回顾与展望纪念论文》(一),台湾元照出版有限公司 2001 年版。

9. 林山田:"刑法七十年来的修正与展望",载林山田等著:《刑法七十年之回顾与展望纪念论文集》(一),台湾元照出版有限公司 2002 年版。

10. 音正权:“罪刑法定主义及其在近代中国的演进”,载韩延龙主编:《法律史论集》(第 3 卷),法律出版社 2001 年版。

11. 黄静嘉:“20 世纪两岸法制之殊途及今后之归趋——百年来台湾地区法制之回顾与前瞻”,载张晋藩主编:《20 世纪中国法制的回顾与前瞻》,中国政法大学出版社 2002 年版。

12. 张晋藩:“中国法制走向现代化的思考”,载张生主编:《中国法律近代化论集》,中国政法大学出版社 2002 年版。

13. 俞荣根:“罪刑法定与非法定的和合”,载倪正茂主编:《批判与重建——中国法律史研究反拨》,法律出版社 2002 年版。

14. 陈新宇:“我国刑法史上的比附援引与罪刑法定之争”,载陈兴良主编:《刑事法评论》(第 17 卷),中国政法大学出版社 2005 年版。

15. 林东茂:“刑法修正重点评释”,载台湾刑事法学会主编:《刑法总则修正重点之理论与实务》,台湾元照出版有限公司 2005 年版。

16. 蔡碧玉:“2005 年刑法之修正与形势政策”,载台湾刑事法学会:《2005 年刑法总则修正之介绍与评析》,台湾元照出版有限公司 2005 年版。

17. 张继良、赵立新:“20 世纪日本刑法的三次变革及其启示”,载何勤华主编:《20 世纪外国刑事法律的理论与实践》,法律出版社 2006 年版。

18. 胡桥:“20 世纪西方刑事法律的基本价值取向”,载何勤华主编:《20 世纪外国刑事法律的理论与实践》,法律出版社 2006 年版。

五、学位论文类

1. 张维东:“1935 年《中华民国刑法》述评”,中国政法大学 2001 年硕士学位论文。

2. 史晓明:“刑法的契约解说”,华东政法学院 2004 年硕士学位论文。

3. 李秀茹:“抗战时期陕甘宁边区刑法建设初探”,四川大学 2004 年硕士学位论文。

4. 庄岳荣:“罪刑法定原则与我国刑法典”,武汉大学 2004 年硕士学位论文。

5. 刘期湘:“西方自然法思想与罪刑法定原则确立的观念基础”,湖南大学 2004 年硕士学位论文。

6. 孙西勇:“民国刑事立法概论”,江西师范大学 2005 年硕士学位论文。

7. 杨庆文:“当代中国刑法史研究”,浙江大学 2005 年博士学位论文。

8. 魏奇迅:“南京国民政府刑事立法研究”,安徽大学 2007 年硕士学位论文。

9. 于磊:“罪刑法定的历史解读——以法国为主要视角兼对中国进行反思”,西南政法大学 2008 年硕士学位论文。

10. 王瑞君:“罪刑法定的实现——法律方法论角度的研究”,山东大学2008年博士学位论文。

六、中文网站类

1.《中华民国刑法》、《中华民国刑法施行法》以及单行刑法,载S-link六法电子全书,http://www.6law.idv.tw/aa.htm。

2. 澳门各时期颁布的刑事法律,载澳门特别行政区网站,http://www.macaudata/macau web/Encyclopedia/htm。

3. 香港各时期颁布的刑事法律,载香港特别行政区网站,http://sc.info.gov.hk/TuniS/www.gov.hk/tc/residents/government/law/index.htm。

七、中译论文类

1.[日]宫泽浩一:“联邦德国刑事法律的变迁与展望”,张明楷译,载《法学译丛》1989年第5期。

2.[日]大谷实:“日本最近的刑事立法”,黎宏译,载赵秉志主编:《刑法评论》(第6卷),法律出版社2005年版。

3.[美]康纳德·威格特:“普通法和大陆法中发现法律的方法和诉讼程序”,高鸿均译,载《法学译丛》1991年第2期。

4.[美]安德鲁温·赫希:“‘新古典学派’、罪刑均衡与刑罚的理论根据”,载邱兴隆译,载《法学译丛》1986年第2期。

5.[德]汉斯·海因里希·耶赛克:“世界性刑法改革运动概要”,何天贵译,载《法学译丛》1981年第1期。

八、外文论著类

1. Andrew Ashworth, *Principles of Criminal Law*, 4th ed., Oxfod University Press, 2003.

2. Jerome Hall, *General Principles of Criminal Law*, 2nd ed., The Bobbs-Merrill Company, Inc., 1960.

3. Neil C. Chamelin and Kenneth R. Evans, *Criminal Law for Police Officers*, Prentics-Hall Inc. 1991.

4. Michael J. Allen, Textbook on Criminal Law, 2nd ed., Blackstone Press Limited, 1993.

5. Tay-sheng Wang, *Legal Reform in Taiwan under Japanese Colonial Rule*(1895 - 1945).

6. *The Reception of Western Law*, PH. D. , dissertation University of Washington, Seatle, Wa. , U. S. A. , 1992.

7. Arnorld H . Loewy, *Criminal Law*, 4th ed. (影印本), 法律出版社 2004 年版。

后　记

本书是在我博士论文的基础上充实、修改而成。

三年前，当书稿画上最后一个句号，当键盘完成最后一次跳动，我的学生生涯也走到了尽头。年过四十重新开始学生生活，有几多新奇，更多的是无奈。读博四年多来，我奔波于家庭、工作、学业之间，试图努力做好女儿、妻子、母亲、老师、学生各种角色，结果总是顾此失彼。这是疲惫的四年，是留下诸多遗憾的四年，当然，也是收获的四年。

感谢华东政法大学以宽容之心接纳了在学术上毫无建树的我，使我有机会重返美丽的校园，感受华政浓厚文化气息和学术氛围。

感谢导师何勤华教授，老师治学严谨、工作勤奋、思维敏锐、待人宽厚，我从老师处受益良多。论文从选题到结构，甚至资料来源，老师都给予悉心指导和帮助。本书的完成，亦得益于老师的督促和关心。感谢导师王立民教授、徐永康教授，从老师精彩的授课、严谨的治学与诚恳的为人中，学生受益匪浅。师恩难忘。

感谢法律出版社能够接受我这篇尚显稚嫩的作品。作文从来不是一件容易的事，本书的写作和修改更是加深了我的这种感触。看的书越多，思考的问题越深入，越会发现自己文章的弊病百出，但偏偏有时不知如何下笔修缮，总有一种心有余而力不足的无奈。技尽于此，将自己不满意的作品呈给读者们检阅，心中总有一种惴惴感。唯一可以告慰的是，文章虽然不高明，毕竟是自己的作品，里面有我的思考、我的探索和我的努力。

感谢为拙著的出版付出辛苦的法律出版社沈小英分社

长和杨红飞编辑。

感谢一直默默支持我的家人，感谢关心我的同学、同事和朋友。

孟红于兰园寓所
2010年10月19日

图书在版编目(CIP)数据

罪刑法定原则在近代中国:以法律文本为研究对象
/ 孟红著. —北京:法律出版社,2011.3
(比较法文丛)
ISBN 978-7-5118-1667-2

Ⅰ.①罪… Ⅱ.①孟… Ⅲ.①刑罚—研究—中国—近代 Ⅳ.①D924.04

中国版本图书馆 CIP 数据核字(2010)第 260939 号

责任编辑/杨红飞
装帧设计/汪奇峰

出版/法律出版社
编辑统筹/财税出版分社
总发行/中国法律图书有限公司
经销/新华书店
印刷/北京北苑印刷有限责任公司
责任印制/张宇东

开本/720×960 毫米 1/16
印张/14.25 **字数**/264 千
版本/2011 年 8 月第 1 版
印次/2011 年 8 月第 1 次印刷

法律出版社/北京市丰台区莲花池西里 7 号(100073)
电子邮件/info@ lawpress. com. cn
销售热线/010-63939792/9779
网址/www. lawpress. com. cn
咨询电话/010-63939796

中国法律图书有限公司/北京市丰台区莲花池西里 7 号(100073)
全国各地中法图分、子公司电话:
第一法律书店/010-63939781/9782 **西安分公司**/029-85388843 **重庆公司**/023-65382816/2908
上海公司/021-62071010/1636 **北京分公司**/010-62534456 **深圳公司**/0755-83072995

书号:ISBN 978-7-5118-1667-2
定价:39.00 元

(如有缺页或倒装,中国法律图书有限公司负责退换)